AUTONOMIE ET CÉSARISME

INTRODUCTION

AU

DROIT MUNICIPAL

MODERNE

PAR

M. FERDINAND BÉCHARD

ANCIEN DÉPUTÉ DE NIMES.

AUTEUR DU DROIT MUNICIPAL DANS L'ANTIQUITÉ ET AU MOYEN AGE

(Prix Bordin de l'Académie française).

Ay de los pueblos gobernados por un poder che ha de pensar en la sua conservacion propria (BALMÈS).

PARIS

A. DURAND ET PÉDONE-LAURIEL

LIBRAIRES-ÉDITEURS

8, RUE CUJAS (ANCIENNE RUE DES GRÈS, 9)

1869

AUTONOMIE ET CÉSARISME

AUTONOMIE ET CÉSARISME

INTRODUCTION

AU

DROIT MUNICIPAL

MODERNE

PAR

M. FERDINAND BÉCHARD

ANCIEN DÉPUTÉ DE NIMES.

AUTEUR DU DROIT MUNICIPAL DANS L'ANTIQUITÉ ET AU
MOYEN AGE

(Prix Bordin de l'Académie française).

Ay de los pueblos gobernados per un
poder che ha de pensar en la sua conservacion propria (BALMÈS).

PARIS

A. DURAND ET PÉDONE-LAURIEL

LIBRAIRES-ÉDITEURS

8, RUE CUJAS (ANCIENNE RUE DES GRÈS, 9)

1869

TABLE DES MATIÈRES

Les petits ateliers et les grandes manufactures. — Nécessité
d'affranchir les communes dans l'intérét des classes ouvrières. — Sociétés libres de secours mutuels, de production, de consommation. — Habitations ouvrières. — Associations pour l'adoption des enfants négligés ou abandonnés. — Associations entre employés de commerce. —
Caisses d'épargne, monts-de-piété, etc. — Affranchissement des œuvres locales d'industrie ou de bienfaisance. —
Libertés religieuses. — L'Église libre dans l'État libre. —
Les séparatistes. — L'autonomie réciproque de l'Église et
de l'État. — La Pragmatique-Sanction de Charles VII. — Les
concordats de 1516 et de 1801. — L'autonomie des consciences, et les solidaires. — Dogmes. — Sacrements. —
Vœux spirituels. — Hiérarchie et discipline ecclésiastiques.
— Conciles et synodes. — Juridiction ecclésiastique volontaire et contentieuse. — Officialités. — Institution des
évêques, des prêtres et des diacres. — Congrégations religieuses. — Liberté des associations charitables. — Loi de
transaction de 1850 sur la liberté de l'enseignement primaire et secondaire. — Atteintes qu'elle a subies. — Dangereux monopole de l'enseignement supérieur. — Exercice
extérieur du culte. — Conditions de l'accord entre l'empire
et le sacerdoce.

CHAPITRE IV. — L'AUTONOMIE DES CORPS MUNICIPAUX.

Organisme municipal. — Dangers de l'ingérence du gouvernement dans les affaires locales. — Vices des décrets dits :
de décentralisation. — Dangers de la démocratie socialiste
ou autoritaire. — Dangers de l'individualisme excessif. —
Avantages de la liberté dans l'organisation municipale. —
Exagérations en sens contraire de la commune cantonale
et de la suppression du canton. — Assemblées communales
et cantonales. — Election des maires et adjoints. — Attributions réglementaires des corps municipaux. — Attributions économiques des corps municipaux. — Atteintes à la
libre administration. — Nécessité de l'intervention de l'État

ERRATA

L'AUTONOMIE

INTRODUCTION AU DROIT MUNICIPAL MODERNE

PRÉFACE

La langue politique est profondément altérée par l'abus qu'en font les passions de la polémique, et jamais la *piperie des mots* dont parle Montaigne n'avait exercé une plus funeste influence.

Dans le langage usuel, les mots : *autorité* et *pouvoir* sont devenus presque synonymes, quoiqu'ils expriment deux idées sinon opposées, au moins différentes.

L'*autorité*, dont l'origine remonte à l'*Auteur* de toutes choses, agit par la persuasion, commande la confiance et obtient l'obéissance du libre assentiment des intelligences qu'elle a éclairées et des cœurs qu'elle a conquis.

Le *pouvoir* exerce une action extérieure et physique, et procède par la contrainte matérielle dont les forces et l'énergie s'accroissent par la concentraton.

L'*autorité* reconnaît et consacre la liberté humaine; le *pouvoir* est le droit de la force.

Le mot *Liberté*, que son élasticité rend susceptible de significations si diverses, qu'un certain peuple, dit Montesquieu, a appelé *liberté* l'usage de porter une longue barbe, est souvent, comme au temps de Tacite (1), le masque d'ambitieux qui ne rêvent que l'asservissement des autres et leur propre domination.

Le mot *Égalité* est encore, dans la bouche des niveleurs, ce qu'il était, au temps de Cicéron (2), le moyen de rabaisser les supériorités sociales même les plus légitimes et les plus nécessaires.

Le mot *Fraternité*, qui, chez les anciens, et bien plus encore dans la langue du christianisme, correspondait aux idées de sociabilité, de justice, de concorde, est devenu, dans le vocabulaire de 1793, synonyme de *fratricide*.

Le mot *Progrès* ne signifie plus, comme dans la langue de Bossuet et même de Voltaire, une amélioraration sociale. Le progrès, c'est une évolution quel

(1) Cæterum libertas et speciosa nomina præstantur, nec quisquam alienum servitium et dominationem concupivit, ut non eadem ista voc·bula usurparet. (Tacit. *Histor.*, iv, 73)

(2) Ipsa æquabilitas iniquissima est quæ nullos habet dignitatis gradus. (Cicer. *de Repub.*, i, 27.)

conque, juste ou injuste, morale ou immorale, dans la marche de l'humanité.

Par le mot *Démocratie* on n'entend plus la participation de toutes les classes de la société à la gestion de la chose publique. La démocratie, c'est maintenant la domination exclusive d'une seule de ces classes, centralisée dans les mains d'un soldat ou d'un démagogue.

Le mot *Nationalité* n'exprime plus le droit d'une nation de vivre de sa vie traditionnelle et indépendante. Il exprime par antinomie la *dénationalisation* (si l'on peut user de ce mot barbare) de tous les petits États que l'ambition des grandes puissances, servie par une tendance fatale vers les grandes agglomérations, prend pour ses satellites, et absorbe comme et quand il lui plaît.

Le mot *Décentralisation* était une sorte de cri de guerre contre les abus du pouvoir central. Des décrets impériaux, appliqués par de complaisants ministres, nous apprennent que décentraliser, c'est concentrer dans les mains des préfets les élections, l'administration, la domination politique, et faire de la liberté des communes de s'imposer et d'emprunter un moyen de battre monnaie par des arrêtés administratifs.

Les mots : *Autonomie* et *Césarisme*, introduits dans la langue politique, paraissent susceptibles d'une signification plus précise.

Le mot : *Autonomie* exprime une idée diamétralement opposée à l'idée du *Césarisme*.

Le *Césarisme*, c'est la prépondérance du pouvoir d'un seul sur les droits de tous, exagérée jusqu'au point de rappeler le despotisme des monarques asiatiques ou des empereurs romains.

L'*Autonomie*, c'est le droit de se gouverner soi-même, selon les inspirations de sa conscience et sous l'autorité de Dieu et des puissances qu'il a établies; c'est la participation de tous aux services publics réglée par les lois politiques, administratives et économiques.

Les cités de la Grèce étaient des républiques locales autonomes unies en corps de nation par un lien fédératif.

Les municipes romains, quoique soumis à l'*imperium* politique de la métropole, s'administraient eux-mêmes avec liberté et indépendance.

Les communes du moyen âge, quoique assujetties à la domination politique de la royauté féodale, étaient souveraines dans la gestion de leurs affaires locales.

Les cités et les municipes de l'antiquité, qui n'admettaient aux droits de citoyen qu'un petit nombre d'hommes libres; les communes du moyen âge, où ce qu'on appelait, par une fiction légale, *universus cœtus populi*, ne se composait que du clergé, de la noblesse et de quelques villes privilégiées, ne possédaient qu'un droit municipal imparfait.

Le droit municipal, ou plutôt le droit national moderne, recouvrera-t-il, par le suffrage universel, les avantages qu'il a perdus par trois siècles de centralisation progressive du pouvoir, ou bien le verrons-nous succomber sous la triple étreinte des théories matérialistes, des mœurs égoïstes et des gouvernements despotiques?

Tel est le problème qu'on se pose dans cette Introduction au droit municipal moderne considéré dans son histoire et dans son mystérieux avenir.

On y traitera sommairement des objets suivants :

1° L'Autonomie dans l'histoire nationale;

2° L'Autonomie dans la science politique;

3° L'Autonomie des associations industrielles, religieuses, charitables et enseignantes;

4° L'Autonomie des corps municipaux;

5° L'Autonomie des grands corps de l'État;

6° L'Autonomie des colléges électoraux.

Les principes sociaux et politiques développés dans cette étude ont pour objet de mettre en lumière, dans ses applications politiques, le droit de libre initiative, ce grand signe distinctif de la vie dans l'humani dont un orateur chrétien montrait naguères, du haut de la chaire de Notre-Dame, le prototype dans l'Eglise quand il disait : « Autonome dans sa naissance, l'Eglise l'est plus dans sa croissance; spontanée dans son point de départ, elle l'est plus dans sa marche; et la spontanéité de sa génération n'est surpassée que par la spontanéité de son développement. »

En France, la société politique a été, elle aussi, autonome dans ses origines et dans ses développements historiques; et on peut lui appliquer, comme à l'Eglise, ces paroles du Psalmiste : « *Adstitit regina circumdata varietate.*

La révolution française a voulu réaliser l'égalité par une éclipse de la liberté; combien de temps encore cette éclipse durera-t-elle?

On disait à Napoléon Ier, après le coup d'Etat du 18 brumaire : « la révolution est finie, elle est fixée aux principes qui l'ont fait naître. » On a répété les mêmes paroles à Napoléon III après le coup d'Etat du 2 décembre.

La révolution ne sera finie que lorsque la France sera remise en pleine possession d'elle-même, et que tous ses citoyens jouiront de tous leurs droits naturels de toutes leurs libertés nécessaires.

LA RÉVOLUTION FINIRA PAR LA LIBERTÉ.

CHAPITRE PREMIER

L'AUTONOMIE DANS L'HISTOIRE NATIONALE.

I. — Les grands et les petits concouraient, chez nos ancêtres les Germains, à la gestion de la chose publique : *de minoribus principes, de majoribus omnes consultant* (1). Les Rois n'étaient pas héréditaires, ils étaient élus d'après leur noblesse; les chefs militaires étaient choisis d'après leur courage. *Reges ex nobilitate, duces ex virtute sumunt* (2).

II. — Après l'invasion des Gaules, au cinquième siècle, le principe de l'autonomie nationale, c'est-à-dire le droit de la nation d'administrer elle-même ses propres affaires apparaît sous la double forme d'une royauté élue parmi les princes du sang royal, et des assemblées nationales. La société repose d'ailleurs en France, comme chez tous les peuples, sur une triple base : famille, propriété, religion.

III. — Le berceau de la vie publique chez les Francs, c'est le manoir (*mansum*). L'homme libre (*Freimann*) est investi de l'autorité patricienne sur ses enfants et sur ses esclaves, et répond envers la communauté des peines et des amendes qu'ils ont encourues, en vertu du principe de la solidarité de la famille exagéré jusqu'à la vengeance héréditaire (*Faida*) (3).

IV. — La famille germanique est un modèle de mœurs domestiques. En lisant ces coutumes qui, selon Montesquieu (4) s'interprètent les unes par les autres, parce

(1) TACITE, *De mor. Germ.* — (2) *Ibid.* — (3) Tacite constate cette coutume que Childebert abrogea en 886. — (4) *Esprit des lois*, liv. XVIII, ch. XXX.

qu'elles ont toutes à peu près le même esprit, on se rappelle le mot de Tacite : *plus ibi boni mores valent quam alibi bonæ leges.*

L'honneur des femmes est protégé par des peines sévères contre la séduction (1) et la violence (2); la jeune fiancée devient sacrée pour tout autre prétendant (3). Elle s'unit librement à celui à qui elle donne sa foi ; le régime conjugal identifie les deux époux par la communauté de biens, et l'avenir de la femme est garanti par l'inaliénabilité de sa dot, et par le douaire ou présent du mari (*Morgangoha*) (4).

Les lois de succession sont dominées par la maxime : *Dieu seul fait les héritiers.* L'égalité absolue des enfants est cependant tempérée par une portion disponible restreinte dans d'étroites limites à l'égard des fils et des filles (5). Celui qui n'a pas d'enfants peut disposer de tous ses biens (6) ; les mâles recueillent, à l'exclusion des filles, la maison et un morceau de terre autour de la maison qui forment un patrimoine particulier immuable. C'est *l'aviatica hæreditas* ou terre salique, dont aucune portion n'est recueillie par les femmes et dont l'hérédité tout entière est dévolue aux mâles (7).

(1) Amendes infligées à celui qui presse la main, le bras ou le sein d'une femme libre. Tit. xxii de la loi salique ; tit. iv de la loi des Ripuaires. — (2) Tit. xiv de la loi salique : *De ingenuis hominibus qui ingenuas mulieres rapiunt.* — (3) *Ibid.* art. 8. — (4) Si quis mulierem desposanverit, quidquid ei par tabularum vel chartarum instrumenta conscripserit perpetualiter inconvulsum permaneat. Si antem per seriem scripturarum ei nihil contulerit, si autem supervixerit, solidos in dotem recipiat, et tertiam partem de omni re quam simul collaboraverit, sibi studeat vindicare ; vel quidquid ei in morgangoba traditum fuerit similiter faciat. — Nota. César, *Comment.* iv, 4.-19 suppose entre les époux l'existence d'un fonds commun, ce qui n'est pas exact. — (5) *Lex Ripuar.,* lib. LXI, art. 2. — (6) *Ibid.* lib. I, art. 1. — (7) *Lex Visigoth.*

V. — Les familles s'associent librement et s'établissent, sous l'empire des lois communes qu'elles se donnent, sur des territoires dont la propriété originairement mobile (1), se stabilise, passe insensiblement de l'état collectif à l'état privé (2), et revêt des caractères divers de terres bénéficiales et allodiales tendant à un affranchissement progressif (3). Ainsi se forment des centres d'habitation permanente dans les lieux désignés par les documents du moyen âge sous les noms de *Villæ, Vici, Burgi, Castra, Oppida, Civitates...* Ainsi naît le droit de cité protégé par le *Ehre* ou honneur municipal, extension de l'honneur domestique. Ainsi se forment les *ghildes* ou associations de métiers. Ainsi se développent les travaux et les arts de la paix sous la protection des guerriers (*arimanni, exercitales*) chargés de veiller à la sûreté publique.

VI. — Les progrès de cette civilisation, que n'avaient pas imposée des législateurs analogues aux aysimnètes de la Grèce ou aux décemvirs de Rome, mais qui était née des entrailles mêmes du corps social, étaient confiés à la sollicitude des pouvoirs politiques. Un chef militaire ou civil (*dux, comes, gravio*) est préposé par le Roi au gouvernement du pays (*pagus, gau, comitatus*) et cumule avec ses fonctions guerrières le droit de juridiction (4), et la présidence des assemblées judiciaires et politiques connues sous

lib. IV. tit. ii, art. 1. *Lex Burg.*, lib. XIV, art. 1. *Lex Sax.*, lib. VII, art. 1. *Lex Sal.*, lib. XXII, art. 6. — (1) Lois anglo saxonnes de Canut, chap. xxviii. — (2) César, *de Bell. Gall.*, lib. VI-XXII. Tacite *De moribus Germanorum* XXVI. — (3) Jérôme Bignon, notes sur Marculfe, p. 251 ; Grégoire de Tours, liv. II, ch. xvii ; liv. III, ch. xv ; liv. IX, ch. xxxviii ; Chantereau-Lefèvre, liv. III, ch. iii, p. 158 ; Pithou, *Glossaire sur les Capitulaires de Charlemagne* ; Bodin, *République*, liv. I, ch. ix ; Godefroy sur Dumoulin, *des Fiefs*, liv. Ier, art. 68. — (4) Marculfe, *Formules*, liv. I, fol. 380, charte *De comitatu, ducatu, vel patriciatu*.

les noms de *Mdals* ou *Plaids*. Outre les plaids locaux, celui du chef du comté, celui du *tinganus* ou *centenarius*, il y a des plaids généraux tenus sous la présidence du Roi, où se discutent les affaires les plus importantes (1). C'est le duc ou le Roi qui préside, mais ce sont les hommes libres (*Rachimburgii*) qui disent la loi (2). On se réunit à des jours fixes trois fois par an dans des assemblées nommées *Ungeboden-Ding Augebon-Ding*; chacun s'y rend librement, sans convocation expresse, et il se passe quelquefois plusieurs jours avant que tous soient réunis comme s'ils craignaient que leur exactitude ne fût un signe d'obéissance. Ils prennent place armés, les prêtres commandent le silence, et les chefs prennent la parole, s'attachant à convaincre plus qu'à commander; le vœu favorable de l'assemblée (*placitum*) s'exprime par le cliquetis des framées, le vote défavorable par un murmure improbateur. Les peines sévères édictées par les lois germaniques contre tout ce qui pourrait porter atteinte (3) à la liberté achèvent d'expliquer comment, dans la langue du moyen âge, les mots : *franc* et *libre* étaient synonymes et signifiaient indifféremment un franc d'origine ou un homme libre.

VII. — Dès le cinquième siècle les évêques et le corps des prêtres s'offrent à diriger les cités, et en deviennent les *défenseurs*. Les paroisses se développent sous leur influence éclairée, et les canons de l'Église concourent avec les lois du code théodosien, à fonder le droit municipal et chrétien du moyen âge. La société spirituelle se développe parallèlement à la société politique sous l'autorité de son chef visible, et là civilisation que Rome païenne avait

___

(1) *Histoire ecclésiastique des Francs*, liv. II, ch. xiv. — (2) *La loi ripuaire*, liv. LV, *La loi salique*, tit. lx et GRÉGOIRE DE TOURS, liv. VII, ch. xiv. — (3) *Lex salica*, tit. XXXIII-XXXIV-XLI. *Lex ripuarorum*, liv. XVI, art. 8, 43, 82.

voulu imposer au monde par la guerre, Rome chrétienne
l'accomplit pacifiquement en favorisant la libre expansion
de l'esprit de famille, de corps, de cité, de patrie, de religion.

L'époque mérovingienne a deux phases distinctes : la
phase barbare où la légende historique nous montre le
fils de Childéric, roi des Francs, brisant d'un coup de
hache le crâne de l'audacieux soldat qui avait brisé lui-
même, pour prendre part au butin, le célèbre vase de
Soissons, et l'époque chrétienne où le doux Sicambre (*mi-
tis Sicamber*) baptisé par saint Remi et marié à Clotilde,
fonde à la fois l'indépendance nationale dans le catholicisme et la liberté des cités sous le sceptre monarchique.
Chaque nation conserve sa loi, chacun choisit la loi sous
laquelle il veut vivre. « Les enfants, dit Montesquieu,
suivent la loi de leurs pères, la femme suit celle de son
mari, les veuves reviennent à leur loi, les affranchis suivent
celle de leur patron ». C'est sous le règne de Clovis que
la nation française s'est constituée en l'an 507, « le
jour, dit M. ..chez, où, prenant en main l'étendard du
catholicisme, le plaid général de la nouvelle association
décida la guerre contre les Ariens. L'acceptation du rit
catholique engendra la nation; ce fut comme un nouveau
baptême pour tous les hommes qui habitaient les Gaules ;
elle fit un nouveau peuple, et comme à un nouveau peuple
il faut un nom nouveau, la nation prit le nom de France. »

VIII. — Nos origines gallo-romaines, empreintes du
despotisme que l'empire romain faisait peser sur les préfectures, les colonies et même les municipes des Gaules ne
s'offrent pas sous le même aspect que nos origines germaniques.

De l'ancien régime des clans Gaulois, analogue mais non
identique à celui des tribus germaniques, et que César et

Strabon ont décrit, les Romains n'avaient laissé subsister que peu de traces. Le vainqueur d'Arioviste et de Vercingétorix, le conquérant de huit cents villes et de cinq cents nations diverses, César, jaloux de pacifier la Gaule en la contenant (1), avait respecté l'autonomie des cités gauloises; mais Suétone nous montre Auguste, dès son avènement à l'Empire, réduisant la Gaule en province, sauf quelques cités alliées et bien méritantes, changeant les noms de ses cités, morcelant ses vieilles fédérations et, après avoir bouleversé ses lois et l'avoir soumise au droit du glaive, faisant peser sur elle le niveau de la servitude. Il y établit un *Préfet* auprès de qui siégeait un autre grand officier chargé du recouvrement des impôts et des ateliers monétaires; et les curies, les sénats locaux, placés au chef-lieu de chaque cité ne sont que des agents subordonnés des grands officiers de l'Empire appelés présidents des provinces; légats ou lieutenant de César (2). Au droit municipal des Romains dont l'idéal était, aux beaux jours de la République, l'unité dans la liberté succède, à part quelques exceptions, telles que le droit italique conservé dans la Viennoise et les franchises municipales de la Gaule Narbonnaise (3), le *jus provinciale*, mentionné dans l'*edictum perpetuum* d'Adrien. Auguste établit ce droit dans les provinces dites du sénat, comme dans les provinces impériales, et transforme les colonies et même les municipes en agents serviles de la tyrannie des gouverneurs. Les républiques municipales qui succèdent aux clans galliques conservent les formes de la liberté originaire; mais les

---

(1) César, *de Bell. Gall.*, lib. I, cap. xliv, Hirtius contin. *Bell. Gall.* viii-49; Plut., *Jul. Cæs.*, p. 715. — (2) Suét., Tacite, liv. III, ch. iv; Strabon, liv. IV, p. 192. — (3) Dion Cassius, liv. LIV, *Notitia dignitatum imperii* ii, p. 3. Roth, *De re municipali*; Sigonius, *De jure proviciarum.*

curiales, soumis à l'arbitraire des officiers de l'empire, ne sont plus que des machines à battre monnaie au profit du fisc (1), ou des instruments des spoliations commises au nom des Empereurs contre les cités (2). Aussi s'efforcent-ils de décliner leurs fonctions, et renoncent-ils au rang honorable qu'ils tenaient de leur naissance pour se cacher dans des lieux d'où on ne puisse pas les arracher pour les obliger de prendre part à l'administration publique (3) ; mais il n'en restent pas moins responsables des impôts qui ne rentrent pas, tandis que les concussions impunies des officiers de l'empire échappent à toute repression (4).

Sous la domination des Césars, la propriété n'est comme la liberté qu'un vain mot. On ne possède, on ne vit que par et pour le bon plaisir de l'Empereur, et il se trouve des jurisconsultes pour ériger en maximes d'État tous les excès du gouvernement personnel. Témoins dit Papon (5) ce Palphurius et cet Armillatus qui, pour complaire à Domitien, « faisant état de flatteurs et de flagorneurs, abusèrent de leur savoir, opinèrent et soutinrent devant lui que la mer, la terre, l'air et tous les fleuves navigables ou non navigables publics et privés, lacs et toutes choses perchées, prinses et extraites d'iceux lui appartenaient et que aucuns sans son congé ne pouvaient chasser, pêcher ni prendre en sorte aucune chose, pour l'approprier à eux (6) ». La guerre, les lois caducaires, les réunions de biens vacants, les confiscations, les amendes pour crime de

(1) Code théod. liv. IX et XII. — (2) Suet. *Domit.* 9. — (3) Voyez les nombreux textes du Code théod., cités par M. Naudet, 3 part. art. 3, p. 101. — (4) Voyez l'édit de Constantin : *De officio rectoris provinciæ adversus officialium concussiones.* — (5) Not., t. II, p. 396. — (6) Si quid Palphurio, si credimus Armillato, quidquid conspicuum pulchrumque ex æquore toto res fisci est ubicumque notes.

lèze-majesté sont les sources impures qui alimentent le fisc. C'est à l'aide de ces tristes ressources que les domaines de l'Empereur s'étendent sur toutes les provinces, depuis la Mauritanie jusqu'à la Grande-Bretagne. Une partie de ces domaines est censée subvenir aux nécessités de l'empire, on les appelle *fundi rei privatæ, fundi fiscales*; l'autre partie est consacrée aux dépenses personnelles de l'Empereur et de sa maison; on les appelle *patrimoniales fundi*. Un gouvernement sans contrôle se joue souvent de cette distinction et fait tourner au profit de l'avarice du Prince la part assignée à l'État (1).

IX. — Nulle part peut-être le joug de l'Empire ne s'appesantit d'une manière plus lamentable que dans les Gaules (2). Ce despotisme savant auquel concouraient les exactions du publicain, la corruption du magistrat, la brutalité du soldat, la servilité du clerc, ne put trouver contre l'invasion des barbares (3) aucun secours, ni dans des municipalités asservies et dépouillées de leurs biens, ni dans des populations désarmées, ruinées, avilies, et qui *quasi prædonum manu strangulatæ*, selon l'expression énergique de l'évêque Salvien, et n'ayant dans leur désespoir, d'autre force que celle de se taire, de souffrir, de mourir, se condamnèrent au rôle de spectateurs inquiets

(1) ULP. fragm., XVII. Liv. II, Cod. *De incorp.*, liv. V, Cod. théod., *De bonis vac.* PLINE, *Panegyr.*, ch. XXXI; Naudet, *Des changements opérés dans l'administration de l'empire romain sous Dioclétien;* GIBBON, t. III, p. 373, etc. — (2) *Eumenii panegyricus,* D. Bouquet, rex. Gallic. et Franc. Script. t. I, p. 717 et suiv. Epistola Jul. ad. s. q. p., athénieusem ex panegryico latini Facati in Theodosium. D. Bouquet, p. 721. — OROSE. *Histor.* lib. VII. — PAULINUS, *De vita sancti Martini*, lib. VI. — SIDONIUS, in panegyric. Avit. — SALVIANUS, *De gubernatione Dei*, lib. V, cap. VII, p. 106; Cod. théod. XII, 1, e. 6; Cod. justin. XLIII, nov. 38, præt. — (3) BULLET. *Mémoire sur la langue celtique*, t. Ier, p. 16.

d'une lutte dont le résultat se bornait, comme le remarque M. Raynouard (1), à conserver les tyrans militaires auxquels elles étaient habituées ou à essayer des tyrans étrangers.

X. — Le choc de la barbarie contre une société en putréfaction fut épouvantable. De l'année 406, date de la première invasion, jusqu'à l'année 511 où mourut le fondateur de la monarchie française, tout le pays qui se trouve entre les Alpes et les Pyrénées, entre l'Océan et le Rhin ne fut qu'un théâtre de dévastation et de ruines (2).

Comment de l'œuvre de destruction des *fléaux* de *Dieu*, et de la lutte terrible entre l'élément germanique et l'élément romain qui suivit le cataclysme du cinquième siècle, naquit le nouvel ordre social qui subsiste parmi nous, malgré les transformations successives qu'il a subies et peut subir encore? Ce problème si complexe sortirait des bornes de cette étude : bornons-nous à un rapide examen de la grande question soulevée par la révolution de 1789, celle de savoir non pas, comme semblent le supposer les défenseurs exclusifs de l'aristocratie franque (3) ou de la bourgeoise gauloise (4), laquelle des deux races depuis longtemps confondues doit dominer dans le gouverment, mais quels sont les moyens de rendre à l'autonomie nationale ses franchises immémoriales.

XI. — Charlemagne, Germain de naissance et Romain d'idées et de sentiments, favorisa les progrès de la fusion des races dans la vie commune de la paroisse et de la cité, ces deux molécules élémentaires des sociétés politiques au moyen âge; il fit à chaque homme sa loi, selon l'expres-

<hr>

(1) *Histoire du droit municipal*, liv. I, chap. xxxiii. — (2) Onose, *Histor.*, lib. VII; Hyeronimus *Epist. ad Agerachiam*. — (3) De Boulainvilliers, *ancien gouvernement de la France*. — (4) M. Guizot, *Du Gouvernement et de la Restauration.*

sion d'Eginhard (1), appela dans les champs de Mai les fidèles du Roi, les princes, les *optimates*, les *proceres*, et dans ce qu'on appelait alors par une fiction légale, *universus cœtus populi*, furent rédigés les capitulaires qui n'acquéraient force de loi, que lorsque les représentants de la nation, clercs et laïques, traitant ensemble (2) des matières spirituelles et temporelles, en avaient fait leur œuvre commune. De là l'axiome du droit national au huitième siècle : *Lex fit constitutione principis et consensu populi* (3). Charlemagne mit au service des progrès de la civilisation chrétienne son immense et redoutable puissance, et réunit dans un nouvel *orbis Romanus*, sous la double domination de l'Empereur et du Pontife-Roi, doté d'un territoire exigu mais indépendant, les États qu'il avait conquis en Italie jusqu'aux frontières de Naples, en Espagne, jusqu'à l'Ebre, en Allemagne jusqu'à l'Elbe, à la Saale, aux montagnes de Bohême, au Danube et au golfe d'Istrie. Cette œuvre gigantesque de centralisation politique et de conversion à main armée des peuples à l'unité catholique échoua sous les faibles successeurs du grand homme, dont le sceptre a été justement comparé à un arc que sa puissante main pouvait seule tendre.

XII. — Alors, comme à la chute de l'Empire romain, les terres se dépeuplèrent, les populations s'enfuirent et s'insurgèrent, et la France, livrée aux dévastations des

---

(1) *Vita Karoli magni*, cap. XXIX. V. aussi *La Constitution de Lothaire fils de Louis le Débonnaire* (824). — (2) Populus interrogatur de capitulis et postquam omnes consenserint, subscriptiones et manu firmationes suas in capitulis faciant. Cap. de 803. — (3) Consensu, inquam, populi, non quidem hominum et trivio, ne quis huc insolenter abutatur vocabulo populi sed fidelium regis, id est hominum principum, optimatum, procerum qui sunt capita populi. (BALUZ, *præfatio* VII).

Normands et des Sarrazins et à l'anarchie intérieure, ne trouva de ressources que dans le gouvernement féodal dont la conversion des alleux en bénéfices, favorisée outre mesure par Charlemagne et ses successeurs, hâta l'établissement.

XIII. — La période de la royauté féodale qui commence à Hugues-Capet et finit à Louis XI, se divise en deux époques distinctes.

Dans la première, le roi féodal, chef des possesseurs de fiefs nés des bénéfices héréditaires, considère sa couronne comme une propriété inviolable, et prétend à ce titre à l'inadmissibilité du pouvoir souverain que les docteurs catholiques lui ont toujours contestée (1) ; mais ce pouvoir, malgré les services qu'il rend à la cause nationale en défendant, avec le concours des grands vassaux de la couronne, le territoire de la France contre une double invasion, reconnaît les limites dans lesquelles il est circonscrit. Dès lors apparaît dans le droit public du royaume cette maxime déjà constatée du temps de Charlemagne (2) et successivement proclamée par Philippe-Auguste (3) et ses successeurs (4) qu'il n'y a d'impôts légitimes que ceux qui ont été librement votés par la nation.

XIV. — Dans la seconde période, la politique royale commence cette grande œuvre de l'unité nationale qui s'est constituée sans relâche jusqu'au dix-septième siècle, d'abord avec le concours des seigneurs laïques et ecclésiastiques, puis avec celui des communes protégées par des chartes d'origines diverses, et par les institutions de la

(1) Saint Thomas d'Aquin, *De regimine principum*, lib. I, cap. vi, p. 316. Suarez, *Defensio fidei catholicæ*, lib. III, cap. iii, p. 125.— (2) Hincmar, epist. *3*, cap. xxix. — (3) Ricard., *De gestis Philippi Augusti*. (4) Louis-le-Hutin, Philippe de Valois, Charles VI, Charles VII, Charles VIII.

trêve et de la *paix de Dieu*, contre l'excès de pouvoir de l'aristocratie religieuse et politique dont le monarque n'était plus, selon l'expression de Châteaubriand, que le chef nominal, et dont les cercles concentriques resserrés autour de la couronne réduisaient la royauté à n'être plus que l'axe autour duquel tournait cette sphère compliquée composée de tyrannies diverses.

C'est ainsi que la féodalité, populaire à sa naissance parcequ'elle avait servi la cause de l'ordre social et de la sûreté nationale, périt faute de recéler dans son sein le principe de liberté.

XV. — Quels ont été aussi les beaux jours de l'autorité monarchique en France? Quel a été le principe de sa décadence et de sa ruine?

Du onzième au douzième siècle on voit la royauté féodale se mouvoir dans d'étroites limites circonscrites par les libertés de l'Église, par les droits seigneuriaux, par les États généraux et provinciaux, par les franchises communales, par l'autorité administrative et judiciaire des Parlements. Jamais l'autorité monarchique n'a rendu de plus grands services et n'a brillé d'un plus vif éclat. C'est l'époque où Louis VI, après une vie de dévouement aux libertés populaires « mourant, fait une bien belle exhortation à son fils... de conserver les lois, l'autorité et dignité publique et tranquillité et repos du commun : lui démontrant que le royaume n'est que comme une charge publique donnée par provision ainsi qu'une tutelle, dont il fallait un jour rendre compte devant Dieu (1) ». C'est l'époque où Philippe-Auguste achève par les lois la conquête de la liberté commencée dans les luttes d'épée, et s'efforce *d'élever* le peuple en l'instruisant (2). C'est l'époque de l'é-

(1) Dialogue du royaume MDCXXXIX. — (2) GUILLAUME LE BRETON.

popée chevaleresque des croisades prêchée par saint
Bernard, avec une éloquence inspirée par un esprit de
justice et de liberté qui s'attaque à la fois à tous les genres
de tyrannie. C'est l'époque des institutions judiciaires de
saint Louis, de l'organisation des métiers par son prévôt
des marchands, Boileau, à l'imitation des *étairies* grecques
et des *sodalitia* des Romains ; c'est l'époque des premiers
rudiments de l'économie sociale, de l'affranchissement
progressif des personnes et des terres, des progrès de la
charité envers les pauvres et les infirmes, tempérée par
des mesures sévères contre l'oisiveté des mendiants va-
lides ; c'est, en un mot, une période essentiellement organique malgré les luttes provoquées par la rivalité des
pouvoirs chargés de veiller, chacun dans sa sphère, au
maintien de l'harmonie sociale.

XVI. — L'horizon s'assombrit aux quatorzième et
quinzième siècles. Le désastre de Poitiers, la captivité du
roi Jean, les insurrections, le brigandage, tout semble
conspirer à la fois la ruine du royaume de France. Qu'est-
ce qui le sauve ? C'est l'esprit national réveillé dans les
États généraux et provinciaux, c'est l'inspiration toute
populaire de l'héroïne de Domremy.

XVII. — A côté de ces influences empreintes de l'esprit
des libertés primitives, avait en même temps reparu « proclamée et appliquée chaque jour, la théorie du pouvoir
impérial, de l'autorité publique une et absolue, égale envers tous, source unique de la justice et de la loi (1) ». A
l'aide de cette théorie, et abusant de la puissance qu'elle
avait conquise par ses services, la royauté s'était progressivement emparée des pouvoirs auparavant divisés entre
les assemblées populaires ; la plupart des intérêts publics

(1) AUGUSTIN THIERRY, *Histoire du Tiers-État.*

étaient, au commencement du seizième siècle, dans la main du Roi.

XVIII. — L'histoire du droit public de la France depuis le règne de François Ier jusqu'à la fin de celui de Louis XV est celle des progrès incessants du pouvoir absolu des Rois.

Philippe-Auguste, saint Louis, Charles V, Charles VII, Louis XI avaient fondé l'unité française, et préparé les bases de l'administration monarchique ; mais la résurrection de la maxime du Bas-Empire : *quidquid principi placuit legis habet vigorem* ne date que de François Ier qui transforma, avec le concours des légistes imbus des principes du droit romain, le *placitum* national en *bon plaisir* du Monarque. « Il suffit au Roi de dire, écrivait l'ambas-« sadeur vénitien, je veux telle ou telle somme, j'ordonne, « je consens, et l'exécution est aussi prompte que si la na-« tion avait voté la dépense dans ses États généraux. »

XIX. — La politique absolutiste, tempérée d'abord par les qualités personnelle du Roi chevalier, père des lettres, protecteur de l'industrie et du commerce, et dont le patriotisme, la magnanimité, la clémence ont laissé des traces profondes, ne connut plus de frein sous le règne des derniers Valois. Durant cette ère néfaste de la *royauté de cour*, où se répandit sur la France le triple fléau de la dilapidation des finances, de la corruption des mœurs et des guerres religieuses, la nation ne cessa de faire retentir le cri sauveur : *tenue des États et concile libre ;* les aspirations nationales furent étouffées, malgré la résistance de l'Hôpital, par l'influence des favoris et les maîtresses des rois sur le conseil privé que l'histoire rend responsable du crime de la Saint-Barthélemy, et des représailles qui le suivirent.

XX. — La première pensée du successeur d'Henri III

fut de faire un appel aux États (1). Sully craignit qu'ils ne devinssent un foyer de conspirations. « Gardez-vous, « dit-il au Roi, de traiter avec vos ennemis en les unis- « sant ensemble en forme d'associés, ni de leur donner à « poursuivre de communs intérêts qui les puissent lier, « leur donner une tête, des bras, des jambes, pour les « faire agir et cela d'un même branle ». Ce grand mi- nistre se défiait des assemblées délibérantes (2); mais il ne voulait pas que le Monarque fût affranchi du joug des lois : « La première loi du Souverain, disait-il, est de les « observer toutes; il a lui-même deux souverains : Dieu « et la Loi. »

Henri IV respecta les libertés des provinces qui lui di- saient avec les États du Languedoc : « *Nous sommes vos sujets, mais avec nos priviléges* » (3). Il céda aux sages conseils de Miron, ce Sully municipal, qui le dissuada d'exagérer les travaux publics de Paris. Le code de ses lois recueillies en 1608 par Thomas Cormier consacre par maintes dispositions le principe que l'autorité et la puissance du prince dépend de celle des lois. Au-dessus de la poli- tique transitoire qui avait commandé à Henri IV le main- tien d'une autorité royale assez puissante pour triompher des grands seigneurs qui, les uns appuyés sur l'Espagne, les autres sur l'Angleterre, cherchaient à s'inféoder les pro- vinces qu'ils gouvernaient, s'élevait dans ce cœur magna- nime la grande pensée de garantir, par un système d'arbi- trage volontaire fondé sur le respect des droits acquis et de la justice, l'autonomie et l'indépendance de tous les États grands où petits.

XXI. — Les vues politiques de Richelieu se rappro-

___

(1) *Lettres missives*, t. IV, p. 566. — (2) *Économies royales*, t. III, p. 145. — (3) MATHIEU, *Histoire de Henri IV*, liv. II, p. 303.

chent de celles d'Henri IV par la pensée de défendre au dedans et au dehors l'autorité du Roi, l'unité et la gloire de la France, contre l'ambition des gouverneurs des provinces, des protestants et de la maison d'Autriche ; et quoique ses inflexibles rigueurs aient laissé sur sa mémoire l'empreinte du despotisme, on doit lui rendre la justice qu'il ménagea les attributions administratives des provinces, du corps municipaux, et des corps des arts et métiers, les libertés de l'Église et l'autorité des Parlements, et qu'il obtint l'approbation de sa politique dans l'assemblée des notables de 1626. Un publiciste éclairé lui reproche cependant d'avoir concentré dans les mêmes mains l'administration et le gouvernement du pays, et d'avoir donné à deux mots qui avaient eu jusque-là deux sens différents une signification identique (1).

XXII. — Le fondateur en France du gouvernement personnel, c'est le grand Roi qui put dire sans exagération au peuple français ébloui par les rayons de sa gloire : l'*État c'est moi*. De ce règne date la monarchie administrative qui absorba dans la main du Roi et de ses ministres ou intendants toutes les institutions nationales, toutes les libertés politiques ou privées des citoyens, même la liberté de conscience, et qui, après avoir, dans sa période ascendante, fait de Louis XIV le lieutenant de Dieu sur la terre, le laissa après ses revers isolé de la nation et entouré de courtisans qui ne surent pas conjurer les désastres causés par l'excès de son ambition. « Le remède, s'écriait Féne- « lon, ce serait de tempérer le despotisme, cause de tous « nos maux, de se ressouvenir de la vraie forme du « royaume, de faire enfin de tout ceci l'affaire véritable de « tout le corps de la nation. C'est la nation qui doit se

(1) PROST DE ROYER, 8° administration.

« sauver elle-même (1). » Ces paroles émues ne pouvaient plus prévaloir contre les entraînements du gouvernement personnel.

De cette époque date aussi le nouveau droit international qui, dans le traité de Westphalie, substitua à l'arbitrage du Saint-Siège dans les questions politiques, l'indépendance des rois légitimes, et au droit chrétien du moyen âge la théorie de l'équilibre européen. Ce système politique protégea, dans la première moitié du dix-huitième siècle, la vieille constitution de la France et l'indépendance des petits Etats contre les atteintes dont les menaçait la double apparition du principe de la souveraineté nationale et des nouveaux peuples qui s'introduisirent dans la société européenne. Mais le pouvoir absolu, habilement soutenu par le cardinal de Fleury et par le maréchal de Noailles tout imbu des souvenirs de Louis XIV qu'il avait servi, commit fautes sur fautes, dans les mains des reines du côté gauche. Le gouvernement de la France s'affaiblit de plus en plus par ses excès de pouvoir, et cette nation naguères si grande fut condamnée par la décadence de sa puissance extérieure à souffrir en silence le partage de la Pologue, cet odieux attentat contre une nation gardienne héroïque de la foi et de l'indépendance de toute l'Europe occidentale.

XXIII. — Au duc d'Aiguillon, ce dernier ministre de Louis XV, revient le triste honneur d'avoir donné, à l'occasion des lits de justice, la formule légale du gouvernement personnel. « C'est dans la personne seule des monarques, « disait le rival préféré du duc de Choiseul, que réside la « puissance souveraine..... le spectacle d'une contradiction « rivale de cette puissance ordonne au monarque d'em-

(1) *Lettres au duc de Chevreuse.*

« ployer le pouvoir qu'il tient de Dieu pour préserver les
« suites funestes des entreprises des cours de justice. »
Mais on sentait déjà, malgré ce langage hautain, s'é-
crouler, faute d'appuis nationaux, une monarchie de
quatorze siècles qui n'avait plus pour l'éclairer et la soutenir
qu'un vieux roi esclave de ses maîtresses, une cour livrée
au plaisir, un clergé mêlé, dans son intérêt particulier,
aux intrigues ministérielles, et le nouveau Parlement du
chancelier de Maupeou.

XXIV.— Vainement un roi vertueux qui aimait le peuple,
chercha-t-il à régénérer les mœurs et à restaurer les libertés,
c'en était fait : toute réforme était devenue impuissante, et
après quinze ans d'un règne agité par des conflits incessants entre des pouvoirs mal définis, la monarchie ne conserva plus, malgré l'éclat qui l'environnait, que l'ombre
de son ancienne puissance.

XXV. — La Révolution française a été, dans ses aspirations légitimes, un double retour aux principes de
droit naturel et aux origines nationales que des abus anciens et récents avaient profondément altérés. Mais ces
principes souvent incertains et ces origines complexes ne
furent pas toujours bien interprétés par l'assemblée qui
substitua aux cahiers des électeurs de 1789 une constitution de son choix.

La philosophie politique du dix-huitième siècle s'était
partagée en deux tendances, dont l'une s'était personnifiée
dans Montesquieu et l'autre dans Jean-Jacques Rousseau.

L'un et l'autre de ces publicistes, franchissant les
timides réformes des conservateurs de l'ancien régime, depuis Fénelon jusqu'au marquis de Mirabeau, adoptent ré-
solûment le principe de la souveraineté nationale. Mais le
premier, chrétien convaincu et tolérant, fait de la justice
la base des sociétés, distingue les principes immuables et

les lois variables, cherche dans la tradition les conditions du progrès, et trouve dans les institutions primitives de nos ancêtres le germe des libertés politiques réservées, s'il plaît à Dieu, à notre avenir.

Le second, animé par une indignation généreuse contre les inégalités sociales et les gouvernements absolus, s'égare dans des recherches abstraites sur l'origine des sociétés, méconnaît l'influence historique et philosophique de la religion, de la famille et de la propriété, et prêche, dans son *Contrat social*, et dans ses *Lettres de la Montagne*, les théories de communisme et de religion civile sur lesquelles il fait reposer un dogme de souveraineté populaire inadmissible, indivisible, infaillible, illimité, où domine sans partage, à l'exclusion même de la justice, la toute-puissance du nombre, et d'où dérive, à l'aide de calculs arithmétiques, un gouvernement unitaire chargé de fonder la liberté sur la tyrannie égalitaire et l'esprit de révolution.

XXVI. — Que, même après la violation du mandat de leurs électeurs, les membres les plus éminents de l'Assemblée constituante se soient inspirés des idées pratiques et sensées de *l'Esprit des Lois* plutôt que des utopies sauvages du *Contrat social*, on n'en peut douter, mais les émules du *self government* britannique ne tardèrent pas à s'éclipser devant les hommes qui aspiraient moins au triomphe de la liberté qu'au despotisme des multitudes dont, les excès propagés de Paris dans les provinces furent non-seulement impunis, mais probablement encouragés par le parti qui en recueillit le bénéfice (1).

Déjà cependant la Déclaration des Droits de l'homme avait proclamé les principes qui n'ont pas besoin d'être écrits pour être obligatoires : *liberté, égalité, propriété,*

____

(1) THIERS, *Histoire de la Révolution*, t. 1er, p. 323.

sûreté, résistance à l'oppression, souveraineté nationale, libre consentement de l'impôt. Déjà elle avait décrété les principales garanties politiques de ces principes de droit naturel : *La responsabilité des agents du pouvoir, la liberté des cultes, la liberté de la presse,* tout en interrompant cependant cette discussion solennelle par des lois justement accusées d'avoir souvent méconnu, au sujet des biens ecclésiastiques et seigneuriaux, la distinction entre les propriétés toujours inviolables, et les juridictions ou les impôts toujours réformables, même quand ils ont usurpé, par l'effet de concessions injustes ou de possessions inefficaces, les caractères apparents de droits patrimoniaux.

Des débats passionnés ne tardèrent pas à s'engager entre les disciples de Montesquieu partisans de la monarchie anglaise, et les disciples de Rousseau qui ne voyaient dans le chef de l'État qu'un premier magistrat désigné par une assemblée unique représentant la nation, en vertu de mandat populaire, et affranchie, dans l'exercice de sa souveraineté *absolue* de tout empêchement ou *veto.* La permanence de l'assemblée, l'unité du corps législatif, et l'adoption du *veto* suspensif à l'égard des actes législatifs, mais non des actes constitutifs parmi lesquels furent placés les fameux décrets du 4 août, firent éclater une scission qui détermina la retraite de Mounier et de Lally-Tolendal du comité de constitution.

Débarrassée de l'obstacle des influences traditionnelles, l'Assemblée constituante commença son œuvre de réformation par la loi qui abolit les provinces. Des écrivains non suspects d'attachement à l'ancien régime (1) blâment aujourd'hui cette mesure qui fut adoptée malgré Mirabeau ;

(1) M. Renan, *Philosophie de l'Histoire contemporaine; Revue des Deux-Mondes,* 1er juillet 1858, Dolfus, Quinet: *La Révolution,* liv. IV, Michelet, Leplay, Elias Regnault, etc., etc.

ce fut le premier pas vers l'uniformité administrative qui devait fatalement absorber au profit de l'État toutes les forces sociales, et fonder sur la ruine de toutes les libertés traditionnelles un édifice nouveau dont le césarisme était l'inévitable couronnement.

XXVII. — Les lois politiques de l'Assemblée constituante se ressentent des impressions diverses sous l'empire desquelles elles ont été édictées. Contre le régime des intendants, des subdélégués, des officiers municipaux nommés par le Roi, la réaction est unanime; les débris de la monarchie absolue jonchent le sol à côté de ceux de la féodalité, partout éclate le principe de la souveraineté du peuple; mais ce peuple, maître désormais des destinées de la France, quel est-il? Ordres, corporations, provinces, communes, tout l'ancien système d'administration est détruit. Les assemblées primaires des citoyens actifs réunis, non pas par métiers ou professions, mais par quartiers et arrondissements : telles sont désormais, selon la remarque de Thouret rapporteur du comité de constitution, les bases d'une représentation uniquement composée en raison du territoire et de la population. Ces assemblées élisent les assemblées délibérantes et les pouvoirs exécutifs de la municipalité, du district, du département, de l'État; c'est la toute-puissance du nombre fondée sur le suffrage individuel de tous ceux qui payent une contribution directe de la valeur de trois journées de travail.

La commune n'est plus une création spontanée et diverse née de la réunion de familles établies sur un territoire pour satisfaire leurs intérêts communs; elle ne subsiste qu'en vertu des dispositions de la loi, et, malgré quelques fonctions propres qui lui sont encore reconnues, procède surtout comme déléguée du gouvernement dont elle dépend.

XXVIII. — Les lois sur l'organisation ecclésiastique et judiciaire sont animées du même esprit.

Suspension et bientôt après suppression des vœux monastiques; abolition des ordres religieux, destruction de la hiérarchie et de la juridiction ecclésiastiques par la constitution civile du clergé et la sécularisation de l'Église, abolition des parlements et des autres grands corps judiciaires, remplacement de cette haute et indépendante magistrature qu'Alexandre de Lameth signalait, dans la séance du 3 novembre 1789, comme la rivale du gouvernement, par les petits tribunaux de districts et de départements; liberté des réunions publiques accordée à tous les citoyens, mais interdite à ceux qui exerçaient la même profession ; qu'est-ce que cette législation inspirée moitié par le droit naturel, moitié par la raison d'État sinon la préface de la dictature de la Convention et de l'Empire?

En ce qui touche les cultes, un des zélateurs les plus ardents de la Révolution française, Louis Blanc (1), exhume à la décharge de l'Assemblée constituante, le souvenir des supplices de Wiclef et de Jean Huss et les persécutions religieuses des Valois et de Louis XIV. Doit-on la féliciter d'avoir rétorqué à la fois contre l'Église et contre les Rois les armes que les Rois orthodoxes avaient puisées contre les libres-penseurs dans l'arsenal des codes du Bas-Empire? doit-on la féliciter d'avoir, en haine des priviléges nobiliaires, détruit les ordres de chevalerie et la pensée même de la noblesse? doit-on la féliciter d'avoir, en haine des abus des anciens pouvoirs parlementaires, mis l'administration et l'ordre judiciaire dans les mains du gouvernement? doit-on la féliciter d'avoir proclamé le principe et méconnu les applications les plus nécessaires de la liberté de cons-

(1) *Histoire de la Révolution française,* origines et causes, chap. 1er.

cience et des droits naturels d'association et de réunion?

XXIX. — La substitution de l'omnipotence parlementaire à l'absolutisme royal fut inaugurée par le décret du 23 septembre 1791 qui interdit à la minorité des protestations contre une constitution dont la révision avait été ajournée à la quatrième législature; ce décret, renouvelé des édits *du silence* de Louis XV et précurseur des lois de septembre, rendit indiscutable comme l'ont fait ces dernières lois, mais avec des formes moins rigoureuses, le principe d'une constitution qui avait proclamé la liberté de penser et le droit de libre discussion.

Bientôt après furent promulguées contre les prêtres et les émigrés les lois auxquelles Louis XVI refusa son assentiment, en usant d'un droit que lui donnait la Constitution. L'impuissance de sa résistance mit à nu la faiblesse du sceptre brillant d'honneurs et de richesses, mais dénué de pouvoir, qu'avait remis dans ses mains une Constitution monarchique en apparence, républicaine en réalité. Cette Constitution mort-née, malgré l'inviolabilité que les lois lui avaient attribuée, ne régna plus que de nom dans l'Assemblée législative, où la démocratie unitaire et autoritaire prépara l'avénement et la dictature de la Convention.

XXX. — Ce fut un gouvernement personnel sous sa forme la plus horrible que celui de ce tyrannique comité de *salut public*, qui immola tant de victimes à l'arbitraire et aux passions de ses directeurs. La Constitution de 1793 qui subordonna au régime discrétionnaire des commissaires de la Convention, les principes d'égalité, de liberté, de sûreté, de propriété inscrits dans son préambule, et qui fit des arrêts du tribunal révolutionnaire la sanction de la république démocratique, donna la mesure de ce que peut, pour la ruine d'un État, l'absorption de toutes les forces vives de la nation par la tyrannie du gouvernement.

XXXI. — Le régime autoritaire et égalitaire de Robespierre *destiné*, disait le dictateur dans un rapport sur l'administration intérieure du 17 pluviôse an II, *à faire succéder toutes les vertus et tous les miracles de la République à tous les vices et à tous les ridicules de la Monarchie*, ne périt pas avec son sanguinaire initiateur. Le parti thermidorien ne renonça pas à faire de l'échafaud un instrument de règne, et les derniers Montagnards cherchèrent, comme leurs prédécesseurs à prolonger à force de coups d'État, d'exécutions, de fusillades, de déportations à Cayenne et à Botany-Bay, le régime personnel et égoïste qui était le fond de la République démocratique et socialiste.

XXXII. — C'est du sein de cette démocratie que sortit l'homme puissant dont l'ambition surexcitée et l'imagination fascinée par le prestige du droit de la force ont essayé de fonder en France le despotisme impérial sur des bases analogues à celle de l'Empire romain.

Ami de Robespierre le jeune, Bonaparte le renie le lendemain du 9 thermidor, s'il faut en croire une lettre que lui attribue un de ses historiens (1). « J'ai été un peu affecté, y dit-il, de la catastrophe de Robespierre le jeune que j'aimais et que je croyais pur ; mais fût-il mon père, je l'eusse moi-même poignardé s'il aspirait à la tyrannie. » Il hésite quelque temps au 13 vendémiaire, à cause de l'incertitude du succès qui était son seul point de mire, mais finit par accepter la recommandation de Barras, et mitraille les sectionnaires insurgés contre la Convention qui salue ce succès en composant le Directoire de cinq régicides. Forts du double appui de la Constitution et de l'armée

(1) Lettre du 20 thermidor an II, adressée au citoyen Tilly, ministre à Gènes, omise dans la correspondance, mais citée par M. Lanfrey. *Histoire de Napoléon 1er*, p. 54.

contre le Conseil des Cinq cents et le Conseil des Anciens où se trouvaient en grand nombre les représentants de l'opinion vaincue le 13 vendémiaire, les directeurs cherchent, dans le jeune général qui avait conquis l'Italie et bouleversé ses institutions, un complice du coup d'État du 18 fructidor contre la réaction qui avait fait prévaloir dans le Corps législatif l'abrogation de la loi contre les prêtres insermentés, l'adoucissement des lois contre les émigrés et les droits de l'Assemblée nationale en matière de finances, de paix, de guerre etc. Augereau, un de ses lieutenants, fit réussir ce premier essai de dictature *qui n'avait pas coûté*, lui écrivait-il dans son compte réndu, *une goutte de sang*. Bonaparte fit attendre son assentiment à une mesure dont il avait été le premier instigateur, et qu'il approuva enfin d'une manière très explicite dans une adresse à ses soldats et dans une lettre à Augereau qu'il félicita de sa sagesse et de son énergie dans l'exécution du coup d'État.

XXXIII. — Deux ans après, le jeune général illustré par le traité de *Campo-Formio* et par la campagne d'Égypte, et qui en s'embarquant avait dit à l'un des siens : « Si j'a- « borde en France, le règne des avocats est fini », disait aux patriotes sur lesquels il prétendait s'appuyer: « Je n'estime « ni Sieyès ni les siens, mais ils sont prêts à tout oser... « Hâtez-vous, ils feront avant vous et sans vous; faites-moi « dictateur, nous les renverserons tous. »

Le coup d'État du 18 brumaire, motivé, comme ils le sont tous, par la pensée *d'enchaîner les factions et d'assurer la paix intérieure et extérieure* ne fut en réalité qu'un complot inspiré par l'ambition d'un prétendant qui profita habilement du fractionnement des partis, et qui, après avoir fait accepter par des complices vénaux une distinction imaginaire entre la République qu'il jurait de défendre et la Constitution de l'an III qu'il prétendait renverser, substitua, par la dispersion à main armée des élus de la nation, le règne du pouvoir absolu à celui des lois.

XXXIV. — Un Consulat composé de trois membres, bientôt réduit à un seul, un Sénat richement doté et investi d'attributions constitutionnelles très-étendues, un Corps législatif dont les membres votaient en silence après avoir entendu les orateurs du gouvernement et ceux du Tribunat dont les fonctions plébéiennes d'abord amoindries furent ensuite supprimées ; un Conseil d'État puisant toutes ses inspirations dans celles du premier Consul, une Cour de cassation tenant sous sa dépendance, par le pouvoir disciplinaire, une magistrature amovible : tels étaient, en l'an VIII, les grands pouvoirs de l'État.

L'ère du Consulat se recommande par ses mesures réparatrices des iniquités révolutionnaires, par l'extinction de la guerre civile, par de nombreuses améliorations administratives, par la réorganisation des finances, par le rétablissement du culte, par le Concordat avec le saint-siége, par l'immense gloire dont fut entouré le drapeau français, par la prépondérance que prirent dans tous les grands corps de l'État, naguère peuplés de régicides, des hommes étrangers aux excès révolutionnaires.

Mais les incontestables services rendus par ce gouvernement à la société française ont trop fait oublier le vice incurable de son origine, et la double atteinte qu'il porta à l'ordre moral et à la liberté qui en est l'âme. Politique intérieure et extérieure, police, administration, cultes, enseignement, tout convergea de l'an VIII à l'an XII vers l'omnipotence du premier consul qui, après s'être délivré de l'opposition importune, quoique bien timide, du Tribunat, se fit un triple rempart contre l'opinion publique, d'un Conseil d'État docile à ses ordres, d'un Corps législatif de

muets, d'un Sénat peuplé de conservateurs de leurs siné-
cures, et d'une armée de fonctionnaires militaires et civils,
protégés dans leurs excès de pouvoir par la garantie *constitutionnelle* d'une impunité à peu près certaine.

XXXV. — A l'apparition de l'Empire qui naquit fatalement du Consulat, « nous disparûmes tous, dit M. de
Châteaubriand (1) ; tout appartenait à Bonaparte. J'ai ordonné, j'ai vaincu, j'ai parlé, mes aigles, ma couronne,
mon sang, ma famille, mes sujets ». Ce fut l'inauguration
du despotisme démocratique par celui qui aimait à répéter :
« je suis le peuple-empereur », et dont la monnaie portait sur une face : *République*, sur l'autre : *Napoléon empereur*.

Napoléon prit sous sa *protection* impériale les trente-six
mille communes de France dont il se fit le tuteur « je vais,
écrivait-il à son frère Lucien, commencer la prospérité de
la France par celle des communes, et avant dix ans leurs
dettes seront transformées en ressources disponibles *sous
la haute direction du gouvernement*. Chaque année les
cinquante maires qui auront le plus contribué à ramener
leur commune à l'état de libération ou de ressource disponible seront appelés à Paris *aux frais de l'Etat* et présentés en séance solennelle aux trois consuls. Une colonne
élevée aux frais du gouvernement, et placée à l'entrée
principale de la ville ou du village, dira à la postérité le
nom du maire. On y lira ces mots : AU TUTEUR DE LA COM-
MUNE LA PATRIE RECONNAISSANTE. »

A l'exemple du roi-philosophe, Frédéric de Prusse, qui
voyait dans le prince l'image vivante de la divinité (2),
Napoléon Iᵉʳ disait à M. Mollien, dans le style oriental qui

(1) *Mémoires d'outre-tombe*, t. III. — (2) *Œuvres philosophiques*,
t. Iᵉʳ, avant-propos de l'anti-Machiavel, p. 62.

lui était familier : « Le grand ordre qui régit le monde entier doit gouverner chaque partie du monde. Le gouvernement est au centre des sociétés comme le soleil. Il faut que le gouvernement règle toutes les institutions, de manière à concourir à l'harmonie générale. Dans le système du monde, rien n'est abandonné au hasard ; dans le système des sociétés, rien ne doit dépendre des *caprices* des individus. »

Ce magnifique idéal de la centralisation fut réalisé, comme chacun sait, par l'absorption dans le ministère de l'intérieur de toutes les communes de France, et aboutit au décret impérial du 27 mars 1813 qui, pour faciliter sans doute la liquidation des communes, les obligea de céder à la caisse d'amortissement leurs biens ruraux, maisons et usines pour recevoir en inscriptions de rente l'équivalent du revenu.

Au lieu de cette omnipotence de protection et de direction, mieux eût valu, pour les communes, le moindre grain de liberté.

L'Empereur compléta cette prise de possession de l'administration du pays, déjà commencée sous le Consulat dans la législation ecclésiastique, par les articles organiques du Concordat. Il institua dès 1806 un système d'éducation officielle dont le monopole universitaire devint l'instrument et établit, soit par des lois, soit par des décrets, lé despotisme militaire et fiscal qui, par la conscription et les droits réunis, épuisa le sang et l'or de la France.

Sous l'impulsion toute militaire d'un général commandant en maître à une nation belliqueuse, la France se couvrit de trophées, et dicta aux peuples conquis par ses armes les lois despotiques qu'elle avait reçues elle-même du chef de l'État. Mais un immense désastre termina cette ère glorieuse, et livra la France à la coalition de l'Europe impatiente de venger l'honneur de ses armes, et de s'affranchir du joug d'une législation exotique.

XXXVI. — A peine la Monarchie eût-elle été restaurée que l'esprit public étouffé par quatorze ans de despotisme éclata par un immense mouvement intellectuel. L'égalité devant la loi, la liberté individuelle, le respect des consciences, la libre manifestation de la pensée, l'admissibilité de tous les citoyens indistinctement aux emplois, la répartition des charges selon les facultés et d'après le consentement des représentants héréditaires et électifs de la nation, l'inviolabilité de la propriété, le jury, l'abolition de la confiscation et du droit d'aubaine, la liberté des journaux et écrits périodiques : tels furent à dater de 1814 les grands principes remis en honneur. L'organisation politique des principes sociaux fut empruntée, selon le vœu des royalistes constitutionnels de 1791, aux institutions de l'Angleterre, et l'organisation administrative fut maintenue telle qu'elle avait été établie par le Consulat, et développée par l'Empire.

Tandis que des gouvernements absolus étaient imposés à la plupart des peuples de l'Europe, Louis XVIII *octroya* à la France une charte qui lui assurait de larges libertés dont l'ombre même avait disparu sous le régime impérial, et qui offrait aux haines des partis vainqueurs et vaincus un moyen de conciliation. Mais le préambule de cette charte, *octroyée* à une nation qui prétendait avoir reconquis elle-même son autonomie et ses libertés originaires et traditionnelles, commit une double faute historique et politique en déclarant 1° que l'autorité, tout entière, résidait en France, dans la *personne* du Roi ; que les communes avaient été affranchies par Louis le Gros, et que c'était à saint Louis et à Philippe le Bel qu'elles devaient la confirmation et l'extension de leurs droits; 2° en présentant la pairie comme une institution d'origine nationale, dont l'objet était de lier tous les souvenirs à toutes les espérances, et la chambre des députés comme le renouvellement des anciens champs de Mars et de Mai et des assemblées du tiers-État. Attribuer en principe toute puissance législative au Roi qui ne pouvait cependant l'exercer qu'avec le concours des chambres, c'était lui réserver implicitement le droit d'annuler sa concession, et donner ainsi occasion à un conflit en vue duquel l'autorité royale se trouverait malheureusement induite à s'armer comme d'un bouclier, du pouvoir absolu dont Louis XIV et Napoléon avaient voulu faire un rempart au trône.

La Charte de 1814 donna aux législateurs et aux publicistes dont elle avait délié la langue, le moyen de traiter à fond les questions si variées de la science constitutionnelle. Royer-Colard dans ses discours à la Chambre des députés, Benjamin Constant (1), Châteaubriand (2), Mᵐᵉ de Staël (3), M. Guizot (4), dans des traités politiques d'un mérite supérieur recherchèrent tous, à des points de vue divers, les moyens d'équilibrer les pouvoirs dans la machine gouvernementale; mais l'accord de ces grands esprits sur les avantages de la monarchie constitutionnelle ne put pas prévenir les conflits entre une Chambre des députés forte de son origine populaire et une royauté dont les attributions limitées ne suffisaient plus à la défendre contre le flot démocratique, malgré la double digue d'une pairie héréditaire, mais non élective, que le Roi pouvait dominer

(1) *Des pouvoirs constitutionnels*, 1814. — (2) *Réflexions politiques*, 1814. *La Monarchie selon la Charte*, 1816. — (3) *Considérations sur la Révolution française*, 1818. — (4) *Origines du gouvernement représentatif*, 1820. *Histoire moderne*, 6ᵐᵉ leçon, 1820. *Histoire de la civilisation*, 9ᵉ leçon.

en y introduisant des hommes de son choix, et d'une armée
de fonctionnaires hiérarchisée et disciplinée.

Grâce cependant à la vigilance d'un gouvernement dont
les chefs furent désintéressés et honnêtes, les finances,
ruinées par l'Empire, redevinrent florissantes, les mœurs
publiques et privées recouvrèrent leur dignité et leur pureté
altérées par la corruption et le servilisme. La France en paix
avec l'Europe, et aussi honorée au-dehors qu'elle était heureuse et libre au-dedans, aurait fondé son avenir sur des
bases inébranlables, si elle avait su rester unie.

L'antagonisme des classes, cette plaie de notre pays,
résista à la fusion des partis dans l'unité nationale. La
noblesse rétablie dans ses distinctions honorifiques, mais
non dans ses priviléges et dans ses propriétés vendues
comme biens nationaux, resta, malgré le respect des titres
de la noblesse nouvelle, un objet de défiance et de jalousie
pour les bourgeois. On réveilla par une imprudente polémique le vieil antagonisme de races qui n'existait plus
depuis plusieurs siècles qu'à l'état de souvenir historique.
On se retrouva, chose étrange, en plein dix-neuvième siècle,
divisé en Francs et en Gaulois, et l'on vit éclater une
guerre acharnée et quelquefois sanglante entre l'orgueil
aristocratique des débris de l'émigration, et la vanité
envieuse des classes moyennes et populaires.

L'aristocratie chercha vainement dans les lois sur le droit
d'aînesse, les substitutions, les majorats, la censure, le
double vote, des moyens de défense contre la démocratie.
Vaincue par la loi électorale qui avait mis aux mains des
classes moyennes une arme mieux trempée qu'aucune
autre, elle céda peu à peu le terrain, et par la chûte du
ministère qui avait obtenu pour elle le milliard de l'indemnité, et qui lui avait fait, dans l'espoir de trouver en elle
un appui du trône, des concessions quelquefois regretta-

bles, elle se vit en présence d'un nouveau ministère moins favorable à l'influence aristocratique qu'à l'influence bourgeoise.

Ce ministère de légistes, quoiqu'animé d'un amour sincère de la liberté, commit la faute d'attaquer les libertés de l'Église, et de s'ériger en protecteur du monopole universitaire par les ordonnances du 16 juin 1828. Son projet de loi sur les communes ne faisait d'ailleurs que des concessions insuffisantes à la liberté. Attaqué d'un côté par le parti aristocratique, de l'autre par le parti libéral, il succomba devant un ministère dans lequel se personnifièrent, pour le malheur de la France, les deux idées les plus impopulaires du siècle : le pouvoir absolu du Roi et la domination de la noblesse de cœur.

XXXVII. — Maîtresse par les orateurs des deux chambres, et par une presse centralisée dans quelques grands journaux de Paris, la bourgeoisie poussa à bout le vieux roi Charles X et son incapable premier ministre.

C'est ainsi qu'après quinze ans de paix succédant à une guerre européenne, le lendemain de la rapide et glorieuse conquête d'Alger, et au sein d'une prospérité inouïe après tant d'années calamiteuses, les conflits incessants entre les partisans des traditions politiques et administratives de l'ancienne France, et les fondateurs du nouveau régime constitutionnel aboutirent à un abîme qui appelait de nouveaux abîmes.

Le règne exclusif des classes moyennes, accepté d'abord par le peuple des barricades à qui il fut présenté du haut du balcon de l'Hôtel-de-Ville comme la meilleure des républiques, ne tarda pas à être contesté par ceux qui avaient cru vaincre pour leur propre compte, mais qui n'avaient été, dans la bataille des trois journées, que les auxiliaires et les instruments de la bourgeoisie.

Le lendemain de la victoire, les deux partis coalisés se divisèrent et prirent les armes, le sang coula dans les rues des deux principales villes du royaume, et le parti de la résistance, vainqueur du parti démocratique, put se croire appelé à fonder, non-seulement en France, mais en Europe, un nouveau régime constitutionnel, où la souveraineté politique serait équitablement partagée entre un Roi héréditaire, agissant par des ministres responsables, et par les deux chambres du parlement, l'une élue par des censitaires représentant le pays légal, l'autre nommée par le Roi, non héréditaire, mais viagère.

Le parti dont les forces combinées avaient vaincu les républicains se divisa à son tour en royalistes dévoués au culte de la quasi-légitimité, et en partisans absolus du régime parlementaire. Les premiers, sans contester aux chambres législatives des prérogatives fort étendues, voulaient maintenir avec énergie l'intervention réelle et active du Roi et de ses ministres dans le gouvernement du pays, les seconds avaient pris pour devise : *le Roi règne et ne gouverne pas.* C'est entre ces deux fractions du parti constitutionnel qu'a duré dix-huit ans la lutte parlementaire à laquelle les membres de l'opposition dite dynastique, et les rares représentants de la république et de la royauté traditionnelle, ne prenaient part qu'à titre d'appoints.

Ni l'un ni l'autre des partis qui se disputaient les portefeuilles ne reconnaissait au pays le droit de s'administrer lui-même. Tous deux faisaient de l'administration l'appendice du gouvernement. La loi sur l'instruction primaire de 1833, malgré la part d'influence faite aux notables des comités, les projets de lois successivement élaborés et avortés sur l'instruction secondaire acceptaient toutes le principe de l'enseignement donné par l'État et du monopole universitaire. Les lois sur l'organisation et les attributions des communes et des départements, tout en substituant le principe de l'élection à la nomination par les préfets et par les ministres des membres des assemblées locales, tout en élargissant dans une certaine mesure les attributions de ces assemblées, maintenaient toutes le principe de la centralisation administrative légué à la Restauration par l'Empire; tous les chefs parlementaires s'accordaient sur ce point capital. « Qu'importent, disait souvent un des princes de la parole, ces petites libertés exhumées du moyen âge! Ce n'est plus sur l'étroit terrain des libertés locales que doit reposer l'édifice de la monarchie constitutionnelle; les libertés politiques suffisent au pays légal. Gouverné par les ministres et par les préfets sous le seul contrôle des députés de la majorité, le pays doit se tenir pour satisfait.» Ainsi la stratégie parlementaire n'avait qu'un but : choisir les ministres et les imposer à la couronne; la bureaucratie suffisait à tous les besoins administratifs. Contre cette théorie dont l'abus pouvait tendre à absorber dans des luttes personnelles les forces vitales de la nation, quelques protestations isolées s'élevaient de temps en temps des bancs des partis *excentriques*, mais elles étaient écoutées avec distraction et dédain ; on les considérait comme étant hors du courant des idées que le bruit des discours de tribune, répétés par les cent mille voix de la presse quotidienne, portait tantôt vers l'opposition qui livrait l'assaut au pouvoir, tantôt vers le gouvernement qui ne songeait qu'à se barricader contre les attaques de ses rivaux.

Le parti social dont M. Royer-Collard avait été le chef et l'organe sous le gouvernement de la Restauration, et qu'une inspiration poétique plutôt qu'un calcul d'homme d'État imagina de ressusciter au milieu des conflits parlementaires fût de courte durée; il n'aurait manqué cependant, pour détourner les partis de la guerre fratricide à laquelle ils étaient entraînés, que de féconder cette idée juste, par un appel éclairé et sincère à l'esprit d'association et aux libertés civiles et locales sans lesquelles la liberté politique ne pouvait être qu'une arme de guerre et un instrument de destruction.

Les partis parlementaires, absorbés par leurs querelles d'intérieur, continuèrent à ne prêter qu'une attention distraite aux progrès des utopies révolutionnaires et des sociétés secrètes, et l'on s'endormit avec confiance en cette fausse pensée que la société, quoiqu'agitée à la surface, était calme dans ses profondeurs.

XXXVIII. — Déjà cependant il était facile d'apprécier les progrès du socialisme. La *Théorie des Quatre Mouvements*, le *Traité de l'Association domestique et agricole* et autres ouvrages semblables du plus radical des réformateurs, passés inaperçus de 1820 à 1829, avaient dans la *Phalange* et dans la *Démocratie pacifique* des organes périodiques qui commençaient à agir sur les masses. Le Saint-Simonisme dont le fondateur était mort pauvre et ignoré en 1825 après avoir publié le *Nouveau christianisme*, mais qui comptait des disciples fervents parmi des élèves distingués de l'École polytechnique, faisait entendre des prédications assez alarmantes et assez fructueuses pour provoquer contre ses adeptes des poursuites correctionnelles. Les doctrines communistes d'Owen étaient propagées dans le *Voyage en Icarie* de M. Cabet. Proudhon posait en 1840 cette question : Qu'est-ce que la propriété? et publiait l'année suivante un pamphlet économique contre le droit de propriété. Louis Blanc publiait, en 1839, la première édition de son livre sur *l'Organisation du travail*. Tout faisait présager une révolution dont le double mot d'ordre serait : république universelle ; concentration dans les mains de l'État des droits de la famille, de la propriété, de la religion.

Contre ce torrent d'idées subversives il n'y avait qu'une digue possible, c'était une ligue du bien public entre tous les intérêts menacés par la propagande révolutionnaire. La peur, cette triste conseillère des gouvernements contestés par des partis redoutables, avait malheureusement interposé entre l'ordre social et ses défenseurs naturels un double obstacle dans la loi de 1834 contre la liberté d'association et dans celles de 1835 contre la liberté de la Presse. Le gouvernement, préoccupé avant tout du soin d'assurer sa propre existence, fermait l'oreille à des conseils qu'il supposait dictés par la haine et par le désir de le renverser. Les coalitions, les grèves, les émeutes étaient réprimées avec vigueur ; on fondait des caisses d'Épargne, des Monts-de-Piété; mais on négligeait de sonder la plaie sociale de l'industrialisme de peur de compromettre les élections politiques toujours imminentes, en mécontentant les classes moyennes qui étaient le point d'appui du pouvoir, et on laissait ainsi privées du double secours de la défense mutuelle par la liberté d'association, et de la bienfaisance par la liberté de la charité, les classes laborieuses que d'ardents *amis de l'humanité* représentaient dès lors, non sans exagération peut-être, comme des victimes fatales des vicissitudes de l'industrie.

Ce n'était pas seulement dans ses intérêts matériels que la classe ouvrière aurait pu être efficacement protégée par une large application du principe d'autonomie. Le progrès incessant des naissances illégitimes, des désordres domestiques et des crimes contre les personnes, attesté surtout dans les classes inférieures par les statistiques officielles, commandait de lever les entraves que la législation ombrageuse du Consulat et de l'Empire opposait à la libre influence de la civilisation chrétienne. « Si les classes inférieures s'ébranlent, s'écriait une voix éloquente (1) avant que le christianisme n'ait été reconstruit dans les esprits, l'Europe verra des luttes effroyables auxquelles rien ne ressemble peut-être dans les annales du monde.» «Non, répondaient les socialistes, ce n'est pas d'une foi morte qu'on peut attendre la régénération des mœurs, c'est de la raison humaine; ce n'est pas dans les dogmes immuables de la religion, c'est dans les progrès incessants de la science qu'on trouvera un remède efficace aux plaies sociales. Concentrez dans les mains de l'État toutes les ressources matérielles, intellectuelles et morales, faites du gouvernement, ce vivant symbole du progrès, le distributeur impartial des richesses, des lumières, des moyens de moralisation que l'esprit de famille, de propriété et de religion tend à localiser dans des institutions surannées et protectrices non de l'intérêt général, mais des intérêts particuliers. » La centralisation à sa plus haute puissance, tel était alors comme aujourd'hui, le symbole commun de toutes les sectes socialistes.

Les comités pour la défense de la liberté religieuse et de la liberté d'enseignement luttaient contre ces tendances funestes, avec l'indépendance que donnait à leurs membres divisés sur la question politique, mais étroitement unis dans la pensée du salut public, la liberté politique garantie par la constitution. Mais au lieu de seconder leurs efforts, le gouvernement absorbé par ses préoccupations personnelles présentait aux chambres législatives, en 1844, un projet de loi sur l'enseignement secondaire inspiré par un esprit de défiance contre le clergé, qui ne réclamait cependant, comme nous le disions alors (2), ni un banc d'évêques à la chambre des pairs, ni des avantages pécuniaires, ni des honneurs, mais la liberté d'évangéliser,

____

(1) L'Abbé GERBET, *Philosophie de l'histoire.* — (2) *Lettre sur le Projet de loi de l'Enseignement,* p. 33.

d'enseigner, de faire le bien dans les limites de sa puissance et de ses devoirs spirituels. Ce projet où éclataient à chaque ligne les puériles terreurs d'un gouvenement peu sûr de lui-même avorta, et l'éducation publique resta sous le joug universitaire créé par l'Empire.

En même temps on évoquait, à la tribune des deux chambres, l'arrêté des consuls de l'an XII et le Code pénal de l'Empire contre les congrégations religieuses d'où se sont élevées, grace à la persévérante fermeté de l'esprit chrétien, les voix éloquentes des pères Ravignan et Lacordaire, Félix et Hyacinthe, Bauer et tant d'autres soldats de la milice religieuse qui font retentir, de concert avec les évêques et les prêtres du clergé séculier, les vérités immortelles destinées à dissiper les ténèbres des fausses doctrines, et à sauver la société de leur dangereuse influence.

XXXIX. — Que faisaient, au sein de ces conflits, les théoriciens et les hommes d'Etat du gouvernement exclusif des classes moyennes ? Ils s'endormaient dans un optimisme rebelle aux avertissements qui leur arrivaient de tous côtés sur les progrès du communisme et de l'esprit révolutionnaire ; ils célébraient, avec un enthousiasme que peut seul expliquer l'enivrement du pouvoir, le triomphe de la bourgeoisie, forte du triple appui de l'intelligence, de la propriété et de l'industrie, d'un côté sur le parti rétrograde qui prétendait ressusciter le droit divin des Rois et les libertés ecclésiastiques et municipales du moyen âge, de l'autre sur les utopistes du suffrage universel. « Cette doctrine, disaient-ils, est celle de la majorité numérique, du droit par tête, et, en faussant le principe de l'égalité chrétienne, elle matérialise la société.

« L'école *républicaine*, en répudiant les lois mêmes de la civilisation chrétienne, a perdu son avenir, et la royauté s'est consolidée en devenant un *simple intérêt et en cessant d'être une croyance.* L'Europe est contrainte de nous emprunter le génie centralisateur de la bourgeoisie, et la vitalité du principe administratif, alors même qu'elle répudie le plus obstinément l'élément de la liberté politique. Elle finira par comprendre le gouvernement des classes moyennes, à mesure que les faits viendront la caractériser davantage, comme la forme régulière d'un mouvement d'abord désordonné, comme le dernier mode de conciliation entre les intérêts nouveaux et les institutions antiques. La Grande-Bretagne s'y rallie plus manifestement chaque jour, en maintenant son gouvernement à égale distance du vieux torysme historique et du radicalisme populaire. La Belgique a conquis cette situation à laquelle la préparait tout son passé. L'Allemagne entière y incline ici par l'esprit constitutionnel, là par la prédominance de l'élément industriel sur le génie militaire. La Russie elle-même voit s'augmenter chaque année le chiffre de ses gildes de marchands, pendant que celui des serfs diminue, et que les vieux boyards quittent l'armée et les antichambres impériales pour raffiner du sucre et filer du coton dans les provinces méridionales. C'est vers ce point que se dirige la péninsule espagnole, c'est lui qu'elle entrevoit comme une étoile de paix au milieu de ses ténèbres sanglantes. Partout enfin se produisent, dans la pleine conscience de leur force, des intérêts passés chez nous de l'État révolutionnaire à l'État organique et constitué. (1) »

Les illusions prophétiques des conservateurs ministériels étaient loin d'être partagées par les membres de l'opposition ; quelques-uns se montraient, au contraire, très-effrayés des pratiques à l'aide desquelles le parti dominant obte-

____

(1) M. DE CARNÉ, *Des intérêts nouveaux en Europe depuis la révolution de 1830*, t. II, p. 423.

nait des succès électoraux, prélude d'une immense défaite qui ne s'arrêterait pas aux ministères. « Le gouvernement représentatif est en péril, s'écriait l'un d'eux (1) ; ce n'est point, comme en 1830, la violence qui le menace, c'est la corruption qui le mine. »

Le danger politique de la centralisation était signalé avec énergie par d'autres hommes non moins dévoués à la dynastie de Louis-Philippe : « La centralisation, disait un député (2), a rompu ses digues ; elle a envahi le terrain des institutions représentatives. Un pouvoir étroit et d'un égoïsme opiniâtre est descendu en personne dans la lice électorale, et y a fait descendre avec lui, avec les immenses ressources de la centralisation, tous les intérêts, toutes les convoitises, toutes les vanités. »

A ces paroles chaleureuses il fallait une sanction. Elle ne pouvait pas venir de l'opposition dynastique incarnée dans l'honnête orateur qui, après dix-huit ans d'appel infructueux à l'idée du *Droit* a vu, à la chute de la monarchie de Louis-Philippe, son parti se diviser entre le socialisme et l'Empire. Le parti républicain et le parti légitimiste avaient bien moins d'influence encore sur la politique du gouvernement. Les deux orateurs qui les représentaient dans la chambre des députés, l'un avec sa finesse attique, l'autre avec la mâle éloquence dont les échos retentissent encore, réservaient chacun, pour la cause à laquelle il avait consacré sa vie, les chances de l'avenir, mais n'apportaient dans le présent à l'opposition parlementaire qu'un appoint de quelques voix.

Restaient donc uniquement en présence le parti ministériel dont l'austère et éloquent organe (3) disait qu'il fallait

(1) M. DUVERGIER DE HAURANNE, *De la réforme électorale*. — (2) M. CORNE, *Discours au banquet de Valenciennes*. — (3) M. GUIZOT, *Discours sur la prise en considération d'une proposition relative à l'organisation des administrations centrales*.

concilier une grande organisation administrative, générale régulière, hiérarchique, centralisée, avec la liberté politique ; et le parti du centre gauche dont l'orateur spirituel et l'infatigable stratégiste acceptait la double formule de la politique gouvernementale, et voulait, disait-il, jouer le même air, mais le-jouer mieux en prenant pour instrument la chambre plutôt que la royauté.

Les tournois de paroles entre les chefs parlementaires étaient des obstacles presque permanents aux imprudentes aventures et aux dilapidations financières qui auraient pu, sous un roi moins sage et moins pacifique, exposer le sang et l'or de la France à d'inévitables périls. Mais l'éloquence passionnée dont les orateurs cherchaient le modèle dans les tribunes orageuses de l'antiquité plutôt que dans les discussions froides et pratiques du peuple voisin dont nous avions voulu nous approprier les institutions, se concentrait malheureusement dans les conflits politiques dont le terme inévitable était une nouvelle révolution.

XL. — Déjà en effet grondait l'orage que pressentaient un grand nombre d'hommes désintéressés dans les compétitions du pouvoir et uniquement préoccupés des périls de la société. Déjà se propageait dans les masses un écho des menaces adressées au parlement anglais dans deux circonstances analogues par lord Chatam et par lord Grey (1). Déjà des écrits qui ne pouvaient prétendre à aucune influence sur les chambres, mais où se reflétaient les anxiétés de l'opinion, reprochaient aux écrivains dynastiques la timidité de leurs conclusions, et suppliaient le gouver-

(1) If parliament did not reform inself, in time, from Within, it Would be reformed With vengeance, from Without. Lord Chatham 1770, Lord Grey 1831. — « Je ne voudrais pas m'engager à repousser toujours, quoi qu'il arrive, le vote à deux degrés, disait M. Duvergier de Hauranne dans sa brochure sur la réforme. »

nement de prévenir sa propre ruine qu'une insurrection des faubourgs de Paris était à la veille de réaliser, en décentralisant administrativement la France, et en substituant au système de l'élection directe par les censitaires de deux cents francs le suffrage universel à plusieurs degrés combiné avec un ensemble d'institutions administratives librement émanées du sein des populations (1).

Les maîtres du pouvoir ne voulurent rien relâcher de leur puissance électorale. Ils refusèrent même le droit de voter, réclamé par un tiers-parti en faveur de ce qu'il appelait les *capacités intellectuelles.* Surviennent les banquets, ces réunions innombrables d'ouvriers défendues à la tribune comme réunions privées par le chef des opposants dynastiques, et dans lesquels le chef plus hardi du parti républicain signale le réveil du peuple de 1792. L'émeute éclate ; le cri de Vive la Réforme! retentit dans les rues de Paris et dans la cour des Tuileries. Le Roi fuit abandonné de ses troupes, la chambre des députés est envahie par les émeutiers, et ces prétendus représentants de la France constituent, au milieu du tumulte, un gouvernement provisoire qui proclame la République, sans autre mission que celle d'une prétendue *nécessité.*

Ainsi tomba, par les moyens mêmes à l'aide desquels on l'avait fondée, la quasi-monarchie, qui n'offrait, malgré le prestige dont l'entourèrent de nombreux talents, aucune des conditions essentielles d'un gouvernement représentatif. Sa royauté improvisée, sa Charte bâclée, sa pairie ni élue, ni héréditaire, ne représentant que la volonté variable du Roi qui la nommait, sa Chambre des députés dont les membres ainsi que leurs électeurs ne représentaient que des opinions individuelles, sa magistrature inamovible,

(1) *De la réforme administrative et électorale,* réponse à M. Duvergier de Hauranne, Paris, 1847.

mais mobile, ses cinq cents mille fonctionnaires, instruments passifs d'une administration despotique, tout cet appareil trompeur de liberté et de force devait disparaître au premier choc d'une insurrection calquée sur celle de 1830.

XLI. — La révolution de 1848, cette surprise inévitable dont la date seule était incertaine, chercha le triomphe définitif de la république démocratique, une et indivisible, dans le double principe du suffrage universel et direct et de la centralisation administrative.

Le gouvernement provisoire fut fidèle à cette double pensée en s'armant d'une dictature républicaine et socialiste contre les contradictions possibles de la souveraineté nationale convoquée dans les colléges électoraux. Il nomme son ministère, dissout la Chambre des députés, défend à la Chambre des pairs de se réunir, délie de leur serment les fonctionnaires publics, et déclare, deux jours après son installation, que le gouvernement définitif de la France sera une république démocratique. L'organisation politique est immédiatement suivie de réformes sociales. Les ouvriers sont dotés du million échu de la liste civile. La commission dite des travailleurs est créée sous la présidence de deux membres du gouvernement provisoire. Le serment des fonctionnaires publics est supprimé. La noblesse et les qualifications nobiliaires sont abolies. La liberté de la presse est proclamée ; le timbre est supprimé. Les crimes en matière de presse sont déférés au jury. Enfin, la nation est convoquée par un décret, qui établit le suffrage universel et direct, fixe le mode de votation, et alloue aux représentants du peuple une indemnité de 25 francs par jour.

L'assemblée convoquée ne tarde pas à être envahie. La guerre civile éclate et met Paris à deux doigts de sa perte. C'est dans ces terribles conjonctures qu'apparaît, rédigée par une commission mi-partie d'hommes du régime déchu songeant, selon l'expression de l'un d'eux, au présent plus qu'à l'avenir, et de républicains de la veille, une constitution dont le préambule résume les principes épars dans les Déclarations des Droits de 1791, 1793, an III. La constitution républicaine, après avoir posé le principe de la souveraineté *inaliénable* et *imprescriptible* du peuple, investit du pouvoir législatif une assemblée unique, fixée, en prenant pour base la population, à sept cents cinquante membres, et élue par le suffrage universel et direct, avec renouvellement intégral tous les trois ans ; confie le pouvoir exécutif à un président responsable, dont les attributions, moins étendues que celles d'un Roi constitutionnel, sont empruntées en grande partie à celles du président des États-Unis d'Amérique ; mais au lieu d'emprunter à la même république le système d'autonomie de ses États confédérés, elle maintient la centralisation administrative et le conseil d'État établis par les constitutions du Consulat et de l'Empire.

L'organisation des pouvoirs publics par la Constitution de 1848 offrait aux classes populaires le moyen de prendre une revanche éclatante de la domination exclusive des classes moyennes pendant tout le règne de Louis-Philippe. Frappés de l'abus que pourrait faire de l'omnipotence administrative un gouvernement né d'une surprise et exposé par le vice de son origine à se laisser dominer par des théories subversives et par les exigences passionnées d'un parti impatient de se venger des déceptions qu'il avait subies, quarante représentants proposèrent un amendement qui, tout en respectant le principe de la centralisation politique garantie de l'unité *nationale*, demandait une décentralisation administrative, à l'aide de laquelle les intérêts de la famille, de la propriété, de la religion, sérieusement menacés par les théories matérialistes et par la tyrannie égalitaire, pussent être défendus non plus seulement au centre mais partout où ils seraient attaqués. On se récria contre la pensée d'affaiblir le pouvoir que chacun se flattait de ressaisir, et malgré la manifestation d'une minorité imposante (1), la majorité fidèle aux traditions absolutistes de l'ancien régime, de la Convention et de l'Empire, rejeta l'amendement et maintint le dualisme de la démocratie politique et de la centralisation administrative.

Le parti qui avait triomphé pour autrui en 1830 avait, dès le lendemain de sa nouvelle victoire, installé pour son propre compte ses théoriciens au Luxembourg, ses orateurs dans les clubs, ses hommes d'action dans les ateliers nationaux, et ses invalides aux Tuileries. Déjà sous la formule du droit au travail, le droit à l'oisiveté et à l'égalité des salaires avait été consacré; déjà les créances hypothécaires étaient frappées d'une contribution, l'impôt des 45 centimes faisait pressentir l'aggravation de l'impôt foncier, l'abolition des octrois, celle de tous les impôts indirects; déjà les théories économiques du socialisme avaient commencé à passer dans la pratique financière, et il ne s'agissait de rien moins que de concentrer dans les mains de l'État les assurances, les chemins de fer, les banques, et en général toutes les actions industrielles, en attendant qu'on achevât de monopoliser l'enseignement, les cultes, tous les éléments de la vie intellectuelle de la nation.

L'Assemblée constituante fit dresser par une commission le bilan des pertes causées à la fortune publique par l'immense perturbation que la licence tolérée des clubs et des journaux politiques favorisait imprudemment, et que l'intervention directe de l'État dans les affaires industrielles cher-

---

(1) Voyez la discussion de l'amendement proposé par quarante et un représentants sur l'art. 67 de la Constitution.

chait maladroitement et vainement à réprimer. Effrayée
des pertes de l'industrie, évaluées pour dix mois à 850 millions, de la diminution des salaires estimée à plus de
300 millions, de l'abaissement en un an des produits indirects de 145 millions, de la dépréciation des valeurs de
bourse, qui en quarante jours à partir du 24 février, avait
été de plus de 3 milliards, de l'avilissement incessant du
sol et des produits agricoles, l'Assemblée avisa au plus
pressé. Elle ferma les clubs, dispersa les ateliers nationaux,
reprima les insurrections, défendit les attroupements, rétablit les impôts et les octrois abolis, abrogea ou modifia les
décrets du gouvernement provisoire sur l'impôt des créances
hypothécaires, sur la contrainte par corps, sur les effets
de commerce, sur le travail dans les prisons, sur les heures
de travail dans les manufactures, réprima les débats de la
presse, rétablit le cautionnement des journaux, consolida
les bons du Trésor et les livrets des caisses d'épargnes, etc.

Convaincue, malgré la timidité qu'elle avait montrée en le
maintenant comme une digue contre l'anarchie, des dangers
du principe de la centralisation, elle chercha à en arrêter
les conséquences les plus menaçantes en rejetant tous projets de lois, toutes propositions tendant à attribuer à l'État
les assurances agricoles ou industrielles, les chemins de
fer, les banques, les sociétés de crédit foncier, les caisses
de prévoyance et de secours mutuels ; elle repoussa l'impôt unique, l'impôt progressif, l'impôt sur le capital, l'impôt sur le revenu, le papier-monnaie, toutes les formules
financières du socialisme ; elle défendit l'antique commune, ce produit lent et spontané du sol et du temps
contre l'utopie phalanstérienne de la commune sociétaire,
et contre l'idée fausse et rétrograde de la commune cantonale; elle protégea la famille, cette base immémoriale de
tout ordre social contre le divorce, contre l'égalité forcée

des partages, contre la déshérence en deça du degré suc-
cessible ; elle préserva d'innovations téméraires et irré-
fléchies l'organisation du clergé, de la magistrature, de
l'armée, des travaux publics.

Non contente de réparer le mal, et de fermer les brèches
du socialisme, l'Assemblée constituante manifesta sa sollicitude pour les classes ouvrières en répartissant des travaux publics et des crédits entre les associations libres
d'ouvriers, et de patrons et d'ouvriers, en organisant les
sociétés de secours mutuels, les caisses d'épargne, les
comptoirs d'escompte, les conseils de prudhommes, en réduisant l'impôt du sel, en ouvrant des enquêtes sur l'agriculture et l'industrie, en fondant l'enseignement agricole, etc., etc. (1).

Au milieu de ces travaux administratifs et économiques
la Constitution fut promulguée, le prince élu président prêta
serment de fidélité à la république démocratique, et l'Assemblée législative, élue comme le président par le suffrage universel, reprit la lutte engagée contre les fausses doctrines,
qui, sous les formules de droit au travail, de taxe des pauvres,
d'assistance obligatoire, avaient il y a trois siècles fait tant
de ravages en Allemagne et en Angleterre, et menaçaient
de nouveau la France du communisme de Barrère et de la
tyrannie égalitaire de Babeuf.

L'Assemblée législative divisée, comme ses électeurs, en
plusieurs partis politiques, ne put pas, malgré le désintéressement personnel et le dévouement au salut social dont
la plupart de ses membres ne cessèrent de donner des
preuves, réaliser tout le bien qu'elle aurait désiré ; elle
continua cependant avec zèle et persévérance l'œuvre de

(1) L'auteur a analysé ces travaux dans son livre sur l'État du
Paupérisme en France, et sur les moyens d'y remédier. (Prix Monthyon, 1853.)

sa devancière par des lois ou des projets de lois de prévoyance et d'assistance, émanés de l'initiative d'une commission permanente prise dans son sein ; elle consacra le
principe de la liberté de l'enseignement primaire et secondaire par une loi de transaction qui admit des comités
composés de pères de famille à concourir à la grande œuvre
de l'éducation publique donnée soit dans les écoles libres,
soit dans les écoles universitaires; elle chercha dans le droit
de cité la base de toutes les élections locales et politiques ;
elle améliora le sort des instituteurs primaires, étendit avec
sagesse l'enseignement gratuit des pauvres, réglementa
les conventions entre patrons et ouvriers, les livrets des
caisses d'épargne, le patronage des jeunes détenus, l'enseignement agricole, l'assistance judiciaire, les colonies
agricoles de l'Algérie, la police des théâtres, les bains et
lavoirs publics, le mariage des indigents, la légitimation
des enfants naturels, les contrats d'apprentissage, l'administration des hôpitaux ; elle réprima l'usure et la falsification des denrées alimentaires. Elle laissa, à l'État de rapports ou de projets, des lois sur les livrets d'ouvriers, sur
l'enregistrement en débet des actes des conseils de prud'-
hommes, sur les Monts-de-Piété, sur les hospices d'En-
fants-Trouvés, sur la répression de la falsification des
boissons, sur la police des cabarets, sur la célébration des
fêtes et dimanches, sur la mise en culture des biens communaux, sur l'organisation des Chambres consultatives,
du Conseil supérieure d'agriculture, du Crédit foncier etc.
Tout en respectant le libre exercice des œuvres de charité
privée, elle élabora un vaste projet d'organisation de l'assistance publique, sous la direction d'un Conseil composé
de vingt membres, dix nommés par le chef de l'État, dix
pris dans le clergé, la magistrature et les administrations
électives.

Toutes les branches de l'administration intérieure que la Constitution de 1848 avait maintenues telles que les avait établies la législation de l'an VIII, sauf l'élection des membres de leurs conseils par le suffrage universel, et la création de conseils cantonaux, furent dans l'Assemblée législative, comme elles l'avait été dans l'Assemblée constituante, l'objet de nombreuses propositions. L'une d'elles excita une attention particulière, et la commission chargée de l'examiner nomma, à cause de l'importance et la complexité des matières, quatre rapporteurs dont les remarquables travaux l'un sur l'organisation des communes, le second sur l'organisation des cantons, le troisième sur l'organisation des départements, le quatrième sur l'organisation des conseils de préfecture, furent rédigés dans un esprit de décentralisation progressive.

XLII. — Tandis que l'Assemblée poursuivant ces utiles travaux consolidait l'œuvre de réédification qui avait succédé aux mesures réparatrices et préservatrices, était apparu sous ce titre : *Révision de la Constitution,* un manifeste anonyme (1) qui tendait à ébranler la base même de la République, et à rouvrir la lice des compétitions personnelles au pouvoir suprême.

« Disons-le d'abord et hautement, s'écriait l'auteur de cet opuscule, ce qui a tout renversé, constitutions et gouvernements, c'est le régime parlementaire, sa prédominance, et le rôle que le pouvoir exécutif a joué en France, et doit jouer sans cesse. Ce rôle est la condition première de notre existence comme nation, et il n'est pas permis de le méconnaître dans nos institutions politiques. »

« La révolution française, ajoutait l'auteur, la révolution qui renversa le trône, qui dépouilla le clergé, brisa

(1) *La Révision de la Constitution,* typographie Plon frères, rue de Vaugirard, 36.

en effet tous les instruments de l'ancien régime ; mais elle accomplit, sans s'en douter, l'œuvre providentielle commencée par la Royauté depuis tant de siècles, c'est-à-dire l'abaissement de la féodalité et la centralisation du pouvoir ; car elle introduisit l'unité partout, dans le territoire par la division en départements administrés par des fonctionnaires hiérarchiques relevant d'un centre commun ; dans la justice par la division en ressorts, appliquant une loi commune au nom d'un pouvoir central ; dans le clergé, en le rattachant à l'État par le traitement qu'il en reçoit aux divers degrés de la hiérarchie ; dans l'armée, en l'enlevant à l'influence de la noblesse, comme aux influences provinciales, et en la plaçant tout entière sous la main du gouvernement.

« Donc la Révolution qui détruisit l'ancienne France, respecta, continua, accéléra et compléta le mouvement qui élevait, qui étendait, qui fortifiait de siècle en siècle l'autorité du pouvoir central et dirigeant ; et l'on peut dire que le Comité de salut public, Danton et Robespierre, ces ennemis acharnés de la monarchie, poursuivirent néanmoins et accomplirent, quant à l'affermissement de la puissance exécutive, l'œuvre de Louis le Gros, de Louis XI, de Richelieu et de Louis XIV. »

De ces prémisses historiques l'auteur tirait la conclusion que le système représentatif et non le système parlementaire convenait à la France ; que le principe fondamental du gouvernement représentatif c'était la division des pouvoirs, et qu'il n'appartenait qu'aux institutions napoléoniennes de réaliser cet idéal. « La pensée, disait-il, des institutions de 1799, de 1802 et de 1804 n'est pas autre chose que le principe même de la liberté chez tous les peuples ; car ces institutions séparent complétement le pouvoir exécutif du pouvoir législatif... Il faut donc renoncer au gouvernement parlementaire qui n'est pas un fait national, mais une utopie d'importation étrangère, et qui ne produira jamais que des inquiétudes, des luttes, des déchirements, des révolutions et des ruines... Il faut donc réviser la Constitution dans l'esprit des institutions napoléoniennes. Quand on pense que cette œuvre du plus grand génie des temps modernes a été abandonnée pour de misérables contrefaçons anglaises ou américaines faites par d'obscurs avocats, d'obscurs journalistes, d'obscurs écrivains, c'est à confondre la raison humaine. »

Cette courte citation suffit pour faire comprendre l'origine du coup d'État du 2 décembre 1851, de la dictature présidentielle et de la constitution de l'Empire.

L'histoire jugera des faits encore tout palpitants des passions contemporaires. Elle dira si, plus heureux que celui de 18 brumaire, le coup d'État du 2 décembre a mis fin aux révolutions que nous ont donné en quatre-vingts ans la monarchie constitutionnelle de 1791, la République une et indivisible de 1793, le Directoire et ses deux Conseils, le Consulat, le premier Empire, la Restauration, les Cents-Jours, une Restauration nouvelle, la Monarchie de Louis-Philippe, la République de 1848 et enfin le second Empire.

Bornons-nous en ce moment à appeler l'attention publique sur le danger et l'inanité des révolutions qui, tantôt sous une forme, tantôt sous une autre, donnent à l'Europe le triste spectacle d'une nation, se réduisant, par sa propre faute, à l'incapacité de se gouverner elle-même, et faisant des coups d'État et des coups de main, l'Alpha et l'Oméga de sa science et de sa moralité politiques.

CHAPITRE II

L'AUTONOMIE DANS LA SCIENCE POLITIQUE.

§ 1er *L'autonomie des méthodes scientifiques.*

I. — Entre les méthodes scientifiques et les institutions politiques existe un lien mystérieux que n'aperçoit pas le vulgaire, mais qui n'échappe pas aux penseurs. Chaque science a sa méthode autonome, c'est-à-dire appropriée à sa nature, et c'est par l'analyse des faits particuliers à son objet qu'elle compose la synthèse de ses principes généraux. La politique qui n'est pas comme les mathématiques une science simple et abstraite, mais qui est au contraire la plus complexe, la plus étendue, la plus élevée de toutes les sciences, a aussi sa méthode autonome. On s'approche ou on s'éloigne de la vérité politique selon qu'on est plus ou moins fidèle à cette méthode.

La recherche du vrai, du bien et du beau dans l'organisation sociale est un but qu'il n'est possible d'atteindre que dans la mesure des facultés imparfaites de la nature humaine; mais l'art politique, guidé par les principes de la science, doit le poursuivre avec une infatigable persévérance en combinant les principes absolus, immuables du droit naturel, avec les convenances accidentelles de chaque peuple; car le gouvernement le plus conforme à la nature est, comme le dit Montesquieu, celui dont la disposition particulière se rapporte le mieux à la disposition du peuple pour lequel il est établi. L'application fidèle de ces principes à l'utilité omni-compréhensible des peuples, favorise leur progrès social ; en les dédaignant on précipite leur décadence.

L'analyse des faits particuliers dont se compose toute synthèse doit embrasser non-seulement les phénomènes sensibles, mais les faits de conscience et les vérités de foi naturelles et surnaturelles.

Dans les sciences, même appliquées à la matière inorganique, les propriétés intrinsèques et extrinsèques des corps, la force, l'inertie, le mouvement ne sauraient être expliqués par les seules expériences de la physique, de la chimie, de la mécanique ; il faut, même dans cette sphère des connaissances humaines, remonter à un principe supérieur, à une cause première. Les observations analytiques et les formules mathématiques dont se composent les sciences exactes et celles qui le sont à peu près, peuvent cependant flatter l'orgueil de l'homme épris de ses découvertes et de ses déductions, au point de lui faire oublier Celui d'où procède son intelligence, et dont la *splendeur des cieux raconte la gloire.*

Mais dans l'étude du monde organique, et, à plus forte raison, dans celle de la vie individuelle et sociale de l'homme et des phénomènes de la pensée, on ne peut pas ne pas se ressouvenir que l'âme n'est point un sens, qu'elle n'est point engendrée par les sens, que l'homme est composé d'un esprit et d'un corps, et que si les phénomènes sensibles sont dans la pensée un instrument, l'intelligence en est le principe.

Entre l'harmonie géométrique de la matière brute et l'harmonie organique de la nature vivante, existent des différences générales qui ne permettent pas d'appliquer à la *biologie* la méthode des expériences purement matérielles des physiciens, des mécaniciens et des chimistes. Que sera-ce si on s'élève jusqu'aux redoutables problèmes de

la vie et de la pensée de l'homme individuel ou social ? Que
sera-ce si l'on explore dans leurs profondeurs mystérieuses
les théories opposées du libre arbitre et du fatalisme, de
la vérité révélée, une, absolue, immuable, et de la vérité
mobile, variable et progressive, de la morale appuyée sur
le dogme et de la morale indépendante, de la fin purement
terrestre et matérielle de l'homme, et des destinées de la
vie future ?

Dans l'examen des questions de l'ordre philosophique et
moral et des questions politiques, économiques, administratives qui leur sont subordonnées, le principe spiritualiste est directement engagé, et l'observation ne doit pas
être circonscrite dans le cercle des faits matériels. La psy-
chologie doit marcher de pair avec la physiologie, la science
sociale doit tenir compte des phénomènes du monde intellectuel et moral, et s'élever avec le secours de la foi jusqu'aux principes transcendants des sociétés humaines.

La séparation absolue qu'on a, dans la discussion relative à l'enseignement matérialiste (1), prétendu établir
entre la religion et la science est imaginaire. La religion
et la science doivent être *distinctes*, non *séparées*. La thèse
soutenue au nom du gouvernement est fausse au point de
vue scientifique, comme au point de vue religieux. La méthode biologique ne peut valoir qu'autant qu'elle embrasse
l'homme vivant tout entier, matière et intelligence, corps
et esprit, et qu'elle procède non par des méthodes empruntées aux sciences physiques et mathématiques, mais
par la méthode traditionnelle de la science de la vie humaine aidée par la révélation naturelle et surnaturelle.

De même dans la science sociale, l'observation analy-

_____

(1) *Discours* de M. CHARLES ROBERT, commissaire du gouvernement devant le Sénat, au sujet de la pétition des pères de famille
contre l'enseignement matérialiste des professeurs universitaires.

tique qui sert de base à la synthèse doit embrasser non-seulement les faits relatifs à l'ordre et au bien-être matériels dont se contentent les sociétés résignées à la décadence, mais les faits intellectuels et moraux, éléments nécessaires de tout progrès social.

II. — Machiavel, ce puissant esprit, qu'un de ses critiques (1) compare à un de ces damnés connaissant selon les légendes du moyen âge le passé et l'avenir, mais ignorant le présent, a dédaigné toute méthode, nié tous les principes, s'est voué au culte exclusif et indifférent des faits accomplis, et est ainsi devenu l'artisan des révolutions qu'il a prophétisées trois siècles avant leur explosion. Scepticisme, matérialisme, fatalisme, despotisme, toutes les erreurs contemporaines sont en germe dans ce code du droit de la force contre lequel ont protesté tant de voix criant jusqu'à ce jour dans le désert (2). On entend retentir encore les échos des théories sophistiques qui réduisent la politique à un art dans lequel le but légitime les moyens. Un libéral, centralisateur, révolutionnaire (3) (quelle confusion de mots et d'idées!) s'écrie naïvement : « Qu'est-ce que viendra faire la logique dans les sciences sociales? La société n'est pas la science pour suivre partout où ils mènent, pour appliquer à outrance les principes qui la constituent. Comme ces principes sont divers, mais également nécessaires, il n'y a pas de science sociale, mais un art social, qui est de les faire vivre ensemble, émoussés les uns par les autres. Comment le traitement des sociétés serait-il une science, quand la médecine qui ne s'occupe que de l'homme physique est un art et rien de plus? Il est consolant, il est encourageant de penser combien l'on peut

(1) Ferrari ; Machiavel, jugé par la Révolution. — (2) Voyez le livre de M. TAFFIN : *Gianotti, sa vie et ses œuvres.* — (3) M. DUPONT WHITE, *de la Liberté politique,* p. 133.

écarter de principes détestables et ineptes qui ne tirent pas à conséquence. »

Ainsi l'idéal de l'art politique consisterait à conduire les peuples à l'égale estime de principes contradictoires, à un scepticisme absolu sous l'empire duquel il n'y aurait plus ni vrai ni faux, ni bien ni mal, dans le gouvernement des sociétés humaines !

Les sophistes ne reculent pas devant ces énormités. Un écrivain français qui vit depuis vingt ans en Angleterre, et qui dans cette atmosphère de liberté et de bon sens a sans doute modifié les idées de sa jeunesse, propose une distinction assez naturelle, ce semble, entre les faits accomplis et les faits dignes d'être accomplis. Où sera le criterium ? lui répond un publiciste accrédité. — Dans la morale. — Qu'est-ce que la morale ? — Ce que la conscience de l'homme lui dit être le vrai et le bien. — Qu'est-ce que la conscience ? Ce dernier mot a mis fin à cet étrange débat (1).

La négation de toute morale, de toute conscience, voilà donc le dernier mot de la liberté et du progrès ! Voilà l'abîme où vont s'engloutir le positivisme, le fatalisme, le matérialisme, le despotisme, toutes ces erreurs qui s'enchaînent les unes aux autres et qui procèdent du même principe : le mépris de la méthode autonome dans la science politique.

§ 2. — *Le positivisme philosophique.*

III. — « La science abstraite, disent les positivistes, est la seule qui soit philosophique, et elle est abstraite quand elle s'occupe des théories générales : la théorie est la par-

____

(1) Voyez dans la *Liberté* (décembre 1868), la polémique entre M. Louis Blanc et M. Émile de Girardin.

tie spéculative d'une science. C'est le rapport que le génie établit entre un fait général ou le moindre des faits généraux possible et tous les faits particuliers qui en dépendent. » A l'aide de cette obscure et fausse donnée, inspirée par l'orgueil de la raison qui s'intitule génie, et dont le but est de condamner, sous le nom de métaphysique, toute idée de preuve immatérielle, le positivisme construit une prétendue hiérarchie des sciences, dont le principe est la généralité décroissante et la complexité croissante : de sorte que la première science est la plus générale et la moins complexe, et que la dernière est la plus complexe et la moins générale. Dans ce système marqué au coin de l'uniformité absolue, les formules de la mathématique, qui est la plus simple de toutes les sciences, s'étendent successivement, non-seulement aux problèmes où la matière, où la force et le mouvement sont les seules données, mais aux problèmes les plus complexes des sciences morales et politiques, où domine nécessairement l'élément spiritualiste.

En transportant ainsi dans les sciences qui ont pour objet la vie des individus et des sociétés une méthode composée d'expériences physiques et de combinaisons algébriques, les positivistes perdent de vue, dans l'étude exclusive des phénomènes et de leurs lois, l'idée de leur cause première, sacrifient l'esprit à la matière, la liberté à la force, le droit au culte du fait accompli, et, en haine de la métaphysique et des causes surnaturelles, ne reculent pas devant l'idée monstrueuse de faire d'une nation chrétienne, justement fière de son titre de fille aînée de l'Église, un peuple d'athées.

Cette société, si elle pouvait se réaliser pour le malheur de l'humanité, serait-elle viable? Telle est la question que nous adressons aux disciples du philosophe de Genève, qui prétend qu'une société de vrais chrétiens ne le serait pas.

Aucune société d'athées n'a jamais existé sur la terre : quelques misérables et rares sauvages se sont trouvés qui ne s'attachaient pas à l'idée d'une divinité avec une adoration constante, mais cette idée ne leur a jamais fait totalement défaut. Un écrivain non suspect de religiosité, Bayle dit : « Le consentement universel ne souffre aucune exception à cet égard. Il n'y a aucun peuple, ni aucun individu qui ne reconnaisse une raison de toutes choses. Les athées, sans en excepter un seul, signeront sincèrement avec tous les orthodoxes cette thèse qu' " a une cause première, universelle, éternelle, qui existe nécessairement et qui doit être appelée Dieu ! » Bacon avait déjà dit : « Dieu n'a jamais fait de miracle pour convaincre les athées ; ses œuvres ordinaires y suffisent. Il est vrai qu'un peu de philosophie naturelle incline les hommes vers l'athéisme, mais une science plus profonde les conduit à la religion. Les peuples les plus barbares ont la notion de Dieu, quoiqu'ils ne la comprennent pas dans toute sa grandeur. Ainsi contre les athées militent les hommes sauvages avec les plus profonds philosophes. »

Bayle dont le génie sophistique penchait vers le scepticisme se pose ce problème : Une société d'athées serait-elle plus mauvaise qu'une société d'idolâtres ? et se prononce contre cette dernière. On lui a répondu avec raison, que s'il entendait par idolâtres ceux qui niaient une providence qui récompense ou punit les hommes, ce seraient des idolâtres indirects, ou des athées déguisés ; mais que s'il entendait par idolâtres ceux qui auraient retenu au moins l'idée de Dieu, mais qui l'auraient défigurée, et même, dirai-je, abaissée en mille manières, ceux-ci seraient néanmoins toujours préférables aux athées. Puisque l'idée de Dieu, même gâtée et pervertie, est néanmoins celle d'une éternelle et fondamentale vérité, il est certain que partout où elle défaille on est menacé de perturbations criminelles. Personne de bonne foi ne dira jamais que les sociétés civiles peuvent prospérer, exister même, que le genre humain ne serait pas condamné à fuir dans les bois et à y périr de désespoir, si l'idée de Dieu était abandonnée. Je ne sais, dit Cicéron, si la piété envers les dieux une fois anéantie, la bonne foi et la justice ne seraient pas bannies de la terre.

Une société qui, sans être tout à fait athée, a cependant subi l'invasion même de ses chaires officielles par des sophistes contempteurs de Dieu, tourne le dos au vrai progrès, à celui que saint Paul définit par cette parole simple et profonde : Croissons en toutes choses et de toutes manières dans celui qui est le Christ notre chef : *crescamus in illo per omnia qui est caput Christus.* Dans cette société plus ou moins gangrenée d'athéïsme, les sciences, les lettres, les mœurs, les arts s'égarent et se corrompent, faute de cette lumière et de ce souffle divin qui éclairent et vivifient le monde. Qu'attendre de grand et de beau d'un matérialisme grossier, qui, au lieu de remonter au premier principe de toutes choses, voit dans le monde un mécanisme, dans la vie humaine l'ensemble des rouages d'une machine, dans la pensée la sécrétion du cerveau, dans la société une grande horloge mise en mouvement par le grand ressort du pouvoir central? Une société atteinte de cette gangrène est condamnée à expier par des révolutions incessantes, et par un despotisme incurable les monstrueuses erreurs de ceux qui, au lieu de s'attacher au principe spiritualiste de l'autonomie, ont cherché dans le matérialisme utilitaire, le principe de la politique, et font aux gouvernements, par leur influence malsaine sur les mœurs sociales, une nécessité déplorable de l'accroissement des rigueurs pénales et des instruments de police.

§ 3. — *Le fatalisme historique.*

IV. — La fausse méthode qui a égaré les philosophes contemporains dans les voies du positivisme a égaré les historiens dans celles du fatalisme. Eux aussi, au lieu de s'élever de l'observation des faits matériels, intellectuels et moraux à l'explication du progrès et de la décadence des sociétés politiques, ont fait abstraction du libre arbitre de l'homme et n'ont voulu voir dans la marche de l'humanité qu'une obéissance aveugle a des lois identiques à celles du monde matériel. Eux aussi ont déduit de faits incomplément observés des idées fausses et des préjugés, qui ont rétréci l'horizon de leurs idées et dépravé leur intelligence morale des faits historiques.

La méthode généralisatrice qui, avec Montesquieu et Herder, avait réalisé un progrès sur celle des bénédictins, trop absorbés par les analyses microscopiques pour s'élever jusqu'aux complexités de la synthèse, a été exagérée par Vico, qu'un de ses compatriotes (1) félicite à tort d'avoir fait descendre les faits des idées au lieu de remonter, avec Bacon, Descartes, et Leibnitz, de l'observation et de l'expérience éclairées par la révélation naturelle et surnaturelle aux grands principes sociaux.

Déjà dans le dernier siècle, l'école historique française, oubliant le sage précepte : *Non scribitur ad probandum sed ad narrandum* s'était montrée trop systématique : on avait vu se succéder, sous l'empire de préoccupations diverses, le système exclusivement aristocratique de Boulainvilliers et de Montlosier, le système de la monarchie absolue de Dubos, de Buat et de Moreau, le système républicain et démocratique de Mably. Les historiens de la révolution

(1) GIOVANNI DE GIOANNIS, Cagliari, 1863.

française n'ont pas montré plus d'impartialité historique. Plus accessibles encore que leurs devanciers aux préjugés politiques, et animés surtout du désir de réhabiliter à tout prix les fautes, les crimes mêmes de la révolution, ils ont fait de quelques scélérats qui ont transformé la proscription et le meurtre en instruments nécessaires d'une prétendue raison d'État, les initiateurs du prétendu progrès démocratique, et ont ouvert cette grande école d'immoralité politique dont les progrès incessants tendent à consacrer, sous des formes tantôt démagogiques, tantôt militaires, le triomphe définitif du despotisme révolutionnaire. « Cette école, disait en 1835 Royer-Collard, se résume en quelques dates : le 6 octobre, le 10 août, le 21 janvier, le 31 mai, le 18 fructidor, le 18 brumaire, je m'arrête là. »

Imitons la réserve de l'illustre publiciste, mais n'oublions pas que ce prétendu droit de la force que des serviteurs fidèles mais imprudents du second empire nous représentent comme l'arme nécessaire des nouvelles dynasties, et qu'ils prétendent justifier par l'exemple de l'Angleterre initiée selon eux à la liberté par le despotisme, n'oublions pas que ce droit de la force est antipathique à nos traditions nationales, à nos libertés nécessaires, aux droits naturels et imprescriptibles de tous les citoyens français.

§ — 4. *L'économisme matérialiste.*

V. — L'économie politique utilitaire qui trône de nos jours dans les chaires, dans les académies, dans les assemblées législatives n'est pas moins funeste que le positivisme philosophique et le fatalisme historique aux mœurs et aux intérêts des peuples.

Notre regrettable Tocqueville a très-bien jugé (1) les

(1) *L'ancien régime et la Révolution,* ch. xv.

économistes matérialistes. « On reconnaît, dit-il, dans leurs livres ce tempérament révolutionnaire et démocratique que nous connaissons si bien : ils n'ont pas seulement la haine de certains priviléges, la diversité même leur est odieuse ; ils adoreraient l'égalité jusques dans la servitude. Ce qui les gêne dans leurs desseins n'est bon qu'à briser. Les contrats leur inspirent peu de respect ; les droits privés nuls égards, ou plutôt il n'y a déjà plus à leurs yeux, à bien parler, des droits privés, mais seulement UNE UTILITÉ PUBLIQUE. Ce sont pourtant, en général, des hommes de mœurs douces et tranquilles, des gens de bien, d'honnêtes magistrats, d'habiles administrateurs, mais le génie particulier à leur œuvre les entraîne. Le passé est pour les économistes l'objet d'un mépris sans bornes. « La nation est gouvernée depuis des siècles par de faux principes, tout semble y avoir été fait au hasard, dit Letronne. » Partant de cette idée, ils se mettent à l'œuvre, il n'y a pas d'institution si vieille et qui paraisse si bien fondée dans notre histoire dont ils ne demandent l'abolition, pour peu qu'elle les incommode et nuise à la symétrie de leurs plans. L'un d'eux propose d'effacer à la fois toutes les anciennes divisions territoriales et de changer tous les noms des provinces, quarante ans avant que l'assemblée constituante ne l'exécute.

« Ils ont déjà conçu la pensée de toutes les réformes sociales et administratives, que la révolution a faites avant que l'idée des institutions libres ait commencé à se faire jour dans leur esprit. Ils sont, il est vrai, très-favorables, au libre échange de denrées, au LAISSER-FAIRE ou au LAISSER-PASSER dans le commerce et dans l'industrie ; mais, quant aux libertés politiques proprement dites, ils n'y songent point, et même quand elles se présentent par hasard à leur imagination, ils les repoussent d'abord. La plupart commencent à se montrer fort ennemis des assemblées délibérantes, des pouvoirs locaux et secondaires, et en général de tous ces contrepoids qui ont été établis dans différents temps chez tous les peuples libres pour balancer la puissance centrale. »

Les économistes utilitaires qui, au lieu de rechercher la proportion à établir entre les besoins de l'homme et les moyens de les satisfaire, se proposent, comme idéal de la science de la répartition et de la distribution des richesses, la consommation et la production indéfinies, éveillent, dans les masses, un insatiable désir de jouissances matérielles, et des passions d'orgueil et d'envie qui éteignent peu à peu, en elles, toute conscience de leurs devoirs envers Dieu et envers les hommes. Ce n'est plus la loi de justice qui gouverne les relations sociales, c'est l'instinct de la déprédation.

Contempteurs déclarés des dogmes religieux, et rattachés par des liens assez faibles aux principes de l'ordre moral, les économistes matérialistes érigent en lois absolues, universelles, immuables les déductions d'une science purement expérimentale qu'ils faussent en généralisant, par une méthode vicieuse, les déductions d'observations souvent incomplètes, ou faites de parti pris, et dont les formules rigoureusement appliquées par les gouvernements peuvent devenir des instruments de spoliation et de servitude:

L'immutabilité n'appartient qu'aux dogmes évangéliques et aux principes de l'ordre moral. Les lois économiques, subordonnées et non souveraines par leur nature, sont du domaine contingent et variable des faits. La tâche de l'économie politique n'est donc pas la constatation des lois ou rapports naturels, NÉCESSAIRES et harmoniques DES INTÉRÊTS. C'est l'application aux besoins des sociétés, constatés par les statistiques, du système de production, de circulation et de consommation le plus propre à satisfaire l'utilité générale. L'économie politique n'est pas une science simple et exacte à laquelle puissent s'appliquer des formules invariables. C'est une science complexe comme celle de la politique et de l'administration dont elle est une branche importante. Son vrai but est la recherche des services que peuvent rendre au bien-être matériel des divers membres de l'État, dans le cercle de leurs attributions respectives, les administrations locales et le gouvernement. Sans doute, de même qu'on distingue la mécanique rationnelle et la mécanique appliquée, il faut distinguer dans l'économie sociale, la théorie et la pratique, mais il ne faut pas soumettre à des principes absolus ce qui est essentiellement contingent et variable.

Les maîtres de la science économique ont d'ailleurs singulièrement exagéré son importance, ils voient dans son triomphe *l'avénement de l'âge d'or ouvrant l'heure de la rédemption actuelle, où l'homme va devenir le roi de la création, le maître de l'univers.* Ils prophétisent *un ordre nouveau où la concorde se rétablira dans l'industrie et dans la société, à l'aide d'une organisation intelligente des forces qui se font la guerre.* On attendra longtemps la réalisation de ce rêve qu'avait aussi fait à l'avénement de la science économique Dupont de Nemours dans sa préface des œuvres de Turgot. Le moyen, selon ce vétéran des économistes modernes, de faire fleurir à la fois l'agriculture, l'industrie et le commerce, c'est *que les produits se vendent au plus haut prix et s'achètent au meilleur marché possible.* Qu'est-ce que ce système contradictoire sinon un antagonisme permanent entre le producteur et le consommateur, entre le patron et l'ouvrier?

VI. — Chacune des sectes économistes s'est inspirée

d'abord d'un intérêt particulier. Les physiocrates n'ont voulu voir d'élément de la richesse publique que dans la production agricole et dans un excédant matériel de la quantité des produits. Les mercantilistes se sont exclusivement attachés à l'utilité et à la valeur de ces produits transformés par l'industrie manufacturière. Les libre-échangistes, plus préoccupés de l'intérêt du commerce que de l'agriculture ou de l'industrie, ont demandé la suppression des barrières douanières et n'ont pas craint même d'attribuer aux produits étrangers des priviléges fiscaux.

Pourquoi ces divisions, « s'écrie un économiste contemporain (1) ? Toutes les industries sont sœurs, toutes sont les auxiliaires les unes des autres, se servent de débouchés les unes aux autres. L'agriculture produit des aliments et des matières premières. L'industrie extractive fournit d'autres matières premières, celles des constructions et les plus nécessaires à la fois pour le chauffage domestique et pour la vie des moteurs que met en jeu l'industrie manufacturière transformant ces diverses matières. Le voiturage et le commerce mettent tous ces produits matériels à la portée des usines et des ateliers, et ensuite les produits manufacturés à la portée des consommateurs. Chaque industrie est un rouage nécessaire, indispensable au mécanisme social. » L'heure où va s'établir entre elles la paix et l'harmonie semble donc enfin venue.

Le monde économique se partage cependant en deux sectes rivales ; l'une héritière des utopies de Saint-Simon de Fourrier, de Cabet, de Louis Blanc anéantit en quelque sorte l'initiative individuelle et fait de l'état le producteur et le créditeur universel, l'autre donne un libre cours à tous les excès de la concurrence individuelle.

____

(1) M. Adolphe Garnier, *Traité d'économie politique*, p. 119, 121.

Il y a en apparence un abîme entre la formule des économistes : *Laisser-faire, laisser-passer* et les théories du socialisme et du communisme qui prétendent absorber dans les mains de l'État non-seulement la production, la circulation, et la répartition des richesses, mais la direction absolue des consciences et des intelligences sous le niveau de la tyrannie égalitaire. Mais le double vice, commun à ces deux théories, c'est d'abord la substitution du principe d'utilité au principe de justice, c'est ensuite l'atteinte portée à toutes les autonomies naturelles par l'imperfection d'une méthode qui manque elle-même d'autonomie, et qui, par une observation imparfaite de l'homme et de la société, tend à supprimer la cause première de tous les phénomènes humains. Comme si le travail, sous quelque forme qu'il se produise, pourvu qu'il ait un but honnête et utile, n'était pas l'accomplissement d'un devoir, et ne méritait par conséquent pas la sollicitude du législateur et une rémunération équitable.

Les économistes défendent contre les attaques des communistes le droit de propriété par des raisons d'utilité sociale ; mais ils attribuent exclusivement au droit du premier occupant et à la prescription, cette patronne du genre humain, l'origine de ce droit que les Romains avaient défini : *le droit d'user* et *d'abuser de sa chose.* Cette théorie païenne est la négation de cette parole des Livres saints : la terre *est à moi, je la loue seulement aux enfants des hommes :* elle méconnait l'origine divine de la propriété, qui est à la fois une garantie de son inviolabilité contre ceux qui tentent de s'approprier le bien d'autrui, et une limite de ses abus par l'exercice assidu de la charité évangélique.

Les économistes utilitaires ont beau affecter un profond respect pour la liberté du travail, et répudier la doctrine socialiste du *droit au travail* ; ils ont beau professer en théorie l'égalité des industries agricoles manufacturières, commerciales. A quoi aboutissent leurs efforts contre les abus de la concurrence individuelle qui est le fond de leur système? à dire au malheureux qui consume en efforts stériles tout ce que Dieu lui a donné d'intelligence et d'activité : Cherche ailleurs, puisque tu ne peux pas vivre des produits de ton ingrat labeur, des moyens d'existence, et si tu n'en trouves pas, meurs de faim.

VII. — Quelle est en effet la sanction que les économistes proposent de leurs prétendus principes de liberté et d'égalité?

C'est l'application à toutes les parties du territoire d'un système économique uniforme. Ils prétendent « qu'il est impossible de constater et, par conséquent, de prendre en considération la différence des situations, des climats, des aptitudes, des charges publiques, de l'abondance du capital, du développement du crédit, des voies de communication, des salaires, etc. Ils allèguent la difficulté, prétendue inextricable, d'équilibrer les conditions de production de province à province, de localité à localité, d'industrie à industrie. » Ils ajoutent qu'il serait inique d'empêcher pour les uns la vente, ou de forcer l'achat au prix naturel, afin que les autres (le petit nombre) puissent acheter à des prix plus bas ou vendre à des prix plus élevés (1). » En se plaçant au point de vue du droit, disait, dans l'enquête de 1859, un économiste très-distingué, mais partisan trop absolu des théories anglaises de MM. Bright et Cobden, on ne peut pas, quelles que soient les souffrances des producteurs, condamner les consommateurs à payer les denrées plus cher dans un lieu que dans un autre.

La justice veut, au contraire, que le prix des denrées

____

(1) M. Adolphe Garnier, *Traité d'économie politique*, p. 119, 121.

s'harmonise avec le taux des salaires, et que la main-d'œuvre étant plus chère, le prix des denrées soit plus élevé.

L'intérêt des consommateurs se confond d'ailleurs, avec celui des producteurs. Pourquoi? parce que la plupart des paysans sont propriétaires, et parce que les manouvriers eux-mêmes sont intéressés à ne pas voir descendre à un taux non rémunérateur le prix et le nombre de leurs journées ; ce qui commence à se réaliser, à cause de la nécessité où se trouvent les propriétaires de mesurer leur dépenses à l'exiguïté de leurs ressources.

Où sont d'ailleurs les prétendus bienfaits de la liberté absolue de la boulangerie et de la boucherie? Jusqu'à présent, les populations, surtout dans les petits villages, où la concurrence est difficile, n'ont pas su réaliser les espérances qu'on avait fondées sur cette innovation économique. Pourquoi? parce que les boulangers et les bouchers se livrent impunément à des fraudes que les conseils municipaux surveilleraient si les communes étaient libres, mais que les maires négligent d'observer et de faire punir, parce qu'ils sont accoutumés à n'agir que sur les instructions des préfets, qui s'occupent de tout autre chose. Quant au vin, ce que le propriétaire vend à peine sur place à 7 ou 8 centimes le litre est livré au consommateur des villes à un prix beaucoup plus élevé, à cause des exigences fiscales du trésor public et des communes, par les contributions indirectes, les octrois et les surtaxes.

L'intérêt des consommateurs exige, comme celui des producteurs, que la loi de justice soit observée à l'égard de tous, c'est-à-dire que le producteur, soit rémunéré sans excès, et que le consommateur puisse suffire à nourrir sa famille par le produit de son travail.

On ne saurait, sans exagérer les vices malheureusement

trop réels de notre centralisation administrative, la supposer impuissante contre l'injustice de ceux qui prétendent
abuser de la supériorité du nombre jusqu'à sacrifier au
despotisme des majorités l'existence des minorités. Non,
on ne doit pas être réduit par les lois économiques à la nécessité de livrer ses produits au-dessous du prix de revient,
par le motif que la moyenne du prix de vente dans tous
les départements de la France est égale ou supérieure à ce
même prix de revient. Non, même sous notre régime d'uniformité administrative, il n'est pas impossible de rendre
égales, par une législation équitable, les positions que la
nature a rendues inégales. C'est le but qu'on s'était proposé dans la législation des céréales par le système des zones
et de l'échelle mobile; c'est le but qu'on s'était proposé
dans la question des boissons, en divisant les départements
en diverses classes, soit pour les droits d'entrée, de circulation, de vente au détail, soit pour le vinage en franchise
accordé à sept départements du midi oriental. C'est le but
qu'il faut se proposer sur une échelle très-étendue dans
l'une et dans l'autre de ces deux législations.

En agissant contrairement à ces vues sages et équi-
tables, on réduirait outre mesure, si on ne les anéantissait,
les moyens d'existence des habitants des contrées peu fa-
vorisées par la nature, en même temps qu'on obligerait les
agriculteurs de ces contrées, déshérités des bienfaits de
l'association nationale, de verser dans les caisses publiques
le produit de leurs sueurs devenues improductives pour
eux. Qu'on adopte en économie politique le régime du
libre échange ou celui des droits protecteurs, qu'on adopte
en administration le régime des libertés locales ou celui
de la centralisation administrative, dans tous les cas, la
justice veut que chacun puisse vivre en paix du produit
de son travail libre sous la protection des lois.

Ce n'est pas du point de vue de la justice pour tous, c'est du point de vue de l'intérêt exclusif des consommateurs qu'ils considèrent à tort comme opposé à celui des producteurs, que les économistes utilitaires envisagent le libre échange, dans lequel ils voient un moyen de niveler et d'abaisser sur tous les marchés de l'Europe le prix des denrées alimentaires.

« Je serai de leur avis, disait, dans l'enquête de 1859, M. Darblay, riche meunier de Paris, ancien député, — qui doit cependant tout ce qu'il a et tout ce qu'il est au commerce, — je serai de leur avis quand l'univers formera un tout compact, dont toutes les parties seront soumises aux mêmes lois, porteront les mêmes charges, seront arrivées au même degré de civilisation, de fortune, de besoins, de jouissances, de liberté, de conditions de travail. Jusque-là, je serai forcé de considérer comme des utopies ces idées de fraternité universelle, où les aînés ont tout l'avantage d'une prépondérance acquise par des lois et moyens tout opposés à ceux qu'ils prônent et prêchent à leurs cadets, et où les derniers venus, clair-semés sur des territoires d'une étendue de beaucoup supérieure à leurs besoins, ont le choix des sols fertiles, qu'ils peuvent par des repos longs ou fréquents, faire produire presque sans frais, où l'absence de consommation locale force le producteur d'écouler à tout prix des produits qui périraient dans ses mains ou seraient livrés à la consommation d'animaux presque sans valeur, abattus souvent pour la peau et le suif, et qui inonderaient le pays assez généreux pour leur ouvrir ses marchés aux mêmes conditions. »

Les libre-échangistes ne sont peut-être pas uniquement préoccupés de l'intérêt humanitaire et de la fraternité des nations, comme le leur reproche M. Darblay. S'ils abaissent toutes les barrières de nos douanes devant les produits agricoles ou industriels de l'étranger, c'est parce qu'ils croient la France capable, en redoublant d'efforts, de lutter avec succès contre la concurrence. Mais ils ne se dissimulent pas les souffrances des industries mal outillées et peu riches en capitaux et attribuant ces maux partiels à la faute de ceux qui les subissent, ils se croient quittes envers ceux qui succombent quand les industries moyennes sont sauves. De là ces statistiques à perte de vue et ces prétendues moyennes, extraites de montagnes de chiffres, pour prouver que, malgré des sinistres partiels, assimilés à des expropriations pour cause d'utilité publique, la masse des industries françaises sortira, sinon victorieuse, du moins dans des conditions supportables, de la lutte contre l'étranger.

VIII. — Sans rechercher la valeur morale et économique de ce système dans ses rapports avec les industries manufacturières, il est évident qu'il est inapplicable à l'agriculture. Si un certain nombre de départements se trouvent fatalement condamnés par le libre-échange à voir, par l'effet de la concurrence étrangère, tomber au-dessous du prix de revient des denrées que la cherté de la main-d'œuvre, les difficultés du climat, la situation topographique du pays, et autres circonstances indépendantes de leur volonté, ne leur permettent ni de produire à meilleur marché, ni de remplacer par d'autres produits, ces agriculteurs doivent obtenir un droit protecteur que l'inégalité inéluctable de leur position leur rend absolument nécessaire, quoi qu'il soit inutile ailleurs.

Vainement, quand ils porteront leurs plaintes aux grands pouvoirs de l'État s'élèvera-t-il, comme cela a eu lieu le 24 juin 1867, dans la discussion sur l'agriculture, engagée au Corps législatif, ce cri égoïste : *Tout le monde ne souffre pas* : ils répondront que le bien des autres ne les guérit pas de leur mal, et seront fondés à réclamer un système économique et administratif en vertu duquel il leur soit possible de vivre en travaillant, et devront obtenir, par conséquent, dans la mesure du possible, l'allégement de leurs souffrances, par des mesures appropriées à de tristes nécessités qui ne peuvent pas leur être imputées.

S'il était vrai que, malgré la diversité des territoires, des climats, des productions, des débouchés, des moyens de défense contre l'abus de la concurrence, il n'y eût, en économie politique et en administration, que des lois gérales, uniformément appliquées et insusceptibles d'être modifiées par les nécessités spéciales des diverses fractions du territoire, la législation deviendrait une sorte de lit de Procuste où, sous prétexte de ramener à la même mesure des intérêts naturellement, essentiellement inégaux, on vouerait à la stérilité une partie du territoire, et, en ruinant les régions, les départements, les communes qui ne pourraient pas supporter, aussi bien que les autres, la concurrence de l'étranger, on mettrait en péril l'unité nationale, qui ne pourrait vivre sous l'empire d'une loi contre nature.

Le dommage causé à l'agriculture française par l'uniformité du système économique est d'autant plus grave que l'agriculture n'a pas, sous l'empire de notre centralisation administrative, la même liberté de faire entendre ses doléances que l'industrie manufacturière et commerciale.

L'agriculture est libre, en ce sens que le gouvernement n'a le droit ni d'imposer ni de réglémenter les conditions de la production; mais elle n'a pas des organes légaux aussi libres et aussi puissants que ceux de l'industrie et du commerce. « Il y a, disait le 24 juin 1866 au Corps législatif un député de la majorité, M. Guillaumin, il y a pour le commerce et l'industrie des chambres consultatives bien organisées, correspondant avec le ministre, consultées sur les projets des lois qui intéressent le commerce et l'industrie. Qu'y a-t-il à côté de cela pour l'agriculture? Une chambre présidée par le sous-préfet, et qui n'est pas le résultat de l'élection. Or il n'y a de sentiment énergique quand il s'agit des intérêts publics que dans les assemblées sorties de l'élection. (Très-bien, très-bien.) Il faut aussi que l'agriculture ait un représentant officiel et direct dans les hautes sphères administratives. »

M. Guillaumin a parlé d'or, et ses collègues ont applaudi, quand il a signalé la liberté des assemblées électives comme la meilleure protection dont puisse jouir l'agriculture, mais à quoi ont abouti ces manifestations parlementaires? A rien.

IX. — La liberté politique n'est pas moins menacée par l'économisme matérialiste que la liberté du travail, l'égalité des industries, la moralité des classes ouvrières. Les adeptes de cette fausse doctrine redoutent les obstacles que rencontre dans les sages lenteurs des assemblées délibérantes la satisfaction de leurs désirs. Ils croient, non sans raison peut-être, qu'il est plus facile d'obtenir d'un gouvernement personnel que des chambres législatives des modifications de tarifs et des traités de commerce qui bouleversent, dans un intérêt politique plus qu'économique, les conditions de l'ordre social. Le régime politique qu'ils aiment, c'est le despotisme démocratique.

« Que l'autorité souveraine, dit Quesnay, soit unique et supérieure à tous les individus de la société, et à toutes les entreprises injustes des intérêts particuliers... Le système des contreforces, dans un gouvernement, est une opinion funeste qui ne laisse apercevoir que la discorde entre les grands et l'accablement des petits. »

« Qui ne voit, dit Mercier de la Rivière, qui ne sent pas

que l'homme est formé pour être gouverné par une autorité despotique? Par cela seul que l'homme est destiné à vivre en société, il est destiné à vivre sous le despotisme. Cette forme du gouvernement est la seule qui puisse procurer à la société son meilleur état possible. »

« Quant l'État, dit Baudeau, gouverne suivant les règles de l'ordre essentiel, il faut qu'il soit tout-puissant. Il est plus aisé de persuader un prince qu'une nation, et le triomphe des vrais principes est plutôt effacé par la puissance souveraine d'un seul que par la conviction difficile à obtenir de tout un peuple. L'État fait des hommes ce qu'il veut. »

On peut appliquer en général aux économistes matérialistes ces paroles de Montesquieu sur Law (1) : « M. Law, par une ignorance égale de la constitution républicaine et de la monarchie, fut un des plus grands promoteurs du despotisme que l'on eût vu encore en Europe. »

En résumé : le *positivisme* qui tend à éteindre dans l'esprit des peuples toute croyance spiritualiste, le *fatalisme* qui corrompt la moralité de l'histoire par le culte aveugle des faits accomplis, *l'économisme matérialiste* qui surexcite, au détriment de l'esprit de justice et de charité, l'égoïsme et les appétits brutaux sont les instruments les plus dangereux du despotisme politique et administratif.

§ 5. — *Le droit d'association et la liberté des coalitions.*

X. — Le despotisme appuyé sur la maxime machiavélique : *divide ut imperes* ne peut-être efficacement combattu que par la libre pratique du droit d'association.

Le droit d'association, considéré dans son principe, est

<hr>

(1) M. Garnier, *Traité d'économie politique,* chap. 1er, premières notions. — (2) *Esprit des lois,* liv. II, chap. IV.

un droit de défense naturelle. « Le frère aidé de son frère est comme une ville forte. Les forces se multiplient par la société et les secours mutuels. Si quelqu'un est trop fort contre un seul, deux pourront lui résister, une corde à trois cordons est difficile à rompre ». (Eccl.)

Le droit d'association est d'ailleurs la conséquence directe du grand principe de sociabilité, qui est l'essence même des sociétés humaines; il préexiste à toutes les constitutions politiques, c'est une faculté naturelle dont l'exercice est permis à tous et dont les abus seuls doivent être réprimés.

L'histoire témoigne de l'excellence de ce principe primordial. Quels furent, après l'invasion par les barbares du monde romain, les éléments de régénération des populations aviliés par le despotisme des gouverneurs des provinces et des préfets de l'Empire? La liberté du manoir, la libre association des familles dans la paroisse, dans la curie, dans la cité, dans le *pagus*, le libre enseignement de l'Église, le libre langage des *plaids* ou *maals*, ces rudiments de nos assemblées parlementaires et judiciaires. Toutes ces libertés existaient non dans les mots, mais dans les choses. Sous l'influence complexe de tous ces droits naturels qui sont essentiellement solidaires, la maxime du Bas-Empire qui faisait des volontés du prince, devenu l'unique loi, la mesure du juste et de l'injuste, s'effaça peu à peu devant les influences du droit chrétien, et d'un chaos tel que n'en avait jamais vu le monde, sortit avec la lenteur des œuvres providentielles un nouvel ordre social où fut réalisé, dans la mesure toujours imparfaite des choses humaines, le progrès par la justice et le droit.

Ce progrès dont l'idéal est la connaissance, le pouvoir et la volonté du vrai, du bon et du beau, la France du quatorzième siècle ne peut le réaliser qu'à la condition de faire sortir des entrailles mêmes du corps social le principe de liberté qu'y ont étouffé, pendant plusieurs siècles, les abus de la centralisation du pouvoir.

Droit et sociabilité sont deux idées corrélatives. C'est du principe platonique de sociabilité et non du principe de la guerre de tous contre tous, enseigné par Hobbes et Spinosa, que découlent, selon Grotius (1), le droit naturel et le droit des gens. « Le droit, dit ce savant rénovateur de la jurisprudence, est la manifestation de la sociabilité de l'homme et la manifestation de la volonté de Dieu ; il ne se règle point sur l'intérêt, mais sur la justice qui défend l'aggression violente, commande la bonne foi même entre les belligérants et ne permet que les peines nécessaires au salut public. »

Cette doctrine a toujours été celle des esprits supérieurs. Platon et Aristote considèrent le droit ou le juste comme la règle et le but de l'association politique (2). La loi, dit Cicéron, c'est la règle du juste et de l'injuste (3). Où il n'y a point de justice, dit saint Augustin (4), il n'y a point de république, car sans justice il n'y a point de droit, et sans droit point de peuple, si l'on admet la définition de Cicéron : qu'un peuple est une multitude assemblée pour vivre sous un droit convenu. Les royaumes, sans la justice, ne sont que de grands brigandages (*magna latrocinia.*)

Le droit, le devoir de l'association est écrit dans les Livres saints : *non est bonum hominem esse solum* (Genèse). *Væ soli !* (Livre de la Sagesse.)

« C'est une vérité devenue vulgaire, dit un orateur chrétien (5), que la grande puissance économique, c'est l'asso-

(1) *De jure belli et pacis,* prolegomènes, et liv. II, ch. xx. — (2) *Lois* I, 18. — *Polit.* I, c. 1. — (3) *De legibus,* lib. Ier, VI. — (4) *De civitate Dei.* — (5) Le PÈRE FÉLIX, *Conférences de Notre-Dame.*

ciation harmonieuse des forces. En économie plus qu'en tout autre chose encore, l'association, c'est la fécondité, et l'individualisme, c'est la stérilité. L'invidualisme est stérile parce qu'il est le choc des forces et la pulvérisation des choses. L'association est féconde parce qu'elle est l'union des forces et la création des choses. L'association, comme le nom même le révèle, c'est la puissance unie à la force, c'est la force unie à la force, c'est le souffle conspirant avec le souffle, c'est l'intelligence centuplant l'intelligence et le génie multiplié par le génie. En un mot, l'association c'est le travail marchant avec le travail, sous un joug fraternel, et dans un concert d'efforts, traînant avec aisance et joie le char qui porte la richesse des nations et le bien-être des peuples.

« Rien ne doit moins étonner que cette puissance économique de l'association des forces humaines. La nature elle-même est une association de forces productives; c'est une harmonie de puissances fécondes. Cherchez dans toute la nature une force placée dans un isolement absolu; vous ne la trouverez pas. La fécondité n'y résulte jamais que de la rencontre et du concours des forces conspirant pour un même but. Les grands et puissants mécanismes que met en jeu l'industrie humaine sont des associations de forces; et l'on ne sait ce qu'il faut le plus y admirer, ou la douceur de leurs contacts, ou la force de leurs mouvements, ou la puissance de leur action.

« L'économie vraie, naturelle et féconde, doit-être, dans son ensemble, comme les machines qu'elle met en mouvement, l'association la plus suave, la plus simple et la plus concordante possible des forces humaines appliquées à la production du bien-être le plus général de l'humanité; avec cette différence que la mécanique, dans la construction des grands engins industriels, associe des forces fatales ; tandis que l'économie directement et par elle-même associe les forces libres. Cette association, condition nécessaire des grands résultats économiques, ne supprime pas les forces et les initiatives individuelles, elle les suppose ; mais elle les arrache à leur stérilité en les tirant de leur solitude, et les fait entrer dans l'harmonie pour les conduire à la fécondité ».

XI. — Ne confondons pas le droit d'association et le droit de coalition défions-nous, même des espérances naïves que le rapporteur de l'imprudente loi de 1864 exprimait en ces termes : *aujourd'hui les coalitions, demain les associations*, il n'y a rien de commun entre les unes et les autres. L'association est l'union, la liberté et la paix. La coalition est l'antagonisme, la servitude et la guerre ; la coalition est la négation du principe d'association, c'est l'individualisme à sa plus haute puissance ; la coalition, loin de rapprocher de l'association en éloigne.

L'ancien droit public de la France reconnaissait implicitement le principe d'association et ne contenait aucun texte applicable aux coalitions. C'est dans l'arsenal des lois de l'empire romain si sévères contre les associations illicites, c'est-à-dire non autorisées, que les criminalistes de la monarchie absolue allèrent chercher, comme fondement d'une pénalité arbitraire, la loi première au Code *de Monopoliis*, qui réputait illicite tout pacte formé *ut species diversorum corporum negociationis, non minoris quam inter se statuerint venundentur* (1). Dans l'esprit de la législation de l'assemblée constituante, ce n'est pas en haine des fraudes et des violences dont elles pouvaient être l'occasion qu'on devait interdire les coalitions, c'était pour rester conséquent aux lois qui avaient supprimé les corporations.

(1) Voyez JOUSSE, *Inst. crim.* t. III, p. 832. — ACHILLE MORIN, *rep. du droit criminel*, voyez coalition.

Ainsi après avoir constaté dans son art. 1er, *que l'anéan-tissement* de toute espèce de corporations de citoyens du même état et profession était une des bases fondamentales de la constitution française, et qu'il importait d'empêcher de les rétablir de fait, sous quelque prétexte et quelque forme que ce soit, la loi des 14-17 juin 1791 prohiba toutes les coalitions quelconques d'une manière absolue. « Si contre les principes de la liberté et de la constitution, dit cette loi, des citoyens attachés aux mêmes professions, arts et métiers prenaient des délibérations ou faisaient entre eux des conditions tendant à refuser de concert ou à n'accorder qu'à un prix déterminé le secours de leur industrie ou de leurs travaux, lesdits délibérations ou conventions, accompagnées ou non de serment, sont déclarées inconstitutionnelles, attentatoires à la liberté et à la Déclaration des droits de l'homme et de nul effet. » Toutes les lois de la République contre les coalitions sont inspirées par la pensée que la *liberté* exige la proscription de tout concert entre des cointéressés sur leurs intérêts communs. Le Code pénal du premier Empire maintient le principe et aggrave la pénalité. « Les ouvriers, dit l'orateur du gouvernement, n'ont point à se plaindre, car si le salaire leur paraît trop modique, et leur fait craindre de ne pouvoir plus subsister en France, ils iront chercher des moyens de subsistance en pays étranger ». Après bien des essais avortés d'une modification législative, paraît la loi du 27 novembre 1849, qui punit la cessation de travail sans interdire le concert et la délibération commune. La loi du 27 juin 1864 fait un pas de plus et remplace les articles du Code pénal qu'elle abroge par des articles qui punissent de peines graduées : 1° quiconque, à l'aide de violences, voies de fait, menaces ou manœuvres frauduleuses, aura amené ou maintenu, tenté d'amener ou de maintenir une cessation concertée de travail, dans le but de forcer la hausse ou la baisse des salaires ou de porter atteinte au libre exercice de l'industrie ou du travail; 2° tous ouvriers, patrons ou entrepreneurs d'ouvrages qui, à l'aide d'amendes, défenses, prescriptions, interdictions prononcées par suite d'un plan concerté, auront porté atteinte au libre exercice de l'industrie ou du travail.

L'esprit de la loi nouvelle est expliqué dans le rapport de la commission en des termes contradictoires entre les prémisses et la conclusion.

La commission flétrit de la manière la plus énergique ce qu'elle appelle avec raison l'*erreur fondamentale de la Révolution française*, c'est-à-dire l'isolement obligatoire des travailleurs. « De là, dit-elle, sont nées les mauvaises lois sur l'association, les décrets rigoureux contre les compagnies financières, les caisses d'escompte, les compagnies d'assurances, de commerce ou de manufactures. (Décrets des 14 août 1790, 24 août 1793, 17 vendémiaire an II, 13 frimaire an III, etc.) De là sont sortis les excès de la centralisation, l'extension démesurée des droits sociaux, les exagérations des réformateurs socialistes. De là procède Babeuf, la conception de l'État-Providence, le despotisme révolutionnaire sous toutes ses formes. Là trouve son origine le préjugé contre l'initiative individuelle; là se découvre, comme le fruit dans la fleur, la doctrine de l'omnipotence souveraine des gouvernements qui nous a envahis presque tous, et dont l'action continue, quoique souvent insaisissable, a produit la confusion dans les idées, le trouble dans les conduites et la perversion des saines idées de pouvoir et de liberté. N'y aurait-il que cela contre les lois prohibitives des coalitions que leur abrogation devrait être accueillie comme un bienfait. » Changez le mot : *coalition* en celui d'*association*, et nous ne pourrons qu'applaudir.

La commission continue : « Il n'est pas vrai qu'il n'y ait que des individus, grains de poussière sans cohésion, et la puissance collective de la nation. Entre les deux, comme transition de l'un à l'autre, comme moyen d'éviter la compression de l'individu par l'Etat, existe *le groupe*, formé par les libres rapprochements et les accords volontaires. C'est à lui qu'il est réservé d'accomplir les œuvres de travail, d'assistance, d'expansion, de progrès qui excèdent la puissance individuelle, et qui deviendraient impossibles ou oppressives, si elles ne pouvaient être que par la force des pouvoirs publics. C'est lui qui a créé les merveilles du monde moderne, les compagnies de chemins de fer, les diverses associations industrielles ou commerciales, les écoles gratuites, les sociétés de secours mutuels ; c'est lui qui déploiera dans l'avenir des puissances inconnues de prospérité, de richesse, de travail, d'ordre et d'apaisement. » On ne peut mieux dire, mais il faut conclure.

Or la commission élude une conclusion précise, et, sans s'expliquer sur la liberté d'association soit entre patrons, soit entre ouvriers, soit entre patrons et ouvriers, déclare légitime, naturel, primordial, le droit de se coaliser, sauf la répression des atteintes portées par violence ou par fraude à la liberté du travail, et laisse le droit d'association sous l'empire des lois prohibitives. Qu'est-ce que la coalition cependant, sinon une contrefaçon dangereuse de cet esprit d'association qui est l'âme des peuples libres, et qui n'est pas moins favorable à la stabilité de l'ordre matériel et moral qu'aux progrès de la liberté et de la civilisation?

S'il est vrai qu'entre l'individu et l'État existent, par la force des choses, des *groupes* sociaux spontanément formés pour satisfaire à tous les besoins de la civilisation ; s'il est vrai qu'au sein de chaque commune formée par la réunion de familles fixées sur le même sol, qu'au sein de chaque canton formé par la réunion des communes, au sein de chaque département, de chaque province il soit nécessaire de laisser le travail, ce droit ou plutôt ce devoir de l'homme, lutter librement, sous toutes les formes individuelles ou collectives, contre les innombrables misères auxquelles les sociétés humaines seraient livrées par l'oisiveté, cherchez donc dans l'association *permanente* et dans la division des travaux le remède que vous ne trouverez certainement pas dans la liberté des coalitions, ces clubs économiques dont vous avez démontré vous-même les incontestables dangers, et dans le fléau des grèves que vous vous abstenez de punir, mais auquel vous réservez, avec une insouciance cruelle, les peines bien autrement sévères qu'il trouvera dans ses propres excès.

Les coalitions sont presque inconnues dans les États où l'aisance est répandue d'une manière équitable dans toutes les classes de la société, sous l'égide d'un bon système social et politique; elles sont rares même dans les pays pauvres où la moralité des classes ouvrières a été préservée, par le régime des petits ateliers, du contact corrupteur des grandes agglomérations. C'est dans les pays où sévit le paupérisme, c'est-à-dire la concentration des richesses dans quelques mains, au détriment du plus grand nombre, c'est en Angleterre surtout que les coalitions et les grèves ont fait, par leurs victoires comme par leurs désastres, le plus de ravages, surtout dans les classes ouvrières qui y ont épuisé les ressources des comités de leurs corps d'états, et qui n'y ont rencontré que des causes de démoralisation et d'irritation anti-sociales.

Le droit d'association est sujet sans doute à des abus comme toutes les choses humaines. Mais les lois contre les complots, les prédications immorales, les excitations à la sédition sont-elles donc une lettre morte? Est-ce dans les associations publiquement organisées et fonctionnant régulièrement pour les progrès de l'agriculture, de l'industrie et du commerce, pour l'exercice du culte, pour la propagation des lumières, pour la pratique de la charité, pour la défense des droits politiques, notamment du droit électoral, que se trouvent les foyers de conspiration et d'émeute? C'est souvent quand ces droits sont confisqués par les gouvernements que se forment, en vue de renverser les spoliateurs des libertés publiques, ces sociétés secrètes de francs-maçons, de carbonaris dont les conventions symboliques livrent les adeptes de chaque secte au despotisme de ses fondateurs. Du jour où le législateur permettrait à tous de s'associer librement, les intérêts conservateurs, les sociétés secretes et les révolutions qu'elles fomentent n'auraient plus de raison d'être.

XII. — Du droit d'association dérive comme corollaire et comme application nécessaire le droit de réunion. L'association est permanente et en quelque sorte organique; la réunion est accidentelle et fugitive. Il y a deux sortes de réunions : les réunions privées et les réunions publiques. Les unes et les autres ont pour objet de garantir les droits naturels, civils, politiques des citoyens, et leurs intérêts communs. Dans les premières, on n'a pas à craindre le désordre matériel, à cause du caractère d'intimité qui les distingue, et de l'inviolabilité du domicile qui les protége. Les secondes, accessibles aux multitudes et par conséquent aux passions populaires, sont soumises à la surveillance de la police qui a le droit non de les diriger, mais de les contenir dans les limites de l'ordre et de la légalité (1).

(1) Le maintien du bon ordre dans les endroits où il se fait de grands rassemblements d'hommes tels que les foires, marchés,

Nos pères n'avaient pas cru qu'une loi sur le principe abstrait du droit de réunion fût nécessaire, ni même possible. Comment régler par des prescriptions législatives l'exercice d'un droit légitime, mais sujet à des abus dont la répression est surbordonnée à l'appréciation d'une foule de circonstances accidentelles, variables, imprévues, et qu'on ne peut préciser d'avance?

XIII. — L'assemblée constituante de 1789, qui avait interdit les réunions les plus naturelles, celles par métiers et professions, accorda cependant et prétendit règlementer le droit concédé aux citoyens, en termes généraux et indéterminés, de se réunir sans armes pour délibérer sur les affaires publiques. Son imprudent décret devint, sous la Convention, le principal instrument de la domination de l'émeute sur les pouvoirs réguliers. On a toujours vu les ambitieux et les hommes de désordre chercher, dans les clubs, une tribune et un piédestal, tandis que les hommes d'ordre et de liberté s'en éloignent de peur de se rendre complices par leur présence des excitations révolutionnaires et du despostisme auquel elles aboutissent nécessairement.

Ce qui a fait à toutes les époques le danger des clubs, c'est leur réglementation qui, selon la remarque de Chapelier dans son rapport à l'Assemblée constituante sur les sociétés populaires, leur donne une espèce d'existence politique qu'ils ne doivent pas avoir sous un gouvernement démocratique. L'opposition cherche dans les clubs des moyens d'action que le gouvernement s'efforce de paralyser par des entraves réglementaires.

Lisez la discussion de 1791 entre Chapelier et Robes-

réjouissances et cérémonies publiques, spectacles, etc., est un devoir municipal. (Loi du 24 août 1790.)

pierre, lisez le rapport de Mailhe qui, le lendemain du 9 thermidor, demanda et obtint la dissolution des clubs, lisez le décret qui les rétablit le lendemain du 18 fructidor, vous reconnaîtrez partout deux instruments de guerre en présence; le club c'est la révolution en permanence.

Fermés sous l'Empire et sous les deux monarchies constitutionnelles, les clubs se rouvrirent en 1848, et chacun peut se rappeler leurs prédications incendiaires. Le gouvernement aurait voulu les fermer, il n'en eut pas le courage, par ménagement peut-être pour ceux des membres du parti de l'ordre qui, comme à l'origine de la première révolution, y avaient fait leurs premières armes, et qui dans le sein même de la commission de l'assemblée nationale demandèrent grâce pour l'instrument de leur ambition. On substitua à cette mesure énergique une réglementation illusoire qu'on étendit outre mesure. On fit plus, et par l'article 15 de la loi du 28 juillet 1848, on confondit deux choses distinctes, en déclarant que les réunions *non publiques* dont le but serait politique ne pourraient se former qu'avec la permission de l'autorité municipale, et aux conditions qu'elle déterminerait, sauf recours, en cas de refus, à l'autorité supérieure. L'assemblée législative reconnut par les lois du 19 juin 1849, du 6 juin 1850 et du 21 juin 1851, le droit du gouvernement d'interdire les clubs et réunions publiques, elle aurait pu s'abstenir d'une autorisation inutile, car les agents de la police sont, par la nature de leurs fonctions, obligés de maintenir l'ordre.

La loi de 1868 a laissé les clubs sous l'empire discrétionnaire de l'administration et a permis les réunions publiques non politiques. Elle a aussi autorisé les réunions électorales politiques pendant les quinze jours qui suivent le décret de convocation, en les interdisant pendant les cinq jours d'effervescence qui précèdent l'élection. Enfin, elle a abrogé l'article 15 de la loi de 1848 relatif aux réunions privées que les orateurs du gouvernement et après eux les tribunaux ont déclarées licites (1).

La police est armée, contre les associations où se trament les complots et contre les réunions où éclatent des foyers de sédition ou d'immoralité, du droit de les dissoudre par la force, sous la responsabilité, bien entendu, de ses agents. Qu'est-il donc besoin de réglementer d'une manière abstraite et générale un droit naturel que les citoyens exercent à leurs périls et risques, et dont les abus peuvent être efficacement réprimés en vertu des lois générales protectrices de l'ordre public?

§ 6. — *L'unitarisme social.*

XIV. — Dans l'intérêt de l'ordre moral si étroitement lié à l'ordre matériel, une chose est surtout nécessaire, c'est de laisser le champ libre à l'esprit de famille, de corps, de cité, de patrie, de religion, à l'esprit public enfin, âme de la société, principe de sa vie, de sa force et de ses progrès.

Le développement de ces libertés nécessaires, immuables, traditionnelles est la véritable loi du progrès c'est-à-dire de la perfectibilité indéfinie des sociétés par le droit.

Ce progrès n'est pas, il est vrai, le progrès indéfini rêvé par les disciples de Condorcet qui voient le genre humain s'avancer toujours et sans intervalle à grands pas dans la voie de la civilisation, et courir sans déviation au terme de sa félicité; splendide utopie que dément la longue lé-

(1) Arrêts dans les causes Lacy-Guillon et de Larcy.

thargie de l'Orient, cet antique berceau de la civilisation du monde, que dément la décadence du peuple arabe devenu, à la voix de son prophète et en sortant de ses déserts, le maître du monde dans les arts et dans les sciences, et qui est maintenant retombé sur les bords de la mer Rouge et du Nil, presque dans sa barbarie native ; que dément le sommeil sépulcral dans lequel est enseveli depuis tant de siècles ce peuple indien dont la langue fut la plus belle du monde, et la poésie plus brillante que toutes les plus belles épopées de l'Occident ; que démentent, en un mot, les vicissitudes de tous les peuples. Ce progrès n'est pas celui de l'école panthéiste de l'Allemagne, qui cherche vainement à concilier deux idées contradictoires. C'est le progrès par le droit chrétien qui peut seul garantir l'autorité et la liberté et sauver les nations du despotisme.

XV. — Les fauteurs plus ou moins intéressés d'un système qui, par la négation de toutes ces libertés, ne peut aboutir qu'à l'omnipotence du gouvernement personnel exagèrent le principe de l'unité politique et attribuent à nos origines latines une prépondérance excessive sur nos origines germaniques.

Le génie de la France est, il est vrai, essentiellement unitaire. M. de Humboldt l'attribue avec raison à notre situation admirable pour attaquer par voie de terre et de mer les étrangers, mais exigeant pour nous défendre une grande concentration intérieure de forces.

« Notre nord et notre sud, dit M. Vivion dans ses « études administratives, se touchent moins par les degrés « du méridien que par l'ampleur et la facilité des trans- « ports ; mais géographiquement la France est faible contre « l'invasion. Placée aux confluents du despotisme, elle « n'est pas défendue, comme l'Angleterre, par une cein-

« ture maritime, elle est accessible de tous cotés, vulné-
« rable par ses frontières, entourée de toutes parts par
« des rivaux puissants ; la France plus qu'aucune autre
« nation est disposée par la nature à sentir le besoin de
« grouper tous ses enfants et de veiller sur eux du faîte
« de sa puissance. »

Aussi dans tous les temps, les habitants des Gaules d'a-
bord, de la France ensuite, se sont-ils efforcés de constituer
un corps politique, aussi compacte que possible. Témoin la
réunion spontanée des Aquitains, des Celtes et des Belges
en un seul peuple, leur assimilation aux Romains après
les conquêtes de Jules César, la fusion des races germaniques et des races latines après l'invasion des barbares, la
tendance persévérante et toujours populaire des rois,
surtout depuis Philippe-Auguste, à faire prévaloir l'unité
de territoire, de religion, de langue, de lois et de mœurs sur
les diversités féodales et provinciales. Nous sommes faibles
comme individus et forts comme nation. Nos cœurs se touchent et battent ensemble. Nos mains s'étreignent en fré-
missant, nos esprits s'enflamment à la même étincelle.
Nous nous fondons rapidement les uns dans les autres et
nous ne faisons bientôt qu'une seule âme et un seul corps.
En moins d'une heure, si un faubourg se soulève, toute la
cité est sur pied. A peine quelques bataillons sont-ils en
marche qu'ils font une armée. Cela explique la fureur française dans l'attaque et les terreurs paniques dans la défaite.
La masse se réforme-t-elle ? L'individu reprend son énergie,
et c'est surtout quand l'unité nationale est menacée qu'é-
clatent des efforts héroïques, des succès inespérés du drapeau français, soit qu'il apparaisse dans les mains de
Jeanne d'Arc, de Villars ou des généraux de la République.

Cet instinct d'unité qui se révèle en France dans la

généralisation des systèmes, dans la méthode des livres, dans la codification, dans l'homogénéité de toutes les parties du service public a produit des effets merveilleux sous l'empire du droit chrétien.

Mais depuis que, sous l'influence des sophistes du dernier siècle, le divorce de la religion et de la science, de la tradition et du progrès, du droit et de la politique, de l'ordre et des libertés civiles, religieuses, municipales, a altéré les sources de toutes les vérités philosophiques, administratives, économiques, on a vu s'ouvrir l'ère de révolution dont le terme fatal et inéluctable est le césarisme.

L'unitarisme prêché par les publicistes et mis en pratique par les hommes d'État de l'école de Rousseau, c'est, comme le démontre un publiciste italien (1), le panthéisme émanatique passant de la sphère de la Cosmogonie dans celle de l'État. Les pouvoirs locaux perdent leur individualité propre; ils ne sont que des manifestations du pouvoir central dans le sein duquel ils sont contenus, dont ils émanent et avec lequel ils se confondent en y retournant.

L'école de l'émanatisme ressuscite ce Dieu gigantesque qui assume des formes variées et diverses, se développant continuellement et rentrant continuellement en lui-même.

Ces idées absolues, destructives des formes individuelles, autonomes, nous sont venues de l'Orient. C'est ainsi que l'on concevait la propriété dans l'empire de Pharaon. Le principe fondamental de la théologie des Védas, c'est que Brahma seul subsiste véritablement; qu'il contient dans son sein tous les êtres, qu'ils se confondent avec lui, que toute autre existence est une pure illusion.

Ce despotisme asiatique appuyé sur le dogme moderne de la souveraineté populaire acquiert des forces gigantesques

(1) Giovani Giaquinto, *Nuovo diritto amministrativo*. (Pavia, novembre 1804.

et de plus en plus menaçantes pour le salut de la société. Dans ce système, le peuple règne comme Dieu sur l'univers. Il est la raison et la fin de toutes choses. Tout en émane et tout y rentre. La tendance de l'unité absorbante se manifeste surtout dans l'organisme de la société. Cet organisme est exprimé avec une rigueur mathématique dans la formule fondamentale du *Contrat social* : totale aliénation des associés avec toutes leurs facultés à la communauté. L'État dévore l'individu, il en absorbe tout le domaine réel et personnel. C'est l'extrême centralisation transportée de l'ordre administratif dans la sphère politico-sociale. Je ne connais, dit Benjamin Constant[1], aucun système de servitude qui ait consacré des erreurs plus funestes que l'éternelle métaphysique du *Contrat social*.

XVI. — Nous expions déjà et nos enfants expieront après nous, si l'on ne se hâte d'y mettre un terme, les déplorables erreurs de ce système anti-social.

La démagogie et le militarisme, ces deux frères jumeaux nés du droit de la force, se disputent l'empire de l'Europe. Les gouvernements traditionnels de l'Allemagne et de l'Italie ont succombé en très-grande partie sous les coups d'armées coalisées, et, tandis que l'empire d'Autriche lutte péniblement contre sa dissolution imminente, le coin de terre encore subsistant des États pontificaux est menacé de nouveau par l'unitarisme cosmopolite. Le trône d'Espagne a volé en éclats, et quelques généraux coalisés et désunis règnent sur la vieille patrie des *fueros particolares* que réclament vainement à grands cris les populations asservies tour à tour par leurs propres souverains, par Napoléon Ier et par la quadruple alliance.

« Les diverses formes de gouvernement qui se sont suc-

____

(1) *Cours de politique constitutionnelle*, t. Ier, p. 529.

cédé en France depuis moins d'un siècle pèchent toutes, disait en 1857 M. d'Ondes de Reggio (1), par défaut d'autonomie dans l'organisation sociale, et par une excessive prépondérance de la puissance souveraine ou centrale de l'État; de sorte que monarchie constitutionnelle, république démocratique ou empire, peu importe, sous toutes les formes de gouvernement, la puissance centrale gouverne seule l'État. De ce fait incontestable dérivent deux conséquences : l'une que tous les Ordres politiques manquent en France de liberté, et ne vivent que de la vie que leur communique l'empire ; la seconde, que les révolutions s'y font avec facilité, parce qu'elles n'éteignent pas entièrement la vie sociale, et qu'on en espère toujours un gouvernement. »

Les ruines qui s'entassent autour de nous et les fléaux qui affligent l'Europe, semblent présager l'imminence d'un cataclysme social. Ce ne sont plus seulement les gouvernements qui sont attaqués, c'est la société, c'est Dieu même.

Tandis que les congrès *de la paix* retentissent de vociférations contre l'ordre social, certains organes accrédités de la presse périodique agitent, au milieu des désordres qui menacent la civilisation, l'intéressante question de savoir lequel a le plus puissamment contribué au progrès dont la Révolution française a été l'initiatrice, de l'égalitaire Danton ou du fraternel Robespierre.

Qui peut douter que, sous l'influence de prédications incendiaires, toutes les notions du bien et du mal ne se troublent et ne se confondent au point de ne plus laisser un seul principe debout ? Qui peut douter que la contagion de l'erreur ne gagne peu à peu les esprits les plus fermes ;

(1) Introduzione ao veri principi delle umane società.

que la grangrène morale ne corrompe les cœurs les plus sains, et que les nations ne se laissent entraîner vers l'abîme sans se douter même du péril?

Un illustre écrivain catholique nous prédisait, il y a quelques mois (1), sous l'impression d'une terreur qu'on aime à croire exagérée, une révolution sociale très-prochaine et plus terrible que ses devancières. Le péril est plus éloigné peut-être, mais il est réel et a vraiment pour cause les progrès qu'ont faits parmi nous, surtout depuis quelques années, l'anarchie intellectuelle et la servilité politique.

« Sera-t-il enfin donné à la France, s'écrie le publiciste italien dont les paroles nous font monter la rougeur au front, sera-t-il enfin donné à la France de se reposer dans un régime de liberté, ou bien est-elle condamnée véritablement à périr? Si une société politique ne peut durer et progresser sous une forme de gouvernement stable, elle le peut moins encore si elle tombe dans une entière corruption ; et par là j'entends celle qui est non-seulement dans les cœurs, mais dans les intelligences, celle qui consiste à fouler aux pieds ce qui sera éternellement saint, et à croire pouvoir commander aux lois de la nature humaine. J'entends l'immoralité élevée à la hauteur d'un principe. Que telle soit la condition de la France à cause de ses sophistes qui rappellent le Bas-Empire ou de ses peuples qui rappellent Rome quand les Césars la dominaient par le *panem* et *circenses*, cela me paraît évident. »

Ecartons ces sinistres présages, mais ne nous dissimulons pas l'influence des sophistes sur cet esprit de révolution qu'ils nous représentent comme un foyer de lumières centralisé dans la capitale et propageant de là, sur tous les points de la circonférence, l'incendie et le progrès.

(1) M. DE MONTALEMBERT, *Correspondant*, août, 1868.

Triste spectacle que celui d'une nation qui, après avoir vu s'épuiser dans les orgies de la régence et dans les égarements des philosophes et des économistes courtisans de M^mo de Pompadour, toutes les forces vives de ses hautes classes, a subi la plus effroyable des *réactions démagogiques* pour se retrouver, après quatre-vingts ans de révolution, dans l'alternative de n'échapper au despotisme du sabre que par de nouvelles révolutions !

Ce qui menace aujourd'hui la France, ce n'est ni une prétendue aristocratie dont il ne reste d'autre vestige que la vanité de quelques distinctions nobiliaires, ni l'absolutisme d'un roi entouré de courtisans, ni le despotisme de ce parti noir qui a pris dans les imaginations la place du spectre rouge : c'est le despotisme du nombre servi à la fois par le socialisme fiscal du pouvoir issu de son sein, et par la force brutale des multitudes entraînées à des insurrections incessantes contre l'ordre social.

Les scènes de jacquerie qui ont éclaté dans les Deux-Charentes au cri de *Vive l'Empereur !* et auxquelles ont pris part des paysans-propriétaires, effrayés, disaient-ils, du retour de la dîme et des droits féodaux, sont des symptômes dont on ne saurait contester la gravité, et qui, s'ils se généralisaient, indiqueraient dans la fraction turbulente des masses populaires, la pire des corruptions, celle des intelligences abruties par le matérialisme.

Un journal qui cherche à racheter par le style académique la mobilité de ses principes, s'écriait à ce sujet : « Pourquoi ne veut-on pas que les passions qui ont précédé et suivi la révolution de 1789 couvent encore dans les campagnes ? » On ne le veut pas par une raison toute simple, parce que ces passions sont un anachronisme grossier, un outrage au bon sens, à la justice, à l'humanité.

On ne peut que s'indigner en entendant des sophistes,

qui affectent des formes modérées, excuser des émeutes sauvages, et y voir même « un frein salutaire aux idées rétrogrades d'un parti qui n'accepte pas l'émancipation de la société moderne. Ces paysans *émancipés* cèdent, selon eux, à l'émotion qui se manifeste sous des formes moins brutales dans les villes, à Paris, dans les livres, dans les académies, au Corps législatif, au Sénat, où les hommes savent parfaitement ce qu'ils voient et ce qu'ils disent ». Touchant accord en vérité qui pourrait bien, comme à une autre époque, aboutir au pillage des églises et à l'égorgements des prêtres !

Les académies, le Corps législatif, le Sénat, sont-ils, en effet, coupables de l'éclectisme indulgent que leur supposent les apologistes de l'émeute, eux les gardiens nés de l'ordre matériel et moral ? S'il en était ainsi, ce qu'à Dieu ne plaise, on ne pourrait que répéter tristement le mot de Tacite : *desperationi locus est, ubi quæ fuerunt vitia mores sunt.*

Heureusement, la société recèle des forces morales latentes qui pourront contre-miner l'effort des théories dissolvantes, si on les laisse libres d'agir, après s'être rendu compte, sans parti pris ni idées préconçues, de l'état réel du pays.

Le progrès matériel des classes ouvrières est incontestable. Le sol, divisé peut-être à l'excès, produit beaucoup plus qu'avant la Révolution. Le capital mobilier s'est accru plus encore que le capital foncier. Le taux des salaires s'est élevé. Le paysan et l'ouvrier se nourrissent et se vêtissent mieux. Mais à côté du progrès matériel apparaît la décadence morale : les campagnes se dépeuplent, et les classes dangereuses se multiplient dans les villes. Les crimes contre les personnes, surtout contre les mœurs, augmentent notamment dans les grands centres de population. Les jeunes gens se marient plus tard quand ils se marient. Le nombre de naissances illégitimes va croissant quoique dissimulé par la suppression des tours. Le nombre des naissances légitimes diminue sous l'empire d'une cause bien triste. On en est à craindre pour la France un fléau redoutable : le ralentissement des progrès de la population.

Le désordre économique suit le désordre des mœurs. Les grèves se multiplient, le travail qu'on ne veut pas interrompre pendant le peu de jours consacrés par la religion au culte divin, cesse pendant des mois entiers ; la production ralentie dans des proportions toujours croissantes peut tarir, dans un temps donné, les sources de la richesse publique. Ce fléau que l'Angleterre a communiqué à la France se propage depuis quelque temps dans des États où jusqu'à ce jour il était resté inconnu. Les coalitions nationales et internationales de travailleurs pourvoyent d'un bout de l'Europe à l'autre par des caisses de secours puissamment organisées à toutes les exigences des grèves, en attendant qu'elles alimentent une guerre sociale ; des congrès d'ouvriers de toutes les nations se forment à l'aide de ces ressources, tantôt sur un point, tantôt sur un autre, et y traitent avec des passions violentes, quelquefois furieuses, au milieu de ténèbres mêlées de quelques éclairs de bon sens, les questions les plus brûlantes de l'organisation sociale. Quelquefois du sein de ces réunions s'élève une protestation isolée comme celle de Samuël Hill dans ce meeting de Bolton, si souvent cité : « Évitons, disait cet honnête ouvrier, les coalitions à l'avenir ; cultivons ce sentiment d'une bienveillance mutuelle qui les rend inutiles; que notre succès à Bolton devienne un exemple et un encouragement pour les autres districts (Applaudissements); on peut parler d'unions industrielles (trades' unions) et je

sais que les ouvriers ont une grande confiance en leur ef-
ficacité ; quant à moi, je pense que l'union la plus forte et
la plus avantageuse est dans ces rapports de douce harmonie et de considération mutuelle entre l'ouvrier et le patron,
que l'assemblée à laquelle nous assistons a pour objet
d'encourager et d'établir (vifs applaudissements). » Ce
sont là de bonnes résolutions, mais quel effet ont-elles
produit ? Les menaces et les violences individuelles sont
peut-être moins fréquentes dans les coalitions. On y procède par la force d'inertie plutôt que par des atteintes directes à la liberté du travail ou à l'ordre public ; mais le
danger, en changeant de forme, s'est accru d'intensité.
D'individuel et local il est devenu révolutionnaire dans l'ac-
ception la plus étendue de ce mot, et ce n'est pas seulement à tous les gouvernements établis que les congrès *de
la paix* et *de la liberté* s'attaquent désormais, au nom de
la république universelle, c'est aux bases fondamentales de
tout ordre social, c'est à la famille, à la propriété, à la religion, à Dieu même. Ce sont des exagérations, nous disent les optimistes, soit ; mais ces exagérations deviennent
peu à peu en se répétant avec une audace toujours croissante des idées et plus tard des résolutions collectives, des
manifestes de partis dont le but est d'obtenir par tous les
moyens l'augmentation des salaires, la réforme politique
des peuples, l'abolition du capital.

En veut-on une preuve récente (1) ? Au dernier congrès
de Bruxelles, la section bruxelloise composée de deux Alle-
mands, de trois Français et de deux Belges a formulé le
11 septembre 186 quatre propositions ainsi conçues :

1° Les carrières houillères, mines et chemins de fer appartiennent à la collectivité sociale représentée par l'État

(1) Voyez la *Cigale*, du 29 septembre 1868, bureau 6, quai aux
pierres de taille, Bruxelles.

7

régénéré et soumis lui-même à la loi de justice ; elles doivent être concédées par la société non à des compagnies de capitalistes comme aujourd'hui, mais à des compagnies ouvrières, et ce moyennant un double contrat : l'un donnant l'investiture à la compagnie ouvrière, et garantissant à la société l'exploitation scientifique et rationnelle de la concession, les services au plus proche du prix de revient, le droit de vérifier les comptes de la compagnie, et par conséquent l'impossibilité de la reconstitution du monopole ; l'autre garantissant les droits mutuels de chaque membre de l'association vis-à-vis de ses collègues.

2° L'évolution économique fera de l'entrée du sol arable à la propriété collective une nécessité sociale, et le sol sera concédé aux compagnies agricoles, comme les mines aux compagnies minières, les chemins de fer aux compagnies ouvrières, et ce avec des conditions de garantie pour la société, et pour les cultivateurs analogues à celles nécessaires pour les mines et les chemins de fer.

3° Les voies de communication doivent rester la propriété collective de la société.

4° Les forêts doivent rester à la collectivité sociale.

Les considérant de ces quatre propositions révolutionnaires résument logiquement la théorie des coalitions et forment un code d'expropriation pour cause d'utilité publique sans indemnité, dans l'intérêt bien mal entendu des classes ouvrières.

XVII. — La centralisation des forces des classes ouvrières dans les coalitions nationales et internationales, est évidemment une arme de guerre contre les grandes compagnies industrielles et financières dont les subventions et le patronage du gouvernement ont accru la puissance au point de faire craindre aux ouvriers la résurrection d'une féodalité pire que celle du moyen âge.

Il était facile de pressentir ce que produiraient, dans un temps donné, ces entreprises colossales d'industrie et de travaux publics, aidées dans leurs spéculations par la concentration des capitaux et du crédit dans les mains de quelques privilégiés. Ces immenses manufactures, ces magasins dont l'enceinte toujours croissante envahit nos grandes cités, écrasent les petits ateliers et les modestes boutiques par une concurrence fondée sur des achats au rabais et sur des ventes très-considérables à petits bénéfices, souvent à perte, suivies de faillites. Ce qui les alimente, c'est la multiplication imprudente de tous les agents de crédit. Les banquiers fournissent les premiers fonds en vue de spéculations usuraires, et leurs valeurs, accréditées par le nombre croissant des signatures, sont acceptées successivement, avec plus ou moins de facilité, par les sous-comptoirs, les comptoirs, le Crédit mobilier, le Crédit foncier, etc. Ce que peuvent produire, comme machine à battre monnaie, les combinaisons frauduleuses de tous ces établissements de crédit est véritablement fabuleux. Combien de fortunes scandaleuses, combien de déplorables ruines ont eu leur source dans l'abus du crédit et dans ces agglomérations de capitaux qu'il favorise? Ce sera une curieuse histoire que celle des progrès et de la décadence de la plupart de ces grandes compagnies financières qui, après avoir enrichi leurs fondateurs, leurs administrateurs et leurs premiers actionnaires se sont déjà effondrés ou s'effondreront successivement, après avoir consommé la ruine de milliers de familles, alléchées par des dividendes quelquefois réels, souvent fictifs, et par l'appât exceptionnellement toléré des primes de loteries. Croie qui voudra à l'utilité que l'agriculture, l'industrie, le commerce auront retirée des grands établissements de crédit dont la prétention commune est de soutirer l'argent des contribuables et de le centraliser à Paris pour le faire retomber en pluie d'or sur la France : ce n'est pas, quoi qu'en puissent dirent les prôneurs de ces établissements, sur les départements que tombe cette rosée bienfaisante, c'est sur des industriels, des entrepreneurs, des agioteurs. « Un vice originel, disait naguère un orateur chrétien, infecte tous ces établissements et les soumet ensemble à la responsabilité d'un attentat doctrinal contre la société et d'un commun outrage fait à notre humanité. Ils méconnaissent la forme économique de la famille humaine ; ils exagèrent d'une manière monstrueuse le principe de l'association factice, et substituent au grand agent providentiel du bien-être populaire des combinaisons artificielles, et stériles. Inventions colossales, combinaisons gigantesques qui séduisent un jour par le grandiose de leurs proportions et étonnent le lendemain par le prodige de leur impuissance, alors même que la solennité de leur chute ne provoque pas autour de leur catastrophe l'éclat d'un rire universel. »

CHAPITRE III.

L'AUTONOMIE DES ASSOCIATIONS INDUSTRIELLES, RELIGIEUSES, CHARITABLES, ENSEIGNANTES.

I. — Pour ramener le principe d'association à ses éléments naturels et à son utilité pratique, il faut sortir du cercle des luttes sans cesse renouvelées entre l'individu et l'État. Ce n'est ni dans les excès de l'individualisme, ni dans ceux du socialisme qu'on trouvera un remède efficace à la plaie sociale, que révèlent tour à tour la polémique des journaux, les discussions de la tribune et les vociférations des réunions anti-sociales, où la guerre à Dieu et au capital se formule en thèses sauvages.

Le christianisme seul peut, par sa salutaire et libre influence, arrêter les ravages du matérialisme des doctrines, de l'égoïsme des mœurs, et de l'isolement d'où procède le despotisme ; « car le christianisme proclame et met en pratique ce qu'il y a de vrai et de salutaire dans les maximes populaires de notre temps : les droits de l'homme, la liberté, l'égalité et la fraternité humaines, et condamne et repousse ce qu'elles ont de faux et de funeste (1). »

II. — L'anarchie économique ne peut céder qu'à l'empire du droit chrétien qui nous montre dans ce groupe humain de forces libres qu'on appelle une famille, le germe des libres associations des travailleurs et des capitalistes

(1) *De la religion chrétienne, dans ses rapports avec l'état actuel,* par M. Guizot.

unis par les liens du patronage et de la mutuelle affection. « Une forme heureuse de l'assistance personnelle, dit un écrivain catholique (1), c'est le patronage. Le mot est vieux : il servait dans la république romaine à indiquer les rapports du patricien et du plébéien au *forum* et sur le champ de bataille. En un certain sens, le tribun du peuple était aussi un patron électif, auquel succéda, sous l'empire et après le triomphe du christianisme, l'évêque nommé *defensor civitatis*. Dans le vieux latin du moyen âge, l'avocat s'appelait aussi un patron, quand, à l'exemple et sous l'inspiration de saint Yves, il défendait pour l'amour de Dieu la veuve et l'orphelin. Aujourd'hui le patronage catholique doit tendre à la fusion des classes, à l'assistance réciproque du riche et du pauvre, des ouvriers et de celui qu'ils appellent suivant les temps et leur humeur, le maître ou le patron. Par le patronage nous ramenons dans l'Église ceux que pour leur malheur on veut en éloigner : réunis autour de la table sainte, nous prouverons que le doux mot de *charité*, qui signifie amour de Dieu et des hommes, signifie aussi égalité sur la terre et fraternité en vue du ciel. Par lui nous adoucirons les épreuves en échangeant les consolations religieuses et les espérances éternelles ; nous doublerons, nous purifierons les plaisirs en les goûtant tous ensemble, et en pratiquant les uns vis-à-vis des autres cette politique charitable qu'on appelle la cordialité. »

L'esprit d'union et de charité dont le germe est caché dans le foyer domestique peut s'étendre à toute la famille humaine et développer dans son sein un esprit d'association qui deviendra le ressort le plus actif de la civilisation moderne.

(1) A. BIGARD, *la Question ouvrière au congrès de Malines.*

III. — Où trouver sinon dans un système d'associations industrielles, religieuses, enseignantes, charitables, procédant de l'esprit de famille et animées de l'esprit chrétien le moyen de conjurer à la fois le péril dans l'ordre économique des agglomérations immodérées des capitaux et des coalitions nationales et internationales d'ouvriers, et le péril encore plus redoutable, dans l'ordre social et politique, des immoralités et des désordres révolutionnaires surexcités par les sophistes? Est-ce dans l'intervention de l'État, cette théorie socialiste justement condamnée par la raison et l'expérience? Est-ce dans un retour aux corporations de l'ancien régime non moins justement abolies par les édits du dernier siècle et par les lois de l'Assemblée constituante? Non, personne aujourd'hui ne veut ni du socialisme, ni du privilége. Ce que l'opinion réclame à grands cris, c'est le droit commun, c'est la liberté de s'associer, de se syndiquer, de stipuler collectivement, refusée par les lois actuelles *à tous les citoyens attachés aux mêmes professions, arts et métiers.*

Assurément rier ne trouverait pas dans cette réforme une panacée contre la misère. C'est le propre surtout de l'industrie manufacturière de créer, partout où elle domine, des milliers de travailleurs imparfaits, et d'entasser dans tous les centres de production des populations dont l'existence précaire est toujours subordonnée à l'invention d'une machine ou d'un procédé nouveau. La concentration des capitaux dans les mains privilégiées des grandes compagnies maintiendra, quoi qu'on fasse, les classes ouvrières dans la dépendance des hauts barons de l'industrie et de la finance. Mais on pourrait espérer quelqu'adoucissement à leurs maux de la décentralisation des institutions de travail, de crédit et de charité. Lorsque, même dans les grandes villes, les ateliers les plus nombreux ne comptaient que vingt à trente ouvriers, chaque apprenti pouvait se flatter de parcourir, en travaillant, une carrière qui lui offrait l'attrait d'occupations variées et progressives, et au bout de laquelle, après avoir nourri et établi sa famille au moyen des produits de son labeur quotidien, il pourrait trouver quelques ressources pour ses vieux jours. Dans les grands ateliers, au contraire, chaque ouvrier est en quelque sorte transformé en machine parlante, et assujetti à l'ennui d'un invariable travail spécial. S'il est forgeron, il forge sans cesse; s'il est ajusteur, il lime toujours; s'il est tourneur, il passe sa vie attaché au même tour. De là le découragement et la jalousie concentrée qui le poussent quelquefois, à la voix du premier mutin, à entrer en grève, et à troubler l'ordre afin de se désennuyer.

Dans les fausses conditions économiques où il est placé, l'ouvrier est presque dans l'impuissance de former un établissement, faute d'avoir appris à connaître, à cause de l'uniformité d'une occupation spéciale, toutes les branches de l'industrie qu'il est appelé à exploiter. Un chef d'atelier doit, pour maintenir son influence sur ses ouvriers, pouvoir mettre la main à tout. S'il ne sait que gourmander ses ouvriers, sans les enseigner par son exemple, il n'est plus qu'un patron incapable de les commander, et obligé de subir leurs caprices. Les ouvriers qui, dans les grands ateliers, se sont consacrés, en vue d'une augmentation de salaire, à n'être que des *spécialités*, ne connaissent qu'une fraction de leur métier, et sont dans l'impuissance de l'exercer utilement.

Le régime des petits ateliers est d'ailleurs plus favorable que celui des grandes manufactures à la concorde si nécessaire entre les patrons et les ouvriers. Le travail y est plus attrayant, l'émulation plus vive, l'amour de l'ordre, l'attachement au devoir y trouvent, dans l'espoir d'un avenir plus assuré des excitations salutaires. Les grands ateliers qui, quoi qu'on en dise, favorisent les actionnaires bien plus que les consommateurs, sont des foyers presque permanents d'indiscipline et de révoltes allumés au feu des passions plutôt que des besoins réels des classes ouvrières. Eh bien ! si la libre organisation des petits ateliers est possible, c'est comme conséquence de l'affranchissement des communes. Proclamer la liberté des communes, c'est proclamer la libre association des travailleurs ; c'est offrir aux classes ouvrières, dans leurs syndics, dans leurs défenseurs, un rempart inexpugnable contre ces hauts barons de l'industrie qui abusent de l'isolement des serfs que la misère leur inféode ; c'est leur donner les moyens de réglementer les tarifs avec plus de liberté et d'intelligence que ne peuvent le faire des décrets uniformes et dépourvus de sanction, émanés du gouvernement ; c'est, d'un côté, tarir la source de ces mariages précoces et imprévoyants qui sont la cause principale de l'excès de population ; c'est ouvrir, de l'autre, de larges canaux à la bienfaisance, non-seulement par les caisses de secours mutuels et de retraites, mais par une bonne organisation de travaux publics de charité, d'institutions de prévoyance, de bienfaisance et de crédit, d'écoles primaires et professionnelles, de tout ce qui peut assurer le bien-être et la moralité du peuple ; c'est surtout empêcher, par le seul moyen praticable, la résurrection dangereuse de ces ateliers nationaux, triste plagiat de l'esclavage antique et du régime des fellahs, qui exagéraient et faussaient le principe d'association au point de transformer en une seule et immense armée de travailleurs ou plutôt d'oisifs enrégimentés sous les ordres du gouvernement, devenu l'entrepreneur général de toutes les industries, des ouvriers divers par leurs aptitudes, et qui, méconnaissant ainsi la triple loi de la division du travail, des vocations naturelles et des droits de l'intelligence, rendaient ce travail aussi improductif, aussi nul pour l'ouvrier que pour la société.

Le vrai moyen d'augmenter et de régler la production, c'est de créer, à côté du travail individuel et libre, le régime également libre des associations de travailleurs.

C'est ce que M. Kolb-Bernard a très-bien prouvé dans le discours qu'il prononça sur la loi des coalitions, en se plaçant au triple point de vue de l'intérêt de l'ouvrier, de l'intérêt de la société et de l'intérêt du gouvernement : « Individualisme, isolement, socialisme, dit l'honorable orateur, si compétent en cette matière, trois termes corrélatifs dont le terme opposé et réparateur est l'association. » Puisse l'incomplète et dangereuse satisfaction donnée aux classes ouvrières par la loi sur les coalitions ne pas ajourner indéfiniment la solution du grand problème en dehors duquel tout doit demeurer ou impuissance ou péril !

Sans la liberté d'association, la liberté des coalitions peut devenir un danger pour l'ordre et un piége pour les ouvriers. On comprend un concert, une délibération sur le taux du salaire et les autres conditions du marché entre les syndics des entrepreneurs d'une industrie et ceux des ouvriers; mais en l'absence d'une organisation de ces syndicats, comment procéderont, surtout dans les grands ateliers, des centaines, quelquefois même des milliers d'ouvriers, sinon par les grèves improductives aidées par les caisses des coalitions nationales et internationales de travailleurs, qui nous menacent incessamment d'une guerre sociale?

IV. — L'esprit des tentatives nouvelles, personnifié dans quelques hommes honorables qui veulent une démocratie librement organisée, est mille fois préférable à celui des démocrates autoritaires, car il tend à favoriser, sans oppression et sans désordre, le mouvement ascensionnel des classes ouvrières, et à substituer à l'antagonisme, à la haine, à l'esprit de division que fomentent depuis près d'un siècle les excès du socialisme et de l'individualisme, la paix, l'harmonie, l'union par les liens du patronage et de la mutuelle affection.

V. — Les sociétés de secours mutuels, fondées sous la double influence de la liberté d'association et de la liberté de la charité ont dejà fait un bien qui serait plus considérable sans l'intervention du gouvernement dans leur régime intérieur. Celles de ces associations qui se sont fait ériger en établissements d'utilité publique, afin d'obtenir les faveurs et les largesses du pouvoir, auraient trouvé dans l'air pur et vif de la liberté de meilleures conditions de progrès. Cela est si vrai qu'à côté des présidents généralement honoraires nommés par des décrets impériaux, ces sociétés ont le plus souvent des présidents réels, élus par les sociétés elles-mêmes et dans les mains desquels se concentre la véritable administration.

VI. — Ce salutaire exemple n'a pas été sans utilité. Le double principe de la liberté et de la mutualité s'est étendu de lui-même aux sociétés coopératives dont les fourneaux de la société de Saint-Vincent de Paul, et les ouvroirs des couvents avaient depuis longtemps fourni des modèles. Ces sociétés se forment aujourd'hui sans exciter les mêmes alarmes que les coalitions communistes d'une autre époque. Animées de l'esprit de fraternité qui est, selon l'expression du législateur romain inhérente à toute société (1) elles flattent l'esprit de fierté et d'indépendance de l'ouvrier qui ne veut pas recevoir; mais échanger les services, et *partager*

(1) Societas jus quodammodo fraternitatis in se habet. Le 63 Dig. pro socio.

le bénéfice que peut produire la chose commune (1). Développées dans cet esprit, elles compléteront le bienfait des sociétés de secours par l'impulsion qu'elles donneront au travail et à l'épargne, ces deux sources de bien-être des classes ouvrières et agricoles bien autrement fécondes que le Crédit mobilier, le Crédit foncier et autres institutions de ce genre. Ce ne sont plus des utopies, mais des institutions pratiques appelées à prospérer en France, comme elles prospèrent déjà en Angleterre, en Suisse et en Allemagne.

La loi du 24 juillet 1867 avait à choisir, entre deux systèmes, celui de la réglementation et de l'organisation par la loi ou le gouvernement des sociétés coopératives, et celui de libre choix par les associés, selon leur objet et leur goût, de la forme qui leur conviendrait le mieux. Le système de liberté a paru avec raison le meilleur, et les nouvelles sociétés ont été mises sous l'empire du droit commun qui a affranchi les autres de la nécessité de l'autorisation, ou leur a même donné une liberté plus étendue quoique non absolue. Cette loi consacre donc un véritable progrès auquel tous les esprits généreux sans distinction de partis doivent applaudir. Il faut encourager, dans l'intérêt des classes ouvrières, la multiplication des sociétés coopératives en veillant toutefois avec une vive sollicitude à ce que, surtout dans les sociétés de production qui inspirent quelque inquiétude, un esprit d'indépendance exagérée et de fausse égalité ne pousse pas les ouvriers à briser les liens d'un patronage qui leur est plus nécessaire à eux-mêmes qu'aux capitalistes.

VII. — Les associations pour la création d'habitations

____

(1) Discours de M. Gillet, dans la séance du 17 ventôse, an IV. *Locré,* t. XIX, p. 549.

ouvrières peuvent rendre à la société des services non moins signalés. Les maisons bâties à Mulhouse par les fabricants, les charbonages des deux côtés de la frontière franco-belge, les cités ouvrières de Paris et les maisonnettes qui s'élèvent das la banlieue de cette capitale offrent des modèles bons à imiter, surtout si on veille soigneusement à ce que l'esprit de famille les empêche de dégénérer en phalanstères.

Le congrès de Malines où la question ouvrière a été traitée sous toutes les faces a proposé, en outre, des associations pour l'adoption des enfants négligés ou abandonnés ; des associations entre employés du commerce ayant des cercles et des garnis spéciaux ; des caisses d'épargne ; des Monts-de-Piété gratuits dont Rome papale a donné l'exemple et dont une ville du midi, Montpellier, a conservé les traces ; des assurances sur la vie à la portée des petites bourses, des banques populaires, etc.

VIII. — Le régime démocratique ainsi entendu n'est plus un péril, mais un bienfait. « Si la démocratie est l'ascension des classes populaires, des paysans, des ouvriers à une plus grande somme d'instruction, de bien-être, de moralité, de légitime influence, l'Église est avec la démocratie, disait récemment Mgr l'évêque d'Orléans (1). Oui, répétait au congrès de Malines le père Hyacinthe, nous sommes avec cette démocratie, non-seulement parce que nous sommes les fils de notre siècle, mais parce que nous sommes les fils de l'Évangile.

Si, comme on doit l'espérer, ces bons exemples se propagent par la seule force des mœurs, on verra peu à peu s'affaiblir dans les classes industrielles le prestige de ces grandes agglomérations de capitaux anonymes dans les-

______

(1) L'athéisme et le péril social.

quelles se concentrent au profit d'un état-major d'administrateurs et d'une tourbe d'agioteurs, les entreprises de
travaux et les établissements de crédit; et, par l'effet d'un
progrès plus réel parce qu'il sera plus légitime, les petites
industries patronées par des responsabilités personnelles
retrouveront un crédit fondé sur une confiance éclairée
plutôt que sur le charlatanisme des fausses annonces.

Le travail manuel n'obéira pas seul à l'impulsion de la
liberté renaissante. L'esprit d'association se développera
en même temps dans les professions libérales, et grâce au
concours persévérant de toutes les forces sociales conver-
geant vers le bien public, au lieu de se laisser énerver par
l'égoïsme, le lien de la communauté d'intérêts unira les
classes dont l'antagonisme, excité par les passions politiques, aboutit tantôt à l'exploitation des faibles par les puissants, tantôt aux grèves improductives et aux émeutes
sanglantes de ceux qui se disent opprimés.

IX. — Le pouvoir central, au lieu de soumettre à un régime uniforme les œuvers locales d'industrie ou de bienfaisance, doit laisser aux individus et aux associations volontaires le droit de faire des expériences d'une variété
incessante et indéfinie. Il peut être utile, comme dépositaire central ou distributeur actif des leçons qui résulte-
ront de nombreuses expériences; il peut profiter des
épreuves d'autrui; mais il ne doit pas refuser de les tolérer.
Qu'il laisse donc s'organiser, avec une indépendance limitée
seulement par les exigences de l'ordre public, les sociétés
libres de secours mutuels, celles qui élisent elles-mêmes
leurs chefs, les sociétés coopératives, et autres institutions
de ce genre, et l'on verra bientôt succéder à l'irritation et
à la défiance réciproques un vif désir de s'entendre en vue
du bien général. Ce genre de patronage est mille fois
préférable à celui que l'administration ne peut exercer que

par sa police, c'est le seul moyen de rétablir l'harmonie sociale par la justice et la liberté.

X. — L'homme ne vit pas seulement de pain, mais de vérité; et c'est par les facilités qu'il accorde à l'élan de l'esprit religieux, à la diffusion des lumières par l'enseignement privé et public et à la pratique de la charité volontaire qu'un gouvernement s'élève à toute la hauteur de sa mission sociale.

L'Église, cette société universelle des intelligences reliée dans le sein de Dieu ne saurait être un État dans l'État, mais elle a des droits distincts de ceux de la société politique; c'est une association non moins licite apparemment que celles qui sont formées en vue de l'utilité purement matérielle.

L'Église a, comme toutes les autres associations, des droits naturels, inaliénables, imprescriptibles qu'aucune puissance humaine ne peut ni octroyer ni ravir, et qui se résument dans le triple droit de s'associer, de se réunir et de se gouverner seule dans tout ce qui touche au dogme et à la discipline intérieure, à la juridiction ordinaire et contentieuse, et à partager avec le pouvoir chargé de veiller à l'ordre public les attributions relatives à l'exercice extérieur du culte, aux droits temporels du clergé. Leibnitz s'élevant par la puissance de son génie au-dessus des préjugés de la religion protestante dans laquelle il était né, reconnaît que l'Église doit avoir un chef spirituel afin d'exercer librement et pleinement ses propres droits. « Puisque, dit-il, Dieu est le Dieu de l'ordre, et le corps de l'Église une, catholique et apostolique, sous un gouvernement qui soit un, et avec une hiérarchie qui comprenne tous ses membres est de droit divin, il s'en suit qu'il y a aussi, de droit divin, dans le même corps, un souverain magistrat spirituel, se contenant dans de justes bornes, pourvu d'une puissance directoriale et de la faculté de faire tout ce qui est nécessaire pour remplir sa charge, par rapport au salut de l'Église. »

XI. — Les rapports entre l'Église et l'État n'ont pas, comme le soutient avec raison un savant prélat (1), un caractère immuable, et l'attitude de la société temporelle vis-à-vis de la société spirituelle dépend toujours des opinions, des croyances, des mœurs, des lois et des institutions d'un peuple. On ne doit pas s'étonner que des hommes qui ont applaudi au concordat de 1801 comme à une transformation solennelle qui, tout en sauvegardant les principes absolus, a fait à l'esprit des temps des concessions nécessaires, proposent aujourd'hui la formule : *l'Église libre dans l'État libre*, comme un moyen non de retourner aux principes du moyen âge qui subordonneraient l'État à l'Église, mais de rendre à celle-ci des libertés qu'elle a perdues par l'effet des empiètements de la puissance temporelle sur le domaine spirituel, et que réclament les aspirations de la société moderne.

Malheureusement cette réaction, autorisée dans une certaine mesure par l'excès de prépondérance que les articles organiques donnent au gouvernement en matière religieuse tend à dépasser le but ; et le mot : *séparation* qui retentit de toutes parts avec sa signification indécise est exagéré par certains séparatistes qui n'aspirent qu'à la spoliation et à l'asservissement de l'Église. Cette théorie dont la double conséquence serait à la fois la suppression du budget des cultes et le maintien avec aggravation des articles organiques n'est ni moins excessive ni moins dangereuse que celle des unionistes cherchant à ressusciter le droit ecclésiastique du moyen âge, qui transformait le

____

(1) Mgr Darboy, archevêque de Paris, *Correspondant* de 1868.

Prince en Évêque du dehors, et qui mettait son épée au service des décisions spirituelles. Entre ces doctrines extrêmes s'élève celle de l'autonomie réciproque de l'Église et de l'État, c'est-à-dire du droit qu'a l'Église de gérer seule avec une entière indépendance tout ce qui ressort exclusivement du domaine spirituel et du droit qu'a l'État d'intervenir dans les matières mixtes où sont engagés les intérêts de l'ordre public et de la police.

XII. — Le règlement du spirituel par l'Église et du temporel par l'État doit-il être fait séparément ou de concert par les deux puissances?

La question des concordats peut-être envisagée de deux points de vue : l'un actuel et restreint à la France, l'autre universel et abstrait.

Aux publicistes qui demandent non la révision des articles organiques, mais l'abolition immédiate du concordat et la séparation absolue de l'Église et de l'État, on peut opposer d'abord qu'aucun contrat ne peut être dissous sans le concours des volontés des parties qui l'ont formé. Est-ce d'ailleurs à la veille du concile œcuménique où sera traitée peut-être par l'assemblée des évêques de tout l'univers, la grave question des concordats, que des écrivains catholiques peuvent prendre l'initiative et formuler des solutions de cet immense problème?

Considéré *in abstracto* le principe des concordats n'a rien qui répugne à celui de la distinction des deux puissances. Il le confirme au contraire, puisqu'il consiste à faire participer ces deux puissances, chacune dans la sphère de ses attributions légitimes, à une œuvre commune qui doit régler des rapports fréquents et nécessaires, en respectant l'une et l'autre les bornes posées par la tradition. A l'autorité spirituelle appartient la garde de la religion ; au pouvoir temporel, le maintien de l'ordre public ; donc partout où la religion et l'ordre public sont mêlés, il est naturel que les deux puissances concourent.

On peut conclure seulement du principe de droit public qui veut que les lois ne soient obligatoires que lorsqu'elles ont été approuvées par ceux qui doivent leur obéir (1), que les concordats·doivent être acceptés à la fois par les évêques et par l'assemblée nationale.

La pragmatique-sanction fut décrétée par les·évêques dans le concile de Constance, ratifiée par les pontifes Martin V et Eugène IV, publiée par Charles VII et enregistrée par les parlements. Cette pragmatique dont le but était de maintenir l'ancienne discipline fondée sur les maximes des Pères et sur les décrets des conciles (1), mais qui avait le défaut d'émaner d'un concile acéphale, fut abrogée par le concordat conclu en 1516 entre François Ier et Léon X. On sait ce qu'a coûté à notre autonomie ecclésiastique et nationale cet échange entre les libertés de l'église et l'argent de la France fait, sans l'assentiment ni du clergé ni de la nation, par le chancelier Duprat d'un côté et par les cardinaux d'Ancône et de Santiquatro de l'autre. Le concordat de 1801, conclu aussi sans l'intervention ni du clergé ni du peuple entre le premier consul assisté par l'abbé Bernier et M. de Cacault et le souverain-pontife assisté par les cardinaux Consalvi et Caprara, a rendu à l'ordre social d'immenses services; mais peut-être eût-il été désirable que l'Église et la nation eussent pu être appelées l'une par ses évêques, l'autre par ses réprésentants dans le Corps législatif à concourir à cette grande œuvre. S'il en eût été ainsi,

---

(1) Leges instituuntur cùm promulgantur, firmantur cùm moribus uteutium approbantur... Ipsæ leges nulla alia ex causa nos tenent, quam quód judicio populi receptæ sunt. Lex de quibus, § de legibus. — (2) PASQUIER, *Recherches sur la France*, t. III, ch. XXVII.

les articles organiques n'auraient pas eu de raison d'être, et nous ne serions pas en présence d'une loi constitutionnelle qui a retenu du concordat tout ce qui plaisait au pouvoir temporel et en a éliminé tout ce qui lui déplaisait.

L'autonomie réciproque de l'Église et de l'État dans les rapports qui existent entre le roi et le prêtre appelés, dit saint Chrysostome (1), l'un à contraindre, l'autre à exploiter, l'un à agir par la force, l'autre par la libre volonté, l'un à agir par les armes matérielles, l'autre par les armes spirituelles; cette autonomie n'est pas incompatible avec le régime des concordats, et la séparation absolue entre l'Église et l'État dans le domaine politique, n'est même guère plus possible que le divorce entre la religion et la science dans le domaine intellectuel. Entrons dans quelque détails et cherchons à éclaircir le problème par la solution des questions diverses qui s'y rattachent.

XIII. — Et d'abord la liberté de conscience, non la liberté contemptrice de l'autorité divine, mais la liberté réglée par la foi, l'autonomie de la conscience ne peut exister qu'à la condition de pouvoir faire tout ce qu'elle commande et de pouvoir s'abstenir de tout ce qu'elle défend. Vraies ou fausses, les croyances religieuses échappent à l'action matérielle du pouvoir. « L'empire de la loi finit, disait Napoléon Ier, là où commence le domaine indéfini de la conscience. » La force de la religion vient de ce qu'on la croit, la force des lois humaines vient de ce qu'on les craint (2). Ce n'est point aux princes mais aux apôtres que la loi chrétienne a commis le dépôt sacré de la foi; et l'Église elle-même, quoiqu'investie de la puissance législative et judiciaire en matière de foi et de discipline, ne peut em-

(1) Rex cogit, sacerdos exhortatur... Ille necessitate, hic libera voluntate; ille habet arma temporalia, hic arma spiritualia (*Chrys.* Homel., IV.) — (2) MONTESQUIEU, *Esprit des lois,* liv. XXIV. ch. XV.

prunter le bras séculier pour faire exécuter ses lois et ses arrêts par la force armée. On ne tire pas, disait Rivarol, de coups de fusils aux idées. A Rome même, où le souverain est armé du double glaive, on use avec tant de tempérament de l'influence religieuse que les juifs y ont leur ghetto, et les protestants étrangers un temple. Ailleurs on a vu l'inquisition et les dragonades : ce sont de funestes erreurs. Le sang versé au nom de la religion fait germer l'impiété.

Les déplorables excès auxquels pourraient se laisser entraîner contre l'esprit de tolérance qui anime aujourd'hui l'Église, les apologistes de l'inquisition espagnole et de la révocation de l'édit de Nantes se reproduisent, sous d'autres formes, chez certains séparatistes. A croire ceux-ci on n'est libre qu'autant qu'on a été préservé des superstitions du baptême, des entraves du mariage religieux et des consolations divines au lit de mort. L'on n'est libre qu'autant qu'on a consacré sa vie, dans la mesure de ses forces, à combattre non plus le fanatisme auquel a succédé l'indifférence religieuse, mais la foi chrétienne et le respect de la hiérarchie sociale et des gouvernements établis. Les solidaires de l'impiété croyent faire œuvre libérale en interdisant à toute influence domestique ou religieuse l'approche de leurs affiliés depuis leur enfance jusqu'à leur mort, et en veillant à l'observation du serment qu'ils leur imposent de travailler sans relâche à la destruction de l'ordre social. Leur erreur, pour ne rien de dire plus, procède du faux principe qui les pousse à mettre la libre-pensée sous la protection de la force, en attendant que leur avénement au pouvoir, convertissant cette force en droit, leur permette d'armer une inquisition anti-religieuse.

XIV. — Les dogmes, les sacrements, les vœux spirituels, la hiérarchie, la discipline, la juridiction ecclésiastique appartiennent aussi au domaine purement spirituel.

« Allez et enseignez toutes les nations, je vous envoie comme des brebis au milieu des loups », à quel titre un prince ou son ministre pourrait-il s'opposer à cette paisible propagande? A quel titre un évêque ou un prêtre pourrait-il s'armer de la force matérielle pour l'exercer? Écoutez l'Évangile : « Je suis la lumière venue en ce monde afin que quiconque croit en moi ne demeure point dans les ténèbres, et si quelqu'un entend ma parole et ne la garde point, je ne le juge pas, moi, car je ne suis pas venu pour juger le monde, mais pour le sauver. Toutefois, qui me méprise et ne reçoit pas ma parole a son juge : la parole que je vous annonce le jugera au dernier jour, parce que je n'ai point parlé de moi-même. » Ne voyez-vous pas dans ces paroles la condamnation des conversions à main armée de Charlemagne et de Louis XIV, et de l'oppression des églises de la Pologne et de l'Irlande par le czar et les rois d'Angleterre? La loi suprême du salut public peut, dans des cas extrêmes, forcer un gouvernement de dogmatiser contre un parti religieux qui menace son existence; mais cette exception, uniquement motivée par des exigences politiques, n'altère point dans son essence le principe de l'indépendance du dogme religieux.

XV. — L'administration des sacrements rentre aussi tout entière dans le domaine ecclésiastique : nous ne sommes plus, grâce au ciel, au temps où les parlements donnaient par arrêt des billets de confession, et où l'apôtre de la tolérance, Voltaire, considérait le refus de l'extrême-onction, comme un crime du dernier supplice (1). Il existe cependant un décret impérial qui enjoint à l'autorité civile de commettre à la place du prêtre qui refuse les sacrements

____

(1) *Histoire du Parlement*, chap. LXV.

un autre ecclésiastique, qui prie par commission, de par les ordres de la police ; mais le même décret défend d'user de contrainte et manque par conséquent de sanction. Eh quoi ! la liberté de conscience serait refusée à celui-là seul qui, dans l'exercice de son ministère, doit la posséder au plus haut dégré ! Il faut, dit-on, éviter le scandale ; mais à qui doit-on l'imputer ? Est-ce au prêtre qui, repoussé du lit de mort du malade, ferme en silence à son cadavre les portes de l'église ou aux émeutiers qui veulent enfoncer ses portes pour obtenir de vive force des bénédictions désavouées par la conscience du prêtre ?

XVI. — Les vœux spirituels sont, comme le dogme et les sacrements, de la compétence exclusive de l'autorité ecclésiatique. Quoi de plus absurde que l'intervention de la police entre l'âme qui se voue à Dieu et son Créateur ! La confusion et l'arbitraire des lois anciennes et modernes ont été poussés au comble dans cette matière où il eût été si simple de garder le silence et de laisser libre carrière à la liberté.

L'intervention du pouvoir dans les rapports entre le saint-siége et les évêques de France, dans les synodes et les conciles, dans la juridiction volontaire et contentieuse de l'Église n'est ni mieux fondée ni plus favorable aux intérêts de l'État et à ceux de la religion. Fénelon s'indignait, sous un gouvernement fondé sur le principe d'unité de foi, des entraves que la puissance civile opposait aux libres communications entre l'Église de France et son chef spirituel. Qu'eût-il dit s'il avait vu, sous l'empire de la liberté des consciences, des opinions et des cultes, l'organe infaillible de la vérité, le père commun de la foi, livré aux caprices d'une inquisition incompétente et tyrannique ? Qu'eût-il dit s'il avait vu les articles 207 et 208 du Code pénal de l'Empire punir de la prison et même du bannissement, toute correspondance non autorisée par les agents du gouvernement entre le ministre des cultes et *les souverains étrangers?* Qu'eût-il dit s'il avait vu succéder à toutes ces hypocrites entraves les attaques directes au pouvoir temporel du saint-siége, si nécessaire au maintien de son indépendance spirituelle? Les libres-penseurs doivent-ils, oui ou non, respecter la liberté de conscience de deux cents millions de catholiques? Les révolutionnaires italiens et leurs complices cosmopolites doivent-ils, oui ou non, respecter la souveraineté nationale des États-Romains qui s'est prononcée en faveur du maintien du trône qui les gouverne? Toute la question romaine est là.

XVII. — Les conciles et les synodes du culte catholique et du culte protestant sont soumis par la loi du 18 germinal an X à des entraves incompatibles avec la liberté que l'Église doit conserver dans l'exercice de ses fonctions spirituelles. Les conciles sont assemblés pour conserver le dépôt de la foi et pour restaurer la discipline ecclésiastique. C'est donc à l'Église seule qu'appartient le droit de les convoquer, de les dissoudre, de publier leurs décisions. Vainement prétend-on distinguer entre les conciles œcuméniques et les conciles ou synodes nationaux ou provinciaux. Aux uns comme aux autres les souverains peuvent se faire représenter, mais ils n'y sont pas parties nécessaires, et n'ont pas le droit de les convoquer. « Les évêques convoqués à un concile par le prince, dit Fénelon, pourraient légitimement s'abstenir de l'obéissance ; de même que si le prince, dans un danger pressant de la religion, défendait aux évêques de célébrer un concile, ils devraient, même au risque d'une mort certaine, se réunir et pourvoir au salut de la foi. »

XVIII. — La juridiction ecclésiastique est placée par l'Évangile sous la seule autorité de l'Église et n'a d'autre sanction que des peines spirituelles dont la plus grave est l'excommunication. « Si votre frère a péché contre vous, dites-le à l'Église, et s'il n'écoute pas l'Église, qu'il soit à votre égard comme un païen et un publicain : *Dic ecclesiæ, si autem ecclesiam non audierit, sit tibi sicut ethnicus et publicanus.* »

La juridiction volontaire qu'exercent l'archevêque métropolitain dans la province ecclésiastique, l'évêque dans le diocèse, le curé dans la paroisse, et qui a pour objet le maintien de la foi et de la discipline; la juridiction contentieuse qu'exerçaient autrefois les officialités, qu'exercent aujourd'hui les évêques et dont la mission est d'appliquer des peines spirituelles aux violateurs des lois religieuses, ne peuvent pas aujourd'hui et n'auraient dû jamais pouvoir s'armer du glaive matériel. Un juge d'Église condamnant à l'amende, à la prison, au pilori et enjoignant au juge royal de déclarer *pareatis* à ses huissiers et sergents pour faire exécuter les sentences ecclésiastiques s'écartait de la voie de Jésus-Christ qui, selon la remarque de Bourjon, n'a jamais donné de sentence de mort contre qui que ce soit. Ce dangereux abus ne saurait se reproduire sous la législation actuelle. Mais ce qui préoccupe à bon droit les amis du principe de l'autonomie ecclésiastique, c'est la question d'amovibilité des membres du clergé dont les uns (les desservants) peuvent être déplacés et même congédiés *ad nutum* par leurs supérieurs, et dont les autres (les curés de canton) peuvent être suspendus et interdits, mais non privés de leurs traitements et expulsés de leurs presbytères. Les uns sont trop dépendants, les autres trop peu : de là des alternatives de servilité et de rébellion. Les décrets des conciles qui, du quatrième au treizième siècle, posèrent des limites à l'arbitraire épiscopal doivent être remis en vigueur dans l'intérêt de l'autorité comme dans celui de la liberté. Les anciennes garanties que trouvaient les membres du clergé dans l'inviolabilité des bénéfices ecclésiastiques leur ayant été enlevées, il faut en chercher de nouvelles dans les règles sur la circonscription des paroisses et sur le mode de nomination et de révocation des curés, des desservants et des vicaires. La loi organique du Concordat trahit évidemment l'esprit de ce contrat solennel en limitant aux curés de canton le privilége de l'inamovibilité, et en abandonnant aux préfets, sous la réserve de l'approbation épiscopale, la circonscription des paroisses, ainsi que le nombre et l'étendue des succursales administrées par des prêtres amovibles, placés vis-à-vis du curé, de l'évêque et du préfet sous l'empire d'une sorte de hiérarchie militaire. Ces concessions aux nécessités nées de la tourmente révolutionnaire ont fait leur temps, et l'heure est venue d'affranchir l'autonomie et la hiérarchie de l'Église d'un joug imposé par les circonstances, mais contraire au droit canonique.

Les regrettables conflits qui peuvent s'élever dans son sein nécessitent une juridiction ecclésiastique contentieuse. Cette juridiction doit-elle être exercée personnellement par l'évêque ou par un juge délégué par lui?

Mgr l'évêque de Digne, depuis archevêque de Paris de douloureuse mémoire, avait cru devoir limiter sa propre puissance par l'établissement dans son diocèse d'une *officialité*. « Il y a, dit-il dans ses *Institutions diocésaines*, des raisons puissantes qui nous font souhaiter de nous départir de nos fonctions de juge et de renoncer à l'exercice ordinaire de notre juridiction contentieuse. La première de toutes, c'est le besoin de conserver à l'autorité épiscopale l'amour et le respect dont elle a besoin d'être environnée... L'autorité ne s'affaiblit pas en se réglant; elle se fortifie au contraire en augmentant sur les esprits et sur les cœurs un empire qui est le seul qu'elle veuille et puisse conserver. »

L'exemple de Mgr de Digne n'a pas eu d'imitateur. Serait-il opportun de le suivre ? Faudrait-il étendre les attributions des officialités jusqu'au point de les faire intervenir dans les questions de déplacement des desservants ? Graves et délicates questions sur lesquelles l'Église seule a le droit de statuer, puisqu'elles se rattachent à la discipline intérieure qui lui appartient au même titre qu'à tout autre corps dans l'État.

XIX. — L'organisation hiérarchique du clergé, c'est-à-dire l'institution des évêques, des prêtres et des diacres, la convocation des conciles et des synodes, l'érection et le régime des congrégations religieuses soulèvent entre les unionistes et les séparatistes de graves et difficiles questions. Ici encore, ce semble, l'Eglise doit agir seule, car il s'agit de sa constitution intérieure.

Deux raisons, l'une politique, l'autre religieuse, concourent à faire rentrer dans les mains de l'église, ainsi que cela se pratique en Belgique, aux États-Unis, en Irlande la libre élection des ministres de la religion. Toute société, même laïque, doit choisir ses chefs. D'ailleurs le ministère des pasteurs est d'institution divine. De même que Jésus-Christ a été envoyé par son Père, il a envoyé ceux qu'il a choisis (1). L'institution du sacerdoce est donc hors de la compétence des princes qui peuvent tout au plus agréer ceux que l'Eglise a choisis. Le principe contraire a cependant prévalu ; l'aigle, le lis, le coq gaulois se sont disputé tour à tour les antiques siéges des Gaules, et l'on a vu, l'on voit encore les représentants du pontife éternel porter au front la marque de ces armoiries mortelles. Les plus hautes vertus ne sauraient conjurer les dangers d'une origine plus politique que religieuse. Il faut en revenir, avec

____

(1) Sicut me misit pater, et ego mitto vos. JOANN. cap. xx.

ou sans concordat, au principe traditionnel de l'élection ecclésiastique, et ne pas accorder au pouvoir plus de part dans le choix des évêques que ne lui en donnait la novelle de Justinien qui se bornait à demander l'agrément du prince : *principis desiderium.*

Les séparatistes libres-penseurs consentiraient à reconnaître que l'évêque n'est point un fonctionnaire public, qu'il ne dépend, dans l'exercice de ses fonctions spirituelles, que de Dieu et de ses supérieures ecclésiastiques ; mais ils prétendent conclure de là qu'il n'a droit à aucun traitement, et que le budget des cultes doit-être entièrement supprimé. Cette conséquence est erronée à un double point de vue : le budget des cultes n'est pas une libéralité envers le clergé, c'est une faible indemnité des biens dont l'Etat l'a dépouillé ; d'ailleurs ce budget n'existât-il pas, il faudrait le créer, car partout où un culte est professé par un assez grand nombre de citoyens pour avoir conquis droit de cité, les lois pourvoient, à l'aide des impôts généraux ou par des taxes locales, aux frais de ce culte qui est une nécessité sociale.

XX. — La fondation des associations religieuses, qui ne demandent aucun privilége et ne veulent vivre que de la liberté, échappe comme l'institution des membres du sacerdoce à la compétence du pouvoir civil. Ces associations qui sont de l'essence de tous les cultes, et qui constituent, selon la remarque d'Edmond Burke, des familles formées par affiliation, comme les familles naturelles se forment par la naissance et l'hérédité, ont subi dans le cours des siècles, par l'effet de l'ingérence des gouvernements, de graves vicissitudes. Filles de la liberté elles ont plus d'une fois succombé sous les coups du despotisme tantôt des princes, tantôt des assemblées ; mais telle est leur vitalité qu'elles se sont relevées de toutes leurs chutes, et se sont reconstituées, malgré les foudres menaçantes des édits et des déclarations de la monarchie absolue et des décrets de la convention et de l'empire.

Nier la liberté des associations religieuses qui ne réclament pas le privilége, mais le droit commun, c'est nier la religion même qui est, le terme l'indique, l'*union* des hommes en Dieu. L'État a le droit de les surveiller et d'empêcher, selon l'énergique expression d'un empereur chrétien (1), que de prétendues maisons de prières ne deviennent des cavernes de brigands ; mais les droits de l'État sont limités par les exigences de l'ordre public. Vouloir soumettre à l'action matérielle de la police une réunion d'esprits liés par la même religion, par les mêmes vœux spirituels, c'est tenter l'impossible. L'homme peut détruire ce qui existe, il ne peut pas en étouffer le germe, il ne peut pas empêcher le gland qui croît au pied d'un vieux chêne mort de pousser sa séve vers le ciel ; il ne peut pas plus mettre obstacle à la germination spirituelle des âmes qu'à la germination matérielle des corps. Un éloquent dominicain l'a dit avec vérité : les chênes et les moines sont éternels.

XXI. — La liberté de la charité virilement exercée a, comme la liberté religieuse, rendu à la société d'immenses services en multipliant les exemples de bienfaisance ; et beaucoup de libres-penseurs regrettent aujourd'hui la mesure administrative, qui a essayé de dissoudre la société de secours et de patronage si digne du vocable de Saint-Vincent de Paul sous lequel elle s'était établie.

Heureusement cette tentative n'a été guères plus heureuse que la levée de boucliers de 1845 contre les associations religieuses. Ici encore l'esprit de liberté a heureu-

(1) Multi enim simulantes fabricare quasi orationis domos suis medentur langoribus, non orthodoxarum ecclesiarum fabricatores, sed speluncarum illicitarum., Novell. 67.

sement réagi contre l'abus du droit de la force ; mais l'autonomie de l'Église en matière de charité ne sera complète et efficace que lorsqu'elle se combinera avec l'autonomie des familles. Le système de nos lois d'assistance, moins libéral que celui des édits de 1698 et de 1733, concentre dans les mains du pouvoir central la direction absolue des établissements charitables; la loi de 1851 dont l'esprit centralisateur s'est reproduit et aggravé dans le décret du 31 mars 1852 et autres devait être modifiée dans le sens qu'avait indiqué la commission des lois d'assistance. Cette commission, qui, sans se jeter dans des innovations téméraires, avait signalé la concentration de l'assistance entre les mains d'administrateurs dépendants du pouvoir central *comme un obstacle à l'esprit de renouvellement et de progrès qu'un principe nouveau fait aujourd'hui circuler dans tout le corps social*, avait espéré que l'assistance publique donnerait le premier exemple de la décentralisation ; elle fut trompée dans ses espérances par une assemblée que ses divisions frappaient d'impuissance ; et les actes du gouvernement qui a succédé à cette assemblée n'ont que trop justifié ses défiances à l'égard de la bureaucratie en matière d'assistance publique.

XXII. — La liberté de l'enseignement est, comme la liberté des congrégations religieuses et de la charité chrétienne, conquise en théorie quoique souvent contestée en fait. Il faut descendre dans les bas fonds des clubs non politiques et anti-sociaux où s'exhale l'aveugle colère de quelques démagogues désavoués par les chefs du parti libéral démocratique pour entendre des cris de proscription contre les colléges des jésuites qui rivalisent avec tant d'éclat avec ceux de l'Université, et contre les modestes Frères des écoles chrétiennes auxquelles la France devra peut-être la régénération des mœurs populaires.

La loi de 1850, sur l'enseignement primaire et secondaire, loi de transaction entre les amis de la liberté de l'enseignement et les partisans du système universitaire, concilie, malgré les critiques auxquelles elle a été en butte, l'autonomie de l'Église avec celle des familles et avec les droits de l'État.

Cette loi accorde à tous les citoyens, sous des conditions peu nombreuses et faciles à remplir, la faculté d'ouvrir des établissements d'instruction primaire et secondaire qui, sauf l'obligation de rester soumis à l'inspection de l'État, sont dotés d'une liberté réelle.

Les écoles primaires chrétiennes, fondées sous l'égide de cette loi, ont vu grandir peu à peu dans les campagnes et dans les villes leur bienfaisante influence à côté de celle des instituteurs laïques dont la concurrence a amélioré l'enseignement.

Il en a été de même dans l'enseignement secondaire où les écoles libres des associations religieuses ont déjà fait tant de bien non-seulement par elles mêmes, mais par leur influence indirecte sur les écoles de l'État. Ce bien eût été plus grand si l'on avait laissé subsister les dispositions de cette loi qui appelaient à siéger dans les conseils académiques et dans le conseil supérieur, non seulement des évêques et des fonctionnaires publics pris dans la magistrature, mais des membres des conseils électifs représentants des pères de famille et exerçant en leur nom sur l'enseignement distribué au nom de l'État une surveillance constante et une influence salutaire. Ce droit, confié par la loi à l'élite de la nation, a eu jusqu'en 1852 pour auxiliaire un comité libre composé de membres du clergé, de l'assemblée nationale, de l'Institut, et d'autres citoyens qui s'étaient fait un devoir de répondre à la confiance que le législateur, par un retour providentiel, avait mise en eux, en propageant par eux-mêmes et par les pères de famille auxquels ils avaient fait appel les écoles libres. Ce fut un triste jour que celui où quelques membres de ce comité préférant les promesses du pouvoir aux bienfaits de la liberté l'obligèrent, par leur regrettable retraite, à se dissoudre et à léguer l'œuvre inachevée au ministre qui dirigeait naguère, et à celui qui dirige aujourd'hui l'éducation publique de la jeunesse française.

Toutefois, partout où s'est maintenu le principe de la liberté, son influence vivifiante a triomphé en grande partie; mais le monopole de l'enseignement supérieur, sur lequel le comité libre avait été saisi d'un rapport, et qui, sous son influence, n'aurait pas tardé à être abrogé, ce monopole subsiste et produit de déplorables effets.

Des prédicateurs politiques montent dans les chaires des facultés et y propagent, sous le patronage de l'Etat, les principes officiels sur la philosophie, sur l'économie sociale, sur le droit administratif, sans qu'il soit possible aux pères de famille de soustraire leurs enfants à un enseignement qui leur paraît faux et dangereux. Des professeurs titulaires de l'Ecole de médecine enseignent ouvertement le matérialisme, le positivisme, l'athéisme; les pères de famille, émus de cet immense danger, ont adressé l'an dernier des pétitions au Sénat, pour lui demander de deux choses l'une, ou que les professeurs de l'Etat cessent de prêcher l'athéisme, ou qu'à l'exemple d'un pays voisin, la France reconnaisse et proclame la liberté de l'enseignement supérieur. Comment cette pétition, si juste, si rationnelle, a-t-elle été accueillie?

Cédant à l'impulsion d'un ministre qui repousse la liberté de l'enseignement supérieur comme contraire à la loi qui soumet à l'autorisation préalable toutes les réunions religieuses et politiques, la majorité du Sénat s'est prononcée pour l'ordre du jour par deux tiers de ses membres qui se sont montrés en cette occasion moins préoccupés des dangers de l'enseignement matérialiste que du désir d'étendre l'influence exclusive de l'Etat sur l'éducation publique.

La minorité aurait-elle été plus considérable dans le Corps législatif, et n'y aurait-il pas, sur les bancs des conservateurs césariens et de l'opposition elle-même des fidèles plus ou moins avoués du grand diocèse? Il est permis d'en douter, mais malgré leur résistance la liberté fait son chemin.

« Décidément, dit le savant et judicieux historien de l'instruction publique en France (1), la liberté de l'enseignement supérieur est à l'ordre du jour. Elle a paru, non sans éclat, à l'ordre du jour de l'assemblée qui a siégé au Luxembourg. Elle est inscrite, assure-t-on, à l'ordre du jour des méditations et des enquêtes de M. le ministre de l'instruction publique, et même des élucubrations du Conseil supérieur. Elle est entrée à l'ordre du jour de l'Université et elle va se trouver, dans un bref délai, à celui du suffrage universel convoqué pour les élections au Corps législatif. Elle demeure à l'ordre du jour des assises permanentes de l'opinion publique ; il faut qu'elle n'en sorte plus, ou mieux, qu'elle n'en sorte que victorieuse, et les pétitions au Sénat peuvent hâter ce résultat. »

Ce qui a amorti les haines, calmé les défiances et attiré même la faveur du peuple aux ordres religieux enseignants, c'est surtout qu'à part les congrégations de femmes et de deux ou trois congrégations d'hommes érigées en personnes civiles par les décrets du premier empire ou par les lois de la Restauration, et qui usent d'ailleurs avec une extrême réserve du droit de posséder des biens que ne protége plus

(1) M. DE RIANCEY, *De la Liberté de l'enseignement supérieur.*

le régime absolu de la main-morte, la plupart ne vivent que de liberté et rendent à la société des services gratuits.

Les professeurs universitaires eux-mêmes paraissent ne plus s'opposer à la liberté de l'enseignement supérieur. Cette liberté se concilie parfaitement avec l'autonomie qu'ils réclament pour le corps universitaire. L'organisation despotique de l'Université est depuis longtemps un sujet de plainte pour ses membres les plus actifs, comme son monopole pour les familles et pour l'Eglise. L'état des professeurs est dans la dépendance absolue du ministère de l'instruction publique ; la position des maîtres d'études est précaire et humiliante. L'excès de la centralisation a anéanti toute hiérarchie et est devenu, en l'absence de la main puissante du fondateur, un principe de désordre et d'anarchie intellectuelle et administrative. Du sein de l'Université elle-même s'élève un cri de liberté. « Plus que tout le reste, dit un de ses professeur, l'enseignement supérieur a besoin de liberté, il faut qu'il se sente à l'aise pour être fécond. » Qu'est-ce à dire ? que l'Université doit avoir aussi son autonomie ? nul ne saurait y contredire ; mais en attendant la réalisation pour le corps universitaire, comme pour tous les autres corps, du vœu d'un grand nombre de ses membres, il est urgent de compléter, dans l'intérêt des familles, l'œuvre imparfaitement commencée par la loi de 1850, et d'affranchir l'enseignement supérieur comme tous les autres, d'un monopole dont quelques professeurs universitaires abusent pour enseigner les théories matérialistes.

XXVI. — L'exercice extérieur du culte est un élément trop essentiel de la religion pour que l'autorité spirituelle n'exerce pas sur lui la principale influence ; mais elle doit la partager avec le pouvoir chargé de veiller à l'ordre public que pourraient troubler d'imprudentes manifestations religieuses. De là le principe de la reconnaissance des cultes, ce *qui vive social*, qu'il ne faut pas faire dégénérer en une inquisition des consciences ; de là les règles de police qui, édictées dans l'intérêt de la tranquillité, de la salubrité de l'ordre matériel pour les prières publiques, pour les processions, pour les inhumations et autres matières mixtes où les deux puissances doivent concourir ; de là quelquefois la nécessité des appels comme d'abus devant un tribunal dont la compétence serait acceptée s'il était composé d'éléments mixtes, et si ses attributions, sincèrement limitées aux entreprises de l'autorité ecclésiastique sur le temporel, n'avaient pas été étendues à une foule de cas que leur nature place dans le domaine spirituel, et n'étaient pas devenues un pur instrument de règne par la disposition élastique qui comprend parmi les cas d'appel comme d'abus *tout ce qui peut compromettre l'honneur des citoyens, troubler arbitrairement leurs conscience, et dégénérer contre eux en oppression ou en scandale public.*

Les lois purement temporelles, c'est-à-dire relatives soit aux biens ecclésiastiques à l'égard desquels toutes les immunités, tous les priviléges ont été très-justement supprimés, soit à l'égard des droits politiques du clergé dont les membres égaux devant la loi à tous les autres citoyens, ne possèdent plus qu'un seul privilége que l'Église n'avait pas réclamé, celui d'un banc d'évêques dans le Sénat conservateur. Ces lois ne sont désormais et ne peuvent être régies que par les principes du droit commun.

XXVII. — Tout le bruit qui se fait de nos jours autour de la formule : *l'Église libre dans l'État libre* et du principe des concordats n'a pas, on le voit, autant de raison d'être qu'on le suppose. De deux choses l'une : ou la doctrine des séparatistes doit aboutir à la suppression du budget des cultes, et à une religion nationale séparée de l'Église universelle, et dans ce cas ni un catholique, ni un Français ami de la liberté ne peut adopter une théorie purement révolutionnaire; ou bien il faut entendre par séparation de l'Église et de l'État l'attribution exclusive à l'autorité spirituelle du dogme et de la discipline intérieure de l'Église, à l'autorité civile, celle du temporel du clergé, et à l'Église et au Souverain agissant de concert, soit sous la forme des concordats, soit sous toute autre forme, le réglement des matières mixtes, et dans ce cas on peut facilement arriver, sans secousse et sans trouble, à une solution convenable de questions insolubles quand la passion vient s'y mêler.

L'empire et le sacerdoce, disait l'empereur Justinien dont les paroles s'appliquent à toutes les formes de gouvernement, sont deux bienfaits de la Providence (1) : l'un doit assurer le repos et le bonheur de cette vie (2), l'autre former les enfants de Dieu et les cohéritiers du Christ (3). Que chacun d'eux reste dans sa sphère; que le sacerdoce n'empiète pas sur le domaine temporel; qu'il obéisse, dans tout ce qui tient à l'ordre politique, aux princes et à leurs ministres (4), n'opposant même aux persécutions que la foi et non la force (5); mais que la liberté des croyances, de la discipline et du culte soit garantie contre les attentats

(1) Maxima quidem in hominibus sunt dona Dei a suprema collata clementia, sacerdotium et imperium. — JUSTIN., in constit. Epiph. ad patriarch., novell. 6. — (2) Ut quietam et tranquillam vitam agamus. — *Ad Timoth.* I, cap. II, v. 2. — (3) Si autem filii et hæredes, hæredes quidem Dei, cohæredes autem christi. — *Ad Roman.*, cap. VIII, v. 17. — (4) Subjecti igitur estote omni humanæ creaturæ propter Deum, sive regi, quasi præcellenti, sive ducibus tanquam ab eo missis ad vindictam melefactorum, laudem vero bonorum. — *Epist,* I, SAINT PETRI, cap. II, v. 13 et 14. — (5) Hæc est victoria quæ vincit mundum, fides nostra. — JOAN., cap. V, v. 4.

du pouvoir. « Ce sont là, dit Fleury, des droits essentiels à l'Église, dont elle a joui sous les empereurs païens, et qui ne peuvent lui être ôtés par aucune puissance humaine. »

« Le monde, dit Fénelon, en se soumettant à l'Église, n'a point acquis le droit de l'assujettir; l'Église doit demeurer sous les empereurs chrétiens aussi libre qu'elle l'était sous les empereurs idolâtres et persécuteurs. »

Liberté dans l'enseignement des doctrines religieuses, soit sur la foi, soit sur les mœurs (1) ; liberté dans la réception des vœux spirituels (2), dans l'administration des sacrements (3), dans l'institution des pasteurs et des ministres (4), dans le règlement des instituts religieux ; liberté dans la discipline et dans le culte extérieur, sous les seules restrictions commandées par l'ordre public : tels sont les vrais besoins de l'Église, les vrais soutiens de la religion.

Egalement éloignés, et de la séparation absolue des deux puissances, source de l'athéisme légal, et de leur confusion, source de dissensions et de schismes, n'oublions pas, dit saint Bernard, que Dieu les a établies non pour la *destruction*, mais pour l'édification (5). Qu'elles soient unies

(1) Religionem christianam, fide et moribus constare; dogmatum vero tum fidei, tum morum esse fontem, ac bene vivendi regulam ad ipsum fidei caput pertinere, ecclesia catholica semper intellexit. — *Censure du clergé en 1700.* — (2) Votum est permissio deliberata Deo facta de meliori bono. — (3) Bossuet, e. *Jurieu.* 2e avert.; D'Aguesseau, *Lettre au Parlement de Bordeaux;* ordonnances de 1589, 1610, 1629, 1666 et 1695; — (4) L'Église a droit d'établir des pasteurs et des ministres pour continuer l'œuvre de Dieu jusqu'à la fin des siècles et pour exercer toute cette juridiction, et elle peut les destituer s'il est nécessaire. — *Discours* de M. de Fleury, adopté par M. Gilbert de Voisins, *Réquisit.* du 13 novembre 1730. — (5) Non enim, utriusque institutor, Deus in destructionem ea connexuit, sed in ædificationem. — Saint Bernard, ép. CLXI.

par la liberté, qu'elles se soutiennent naturellement par voie de concert et de correspondance et non par voie de surbordination et de dépendance. C'est de l'alliance volontaire de la tradition et du progrès, de la religion et de la science, de la foi et de la liberté que peut venir le salut social si gravement compromis par les théories matérialistes et par les incessantes alternatives de révolution et de despotisme.

CHAPITRE IV

L'AUTONOMIE DES CORPS MUNICIPAUX

I. — L'organisme municipal est l'ensemble des forces sociales qui concourent, par leur participation aux services publics, à développer la vie commune, et à favoriser le libre exercice des droits naturels des citoyens dans l'administration de leurs affaires locales.

Un publiciste anglais, M. Stuart Mill, dans son livre sur la liberté, et un publiciste italien, M. Martinelli, dans un travail intitulé : *Il governo et la burocrazia,* s'accordent à proposer trois objections capitales contre l'ingérence du gouvernement dans l'administration municipale.

La première, c'est que le stimulant de l'intérêt, qui agit bien plus efficacement sur les individus et sur les associations volontaires que sur les agents du gouvernement, est le meilleur élément de succès des entreprises.

La seconde, c'est l'obstacle invincible qu'oppose à l'éducation pratique des hommes dans les affaires publiques leur habitude de laisser faire par le gouvernement ce qu'ils devraient faire par eux-mêmes.

La troisième, c'est l'immense danger d'accroître sans nécessité le pouvoir du gouvernement.

Le régime parlementaire, lui-même, n'obvierait pas à ce danger, et l'Angleterre, comme le remarque M. Stuart Mill, ne serait libre que de nom si les routes ordinaires, les voies ferrées, les banques, les sociétés d'assurances, les universités et les institutions de bienfaisance étaient dans les mains du gouvernement ; si les institutions municipales et les conseils locaux, avec toutes leurs attributions, se convertissaient en autant de départements de l'administration centrale; si les employés de ces diverses entreprises étaient nommés par le gouvernement et attendaient de lui leur avancement. Plus les choses seraient disposées de manière à ce que les mains et les têtes fussent appropriées au fonctionnement de la machine administrative, plus le mal serait grand. Car, si le gouvernement pouvait attirer à son service les meilleures intelligences du pays, la culture de l'esprit serait concentrée tout entière dans une nombreuse bureaucratie, et le reste de la communauté civile attendrait de cette bureaucratie l'impulsion et la direction des multitudes, et annulerait les hommes d'intelligence et de cœur. L'admission et l'avancement dans la filière bureaucratique deviendraient l'unique objet de l'ambition des citoyens.

Dans les États despotiques, en Russie par exemple, la bureaucratie, cet agent servile du gouvernement le domine lui-même à tel point que s'il veut gouverner sans elle et contre elle, elle peut arrêter sa marche en formant des coalitions qui opposent un *veto* à tous ses ordres.

En France, pays plus libre sans doute, mais où le public attend tout de l'initiative gouvernementale, on s'en prend au gouvernement de tout ce qui arrive de fâcheux, et on est toujours prêt à le punir même des fautes qui lui sont étrangères par des insurrections parisiennes auxquelles les soldats s'associent dès qu'elles deviennent populaires, et devant lesquelles la nation s'incline pour ne pas tomber dans l'anarchie, quelqu'odieux que lui soit le gouvernement improvisé dans la capitale.

Dans un pays tout-à-fait libre, tel que les États-Unis, si un gouvernement tombait, il serait bientôt remplacé par un autre qui pourvoirait aux affaires publiques avec un degré suffisant d'intelligence, d'ordre et de résolution. C'est ainsi que devrait être tout peuple libre, et il serait sûr alors de ne se rendre jamais esclave d'un homme ou d'une réunion d'hommes, qui se serait emparé des rênes de l'administration centrale.

II. — Tel n'est pas le point de vue où se sont placés les auteurs du système administratif contre lequel proteste, depuis près d'un demi-siècle, une opposition que ses dissidences, exploitées par le pouvoir central, ont frappée jusqu'à ce jour d'impuissance. La centralisation administrative dont le joug était déjà si pesant est devenu intolérable depuis que de prétendus décrets de décentralisation ont attribué aux préfets une autocratie qui est aujourd'hui l'instrument le plus redoutable du césarisme.

Lorsque cette idée fut mise au jour sous la Restauration, à l'occasion du projet de loi sur les communes, elle fut repoussée par les vrais décentralisateurs.

« On a imaginé dernièrement, dit M. de Barante dans son livre snr les communes et l'aristocratie, de transporter aux préfets quelques attributions du ministre, pour diminuer, dit-on, la *centralisation*. Ce n'est pas faire autre chose que surveiller moins les agents d'une autorité absolue, c'est suivre la même voie qui avait fait si promptement dégénérer l'institution des intendants. »

Un écrivain spirituel, M. Fiévée, qui publia une série de lettres sur le projet d'organisation municipale présenté aux Chambres par M. Siméon, ministre de l'intérieur, disait aussi :

« C'est une affaire de ménage entre le ministre de l'intérieur et les préfets ; il abandonne à ceux-ci de misérables détails qu'on avait l'habitude de faire parvenir à Paris, et il appelle cela abolir quelques gênes que trop de penchant à la centralisation avait établies... Je ne vois que les commis du ministre qui aient à dire quelque chose sur ce projet, puisque ce sont eux qu'on décentralise en faveur des commis des préfets. »

Le préambule qui tient lieu d'exposé des motifs du décret du 25 mars est ainsi conçu : « Considérant que, depuis la chute de l'Empire, des abus et des exagérations de tout genre avaient dénaturé le principe de notre centralisation administrative, en substituant à l'action prompte des autorités locales les lentes formalités de l'administration centrale ; considérant qu'on peut gouverner de loin, mais qu'on n'administre bien que de près ; qu'en conséquence, autant il importe de centraliser l'action gouvernementale de l'État, autant il est nécessaire de centraliser l'action purement administrative. » L'aveu est presque complet.

L'équivoque du préambule est levée par le décret lui-même qui ne transfère pas aux corps électifs, mais aux préfets, les attributions dont les ministres sont dépouillés, et qui, prévoyant l'inexpérience des bureaux des préfectures, prescrit aux préfets un compte rendu de leurs actes aux ministres compétents, en même temps qu'il ouvre un recours devant ces ministres aux parties intéressées.

Les circulaires ministérielles achèvent de révéler le véritable sens du décret, en exigeant l'envoi aux ministres des copies des arrêtés préfectoraux, et en prescrivant les formules des décisions. « C'est ainsi, dit l'une d'elles, que l'autorité centrale pourra savoir si les préfets ne s'écartent pas des règles tracées, s'ils s'inspirent du véritable esprit des lois administratives, *et s'ils ont partout la fermeté nécessaire pour résister aux influences locales trop disposées à intervenir pour appuyer des intérêts privés... »*

« Monsieur le préfet, dit une autre circulaire, la pensée qui a dicté le décret du 25 mars a été d'attribuer, pour ainsi dire, *une existence plus personnelle au département, en vous donnant plus de liberté dans la gestion des intérêts qui vous sont confiés... Vous aurez désormais une liberté de mouvement, une indépendance de décision, une force d'action personnelle qui vous permettront de relever encore l'ascendant de la position que vous occupez.* » Résistance aux influences locales, accroissement du pouvoir et de la personnalité des préfets, telle est donc, d'après les documents officiels, la double pensée des décrets dits *de décentralisation.*

En transférant le pouvoir du chef de l'État ou de son ministre à un agent d'un ordre inférieur, on a évidemment aggravé le poids de la centralisation, qu'on a rapproché de l'administré dans des conditions infiniment moins assurées, (à cause des passions locales), de haute impartialité et de lumières supérieures. On a d'ailleurs concentré sur la tête d'un seul fonctionnaire des affaires administratives qui se divisaient auparavant entre plusieurs ministères, et, dans chacun d'eux, entre un grand nombre de divisions et de bureaux, peuplés d'hommes rompus aux affaires par une longue et laborieuse pratique, et consacrant tout leur temps à l'étude approfondie des matières qui leur sont spécialement dévolues. Quoi qu'on puisse dire de la nécessité d'accélérer et de simplifier les affaires administratives, on n'a pas pris la bonne voie pour atténuer les abus de la bureaucratie parisienne. C'est aux localités elles-mêmes, et non aux préfets, qu'il fallait rendre le droit d'administrer leurs propres affaires, sauf les recours au chef de l'État, à son conseil et à ses ministres, recours que les garanties offertes aux administrés au premier degré rendraient infiniment plus rares.

Examiner les conséquences des décrets de *décentralisation,* ce serait s'exposer peut-être à des appréciations périlleuses. N'est-il pas permis cependant de signaler, sans manquer de respect aux décisions préfectorales, les nombreux recours portés contre elles, soit devant les ministres, soit devant le conseil d'État, et le succès d'un assez grand nombre d'entre eux? N'est-il pas permis de rappeler que quelques-unes de ces décisions ont été cassées par le motif que, quoique prises sous le voile de l'intérêt public, elles portaient atteinte à des droits particuliers placés hors de la sphère de l'action administrative?

On peut objecter que les abus d'un principe vrai ne prouvent rien contre ce principe. Soit, mais ils font ressortir le vice d'un principe faux. Renfermé dans les limites des attributions gouvernementales, déjà certes assez étendues, un préfet ne court guère le risque d'indisposer les populations qu'il a mission de protéger ; mais s'il s'immisce dans tous les détails de l'administration locale, s'il devient en quelque sorte le maire de toutes les communes de son département, il s'expose à bien des erreurs, assume une grande responsabilité, et se met, contre son gré peut-être, sur la pente des abus de pouvoir. On a vu dans un département du midi un contribuable résistant avec énergie à un préfet qui avait prétendu se substituer à la commune dans tous les marchés et les comptes relatifs à la construction d'une église paroissiale, et faisant casser, par le conseil d'État et la Cour de cassation, plusieurs arrêtés illégaux auxquels le préfet avait été entraîné par un premier empiétement. Après une longue lutte, le préfet s'est avoué vaincu, et a donné l'écharpe de maire à son vaillant agresseur, à titre de dépouilles opimes. Aura-t-il réparé par là le désordre des marchés faits, des comptes réglés incompétemment, des surimpositions illégales? On a vu dans un autre département, un préfet animé d'un zèle excessif pour une société de secours mutuels qui avait accepté le patronage officiel en se faisant ériger en établissement public, attribuer, par un arrêté, à cette société, les fonds d'une société libre qu'il avait dissoute. Les péripéties du long procès entrepris par la société libre pour rentrer dans les fonds dont elle avait été dépouillée, et que le conseil d'État a terminé en cassant l'arrêté illégal et en ordonnant la restitution, témoignent des inconvénients des empiétements des préfets sur les droits des associations comme sur ceux des individus, dans l'intérêt même du pouvoir dont on ne peut ni annuler les actes sans l'amoindrir, ni les maintenir sans violer les lois et l'éternelle justice. L'excès de zèle de fonctionnaires trop disposés, parce qu'ils sont hommes, à abuser d'un grand pouvoir, est un danger pour le Gouvernement, que les populations rendent ordinairement responsable des fautes et des petites passions de ses agents les plus subalternes.

Décentraliser c'est rendre la vie aux communes et aux départements et non pas l'étouffer sous la pression de la bureaucratie préfectorale.

III. — La démocratie socialiste a deux faces moins distinctes qu'on ne le suppose communément, et qui tendent à se confondre : l'une est tournée vers le despotisme, l'autre vers la révolution. Le symbole commun de toutes les sectes socialistes, c'est : la souveraineté du peuple. Mais les uns veulent, à l'exemple des *césariens* de Rome, un *divus imperator*, entre les mains duquel le peuple abdique tous ses pouvoirs en vertu d'une loi calquée sur la fameuse loi *Regia*, et qui, régnant, gouvernant et administrant en vertu de la délégation populaire, devienne l'unique régulateur des intérêts locaux comme des intérêts généraux, l'unique agent du progrès économique, moral, politique. Les autres voient surtout dans la prépondérance de la capitale et du maître qu'elle a seule, selon eux, le droit de donner à la France, *la flamme qui brûle et qui éclaire, le souffle de la révolte, la semence des révolutions contagieuses.* « Toute la monarchie, dit le grand poëte de cette école (1), est dans le badaud de Paris ; toute l'anarchie est dans le gamin. Le gamin exprime Paris, et Paris exprime le monde. » A part l'exagération poétique, la pensée de Victor Hugo est à peu près celle de tous les démocrates socialistes. L'un d'eux, qui a rêvé l'application à l'Italie de la centralisation française, au moment même où la France cherche à s'affranchir de ce joug, M. le professeur Giorgini, gendre du célèbre Manzoni, s'exprime ainsi (2) :

« La France assiste à des changements continuels de gouvernements ; l'émeute les fait à Paris, et le télégraphe dans les provinces. L'idée de résister aux caprices de la capitale ne saurait venir à l'esprit de personne. Mais vaudrait-il mieux qu'un gouvernement proclamé dans la capitale pût être examiné, discuté, mis au vote dans chaque province ? Que serait donc cette liberté des provinces si ce n'est la guerre civile, le démembrement du territoire et l'invasion étrangère ? De quoi se lamentent donc les ennemis de la centralisation ? La France a-t-elle cessé d'exister parce que, dans ces dernières révolutions, ne se rencontre rien qui rappelle la guerre de la Vendée ou le siége de Toulon ? Mais alors comment un pouvoir établi, dès le jour de son installation, traite-t-il d'égal à égal avec les pouvoirs les plus anciens et les plus respectés du monde ? Comment personne ne lui demande-t-il ses titres et sa provenance ? Cette sécurité, ce respect que la France inspire au milieu de ses révolutions, cette unité qui lui a permis de défier toutes les forces du monde coalisées contre elle, qu'aucune révolution n'a pu ébranler, qui a créé en France des gou-

(2) VICTOR HUGO, les *Misérables*, vol. V. — (1) *Della Centralizazione* studio del sign. G.-B. GIORGINI.

vernements fragiles, mais la plus indestructible des nations, est-ce là ce qu'on appelle l'annulation de la France?

« Toutes les révolutions sont l'œuvre des minorités, et c'est toujours la force qui décide de leur issue. Minorité pour minorité, force pour force, il n'y a aucune raison pour réprouver d'une manière spéciale les révolutions de Paris. Un état de choses qui, s'il n'empêche pas les révolutions, circonscrit le champ de la lutte, en abrége la durée, en rend les effets moins étendus et moins désastreux, devrait être au moins considéré comme un immense progrès dans l'art de les faire; et c'est précisément le progrès que la France a fait, grâce à sa capitale. Les secousses sont devenues plus fréquentes; mais, par compensation, elles sont devenues plus courtes, plus douces. Pour qui n'a pas l'esprit troublé par la passion, il suffit de comparer les sacrifices qu'a coûté à la France, par exemple, la guerre de la Ligue avec les journées de juin, pour apprécier à sa juste valeur l'opinion qui voudrait reconstruire les antiques provinces pour faire équilibre et contrepoids à la suprématie de Paris. »

Cette théorie des révolutions faciles à l'aide de la centralisation paraîtra sans doute peu séduisante aux amis de l'ordre, et plus d'un parmi eux implore, comme l'unique préservatif contre de nouvelles secousses, un pouvoir central servi par une armée de six cent mille hommes, et même, selon l'usage des derniers empereurs romains, par des légions étrangères; par une police dont le réseau tienne la nation entière enserrée dans des mailles de fer; par une multitude de fonctionnaires civils égale à celle des soldats et tout aussi fortement hiérarchisés; par un clergé bénissant les ordres, quels qu'ils soient, du pouvoir, comme l'expression de la volonté de Dieu; par des corps judiciaires et politiques, groupés autour du maître, enregistrant toutes ses volontés, obéissant à tous ses caprices et rivalisant de dévouement ; enfin par une presse officielle et officieuse qui, soit sous la forme de l'adhésion, soit sous la forme de l'opposition, fasse que l'opinion publique tourne toujours la voile au vent.

La théorie du despotisme n'est pas neuve ; elle a trouvé dans le livre *Du Prince* un puissant moyen de propagation, mais la science moderne dépasse peut-être Machiavel par l'art qu'elle met à faire servir les formules socialistes aux exigences gouvernementales, démagogiques ou militaires. La démocratie socialiste est l'adversaire le plus redoutable de la liberté ; elle tend à faire prévaloir le droit de la force sur la force du droit, à l'aide de la *raison d'Etat* de Machiavel ou du *salut du peuple* de Jean-Jacques Rousseau.

« Tous les despotismes, dit un membre de l'Université de France (1), se sont fondés en persuadant aux sociétés qu'ils feraient leurs affaires mieux qu'elles-mêmes. Tout peuple a ainsi dans son histoire une heure de tentation, où le séducteur, en lui montrant les biens de la terre, lui dit : Je te donnerai tout, pourvu que tu m'adores. » Malheur aux peuples pour qui cette heure de tentation sonnerait !

La théorie qui fait de l'Etat une Providence parmi les hommes *pour les conduire à la félicité et à la vertu, et pour les contraindre à porter le joug de la félicité publique* (2), est une théorie essentiellement païenne et panthéiste ; elle est aussi antique que les monarchies d'Orient, que les républiques grecques, que l'empire des derniers Césars. Sept siècles avant Jésus-Christ, elle était déjà formulée dans le *Code des Tyrans* de Périandre, qui l'avait empruntée aux institutions de la monarchie persane. En faisant consister la liberté dans l'obéissance absolue à la

____

(1) M. RENAN, livre cité, p. 32. — (2) ROUSSEAU, *Contrat social,* ch. IV et V.

volonté de l'Etat, laquelle, quoique contrainte par la force, n'est que l'expérience de la liberté, l'un des promoteurs de la centralisation moderne a reproduit la pensée des philosophes païens (1), qui disaient qu'un citoyen, avec sa famille et ses propriétés, ne s'appartient pas à lui-même, mais appartient à la république, et a mis l'administration française sur la pente au bas de laquelle est l'administration de la Chine.

« La Chine, est-il dit dans un opuscule récemment publié à Palerme sur la question qui préoccupe en ce moment toute l'Europe (2), la Chine offre à la philosophie de l'histoire le spectacle merveilleusement instructif d'une autre humanité se développant presque sans contact avec celle de l'Europe et de l'Asie occidentale, et poursuivant sa ligne avec une rigueur dont nos civilisations, beaucoup plus compliquées, ne sauraient nous donner l'idée.

« Or, la Chine a effectué, depuis l'antiquité la plus reculée, le type d'une société *rationnelle* fondée sur l'égalité, sur le concours de tous sous une administration éclairée.

« Le Ceù LI, espèce d'almanach impérial du temps des Ceù, douze cents ans avant notre ère, surpasse sous ce rapport tout ce que les Etats modernes les plus bureaucratiques ont tenté.

« L'empereur et les princes feudataires sont réfrénés par les rites et par la censure ; les employés de tout grade sont dans la dépendance hiérarchique, et soumis à un système d'inspection perpétuelle ; le peuple ne peut recevoir d'autre enseignement que celui de l'Etat. Le système entier repose sur une idée unique, celle de l'Etat, chargé seul de pourvoir au bien de tous.

(1) Aristote, *Polit.*, liv. VIII, ch. v. — Platon, *Des Lois*, liv. XI. — (2) *La Centralizazzione à la Libertà*. Saggio da Francisco Perez. Palerme, 1862.

« L'idéal de ceux qui rêvent une règle administrative des esprits a été mis là en action depuis très-longtemps.

« Quel est le résultat de cette organisation en apparence si raisonnable, en réalité si fatale? Un état de décrépitude sans exemple dans l'histoire ; un empire de cent cinquante millions d'âmes attendant que quelques milliers de *barbares* viennent lui apporter des maîtres et des régénérateurs. Ce qui est arrivé dans l'invasion de l'empire romain par les bandes germaniques arrivera en Chine. Tout Etat qui sacrifie les intérêts moraux et la libre initiative des individus au *bien-être,* va contre le but qu'il se propose ; quelques hommes énergiques, venus du dehors ou du dedans suffisent pour bouleverser un pays indifférent à tout, excepté au repos, pour se faire acclamer, et pour fonder ainsi de nouveau la véritable noblesse, celle de la force morale et de la volonté. »

La triste perspective de la civilisation chinoise, qui inspirait à Botta un cri de réprobation contre les *règlements géométriques de l'État,* et à Romagnosi cette pensée *que la souveraineté illimitée du corps social est un monstre moral, un despotisme infini,* n'a peut-être pas été sans quelque influence sur la réaction de l'opinion publique contre la centralisation française, réaction qui ne peut pas tarder à passer dans les faits.

Mais quel principe doit succéder, dans la réforme administrative, à l'omnipotence de l'Etat? Est-ce uniquement le droit de l'individu sous la double forme de la liberté et de l'égalité?

« Défiez-vous, disait aux économistes du dernier siècle le savant collecteur de lois municipales du Languedoc, défiez-vous des exagérations de la liberté et de l'égalité. La liberté de l'homme social consiste dans la soumission aux lois de la société dans laquelle la Providence l'a placé, et dans un respect inaltérable pour les propriétés physiques, civiles et morales de ses frères ; elle consiste, non à faire ce que l'on veut, mais à pouvoir faire ce que l'on doit vouloir, et à n'être point contraint de faire ce que l'on ne doit pas vouloir. »

Ces sages conseils, empruntés à l'*Esprit des Lois* de Montesquieu (1), furent trop dédaignés par l'Assemblée constituante, qui ne comprit pas la corrélation intime des droits de l'homme et de ses devoirs, et qui, en brisant les liens de famille, de profession, de commune, de province, de religion, livra les libertés mal assises qu'elle avait voulu restaurer aux oscillations perpétuelles des coups d'Etat du pouvoir et des insurrections populaires. Qu'est-ce, en effet, qu'une société tellement émiettée par la destruction des liens sociaux, qu'il n'y ait plus en présence que l'individu et l'Etat, avec un pouvoir unique qui les administre? Cet idéal n'a-t-il pas été la condition de l'empire romain dans sa décadence ? n'a-t-il pas été celui de toute société dont la dernière heure était venue? N'est-ce pas la condition que l'histoire et la science nous indiquent comme le prélude nécessaire de l'atonie qui rend les peuples ou esclaves à l'intérieur, ou la proie des invasions? Quelle autre raison que celle-là, s'écrie un publiciste italien, l'esprit élevé de Romagnosi alléguait-il au défaut de sécurité, de stabilité, de justice dans l'union sociale? La base première et fondamentale de toute civilisation vraie et durable ne peut résider, disait-il, que dans les corps moraux dotés d'une large et équitable liberté, investis de toutes les attributions économiques, morales et politiques compatibles avec l'unité de l'organisation et de l'administration publique de l'Etat.

____

(1) Liv. XI, ch. III.

Une multitude égrenée est comme une sable mouvant. Il n'y a de puissance unie, vigoureuse, animée par l'instinct constant de la liberté que dans la personne immortelle d'une corporation (1).

Le respect des libertés individuelles est sans doute le premier devoir d'un gouvernement ; toutefois, c'est dans l'*association* plutôt que dans l'*individu* qu'il faut chercher le contrepoids de la centralisation. Mais quel abus n'a-t-on pas fait, surtout depuis trente-trois ans, du mot *association?* Que de combinaisons artificielles sont écloses du cerveau des Saint-Simon, des Fourrier et de leurs disciples? Le temps a fait justice des utopies, mais a respecté l'idée pratique, réalisable. C'est à cette idée qu'il faut s'attacher pour combattre efficacement l'hydre de la centralisation ; et si quelque chose peut en faire justice, c'est un appel sincère à des mœurs altérées peut-être, mais non corrompues ; c'est un libre essor donné à l'esprit de famille, de corps, de cité, de patrie, de religion, en un mot à l'esprit social, sous la surveillance, mais non sous la direction du gouvernement.

IV. — Examinons quel est le meilleur moyen de favoriser l'expansion de toutes les libertés sans porter atteinte à l'unité, à la force, à l'ascendant du pouvoir central.

Les données de ce vaste problème se trouvent dans l'organisation *municipale*, laquelle comprend d'abord les unités élémentaires générales de la cité et de la nation, c'est-à-dire la commune et les autres corps intermédiaires entre l'individu et l'Etat ; puis les unités élémentaires particulières, c'est-à-dire les associations économiques, intellectuelles, religieuses, charitables. Pour que la commune puisse veiller à la dignité des citoyens, leur inspirer le res-

(1) Romagnosi, *Giurisprudenza teorica.* Parte I, lib. VII, cap. I, n°ˢ 2469, 2479.

pect des lois et l'amour de la patrie, assurer la prospérité de tous et affectionner chacun à l'ordre public, il faut qu'elle ne soit pas continuellement tremblante devant un gouvernement jaloux de décider toutes choses par sa propre information et par son propre caprice. C'est sur une commune réellement libre que doit s'appuyer le régime politique d'un pays libre.

Il est nécessaire d'étendre la liberté des réunions des conseils municipaux que la législation actuelle restreint à de courtes sessions ordinaires et aux sessions extraordinaires autorisées par les préfets. Il faut non rendre leurs séances publiques, ce qui pourrait les transformer en arènes politiques au détriment des affaires locales, mais donner à leurs travaux une publicité suffisante pour les porter à la connaissance de tous les intéressés.

La désuétude de la vie publique, surtout dans les populations rurales, et l'absentéisme ou l'égoïsme des propriétaires fournissent malheureusement aux partisans de l'omnipotence des préfets et des sous-préfets des armes contre la décentralisation administrative dont le principe est accepté et la pratique répudiée. « Il est généralement impossible, écrivait M. de Barante vers la fin de la Restauration, d'établir un contrôle efficace et une délibération réelle dans le sein d'une commune rurale. Ses habitants peuvent bien, sur telle ou telle question particulière qui touche leur intérêt privé, directement et sur l'heure, choisir entre deux avis... Mais on ne trouve pas parmi eux de quoi former un conseil qui soit capable de surveiller la gestion et la conduite du mandataire de l'autorité, de l'administrateur. Les conseils municipaux actuels (1830) sont nommés par le préfet et ne sont ainsi délégués de personne. Mais fussent-ils élus, ce ne serait pas moins une autorité fictive et apparente, composée presque partout d'hommes sans instruction aucune, sans loisir, sans réflexion, ne sachant rien juger, ni prévoir que dans les intérêts personnels les plus palpables. »

Dix-sept ans de pratique de suffrage universel dans les élections locales ont justifié cette opinion qu'on aurait pu auparavant taxer d'exagération. A chaque élection municipale, le parti du maire et le parti contraire s'engagent dans une lutte qui met souvent aux prises la plèbe et les notables du pays. De là des fluctuations incessantes et dès tempêtes dans un verre d'eau. La loi de 1867 a, pour assurer l'influence prépondérante des maires qu'elle a permis d'ailleurs de prendre en dehors des conseils municipaux, établi une différence de durée entre leurs fonctions et celle des conseillers municipaux. Les maires peuvent dans l'intervalle travailler librement la matière électorale. Quelle que soit au surplus l'issue du conflit, le maire, élu ou non, tourne les yeux vers le sous-préfet ou plutôt vers son secrétaire, bureaucrate dont l'immobilité, l'esprit d'ordre matériel et la science des circulaires administratives dispensent d'ouvrir un code; le sous-préfet qui suit sa carrière en commis voyageur, et le maire qui, grâce au maître d'école secrétaire de la mairie, peut sans inconvénient se passer de savoir ni lire, ni écrire. Et c'est là ce qu'on appelle une administration municipale démocratique ! Jamais pareille antinomie n'est apparue dans une législation. L'administrateur de la commune, ce n'est ni le peuple, ni ses délégués, ni le maire, ni même le préfet et le sous-préfet. Combien de préfets n'ont jamais vu les villages qu'ils administrent et dont ils savent à peine les noms ? Seul fonctionnaire responsable, le préfet se décharge sur l'intermédiaire irresponsable justement nommé *sous-préfet* de tous les soins de l'administration, voilà le système *officiel*. La réalité c'est l'omnipotence du secrétaire du sous-préfet.

V. — « Qu'y a-t-il à faire? disent les partisans de la constitution de l'an III : il faut transférer les communes dans le chef-lieu de canton où se feront les élections et où se traiteront toutes les affaires. » C'est ainsi que de prétendus amis de la liberté comprennent l'autonomie communale. Qu'on se rappelle ce qu'à produit à une autre époque cet attentat à l'existence et aux droits immémoriaux des communes; qu'on se figure les effets de l'intervention des demi-savants, des agents d'affaires dans les élections et dans l'administration des cantons. Les socialistes, pour qui le rétablissement de la commune cantonal eserait un acheminement à la réalisation du rêve de la *grande commune*, ont cependant obtenu sur ce point l'assentiment de quelques conservateurs assez bénévoles pour y voir le rétablissement de l'influence des grands propriétaires. Ni l'une ni l'autre de ces illusions ne séduira les esprits jaloux de concilier la tradition et le progrès.

La constitution de l'an VIII qui réagit avec excès contre l'absorption de la commune traditionnelle dans la commune cantonale, eut tort d'annuler le canton. Cette entité administrative dont quelques publicistes ont cru trouver l'origine dans les cités du moyen âge, ainsi que celles des juges de paix dans les *defensores civitotum*, a beaucoup d'analogie avec le comté anglais et a été imité par les législations de l'Autriche et de le Prusse. Le canton est aussi une institution autonome, inhérente aux besoins et aux intérêts des localités, qui existe de temps immémorial dans un grand nombre de nos anciennes provinces. Il faut conserver cette institution conservatrice et libérale, et la développer comme un moyen de remédier, par une sorte de fédération entre les communes voisines, à l'exiguité et à l'indigence des communes, de combiner leur action, de relier leurs ressources, et de multiplier par la puissance d'association les institutions de prévoyance et d'assistance, et les moyens de police; mais il ne faut pas sacrifier au canton l'autonomie communale qui en est en quelque sorte le germe.

VI. — Faut-il, comme le pensent d'autres publicistes, étendre la loi de 1818 à tel point que les plus forts employés de chaque commune, adjoints de plein droit au conseil municipal, puissent participer, avec voix délibérative, non-seulement au vote des impositions extraordinaires, mais au vote du budget ordinaire? Ce radicalisme aristocratique contraire au principe de liberté et d'égalité, serait difficilement accepté. L'antagonisme entre les conseillers de droit et les élus du suffrage universel serait d'ailleurs une occasion perpétuelle de luttes qui se terminerait par la défaite des grands propriétaires, ainsi que cela arriva quand la loi de 1820 attribua un double vote aux membres des grands colléges électoraux. Des assemblées communales, investies d'une autonomie franche et complète et combinées avec des assemblées cantonales procédant librement de leur sein et dotées d'attributions relatives aux intérêts collectifs du canton, deviendraient, sans qu'il fût utile d'en faire, par un budget spécial, de nouvelles machines à battre monnaie, de précieux auxiliaires pour les conseils généraux dont les conseils d'arrondissement ne sont qu'une inutile doublure.

VII. — Le libre organisme municipal ne saurait exister sans le droit des corps municipaux d'élire leurs maires et adjoints, et sans le droit des conseils provinciaux ou départementaux d'élire leurs présidents et secrétaires. Ce droit primordial, comme l'enseignent tous les publicistes, immémorial, comme le démontrent tous les historiens, pratiqué chez tous les peuples libres et même chez ceux qui ne le sont pas, ressuscité en France après une courte défaillance, par les édits d'août 1764 et mai 1765 et par la loi du 22 septembre 1789 ; ce droit a subi depuis la constitution de l'an VIII des atteintes qui ont abouti à sa confiscation totale. C'est une dérision que de dire avec M. le ministre Billault dans sa circulaire du 8 août 1860 que les maires acquièrent par la désignation du pouvoir plus d'*indépendance* qu'ils n'en auraient par le choix des citoyens. On peut en juger par le rôle auquel les maires sont condamnés dans toutes les luttes électorales sous les ordres des préfets dont ils se considèrent comme les agents passifs et les instruments aveugles, abdiquant quelquefois, pour sauver leur écharpe municipale, leur dignité d'hommes et leurs propres convictions religieuses et politiques.

Le projet de loi de l'assemblée législative sur l'administration intérieure (dans son livre Ier concernant les communes, dont le regrettable M. de Vatimesnil était rapporteur), avait innové à la loi du 21 mars 1831, qui attribuait au gouvernement le droit de nommer les maires et les adjoints sous la seule condition de les prendre dans le conseil municipal. En proposant l'élection directe par les conseils municipaux des maires et des adjoints, ce projet de loi s'était conformé aux vrais principes de la matière.

« Toutes les fois, dit avec raison M. Henrion de Pansey, qu'un gouvernement inquiet et jaloux évoque à lui le pouvoir municipal, et l'exerce en administrant les communes par des fonctionnaires de son choix et qu'il révoque à sa volonté, quelque dénomination qu'il donne à ces commissaires, il n'y a plus d'officiers municipaux... et les habitants n'existent plus en communauté. »

Le droit primitif des habitants de chaque cité de nommer ses mandataires municipaux, l'exercice du pouvoir confié à ces mandataires par le suffrage de leurs concitoyens, sont, dit l'historien du droit municipal, M. Raynouard, les deux éléments essentiels qui constituent le droit municipal : la loi positive le règle, l'assure, mais ne le confère pas, C'est lui dont on peut dire : *jus ante omnia jura natum.* Loin de progresser dans cette voie et de rendre aux conseils municipaux le droit absolu que leur refusait la loi de 1831, la loi du 3 mai 1855 a marché en sens contraire ; le maire est nommé par décret impérial sur la présentation du ministre de l'intérieur dans les chefs-lieux de département, d'arrondissement et de canton, et dans les villes qui n'étant pas chefs-lieux ont une population de 3,000 habitants. Dans les autres communes, les maires sont nommés par les préfets.

L'opposition parlementaire a essayé d'obtenir le retour non pas au projet libéral de 1851, mais à la loi doctrinaire de 1831. Le rejet des timides amendements conçus dans ce sens prouve que, dans la pensée du corps législatif, la faculté pour les conseils généraux de nommer leurs présidents est incompatible avec le suffrage universel, et que l'on ne pourrait imposer aux ministres et aux préfets l'obligation de prendre les maires dans les conseils municipaux sans violer un article de la Constitution qu'il faudrait, dit-on, créer s'il n'existait pas, à cause de la prédominance des fonctions politiques des maires sur leurs fonctions administratives. Dieu fasse que la législature de 1869 ait des idées plus saines en matière de droit municipal que n'en a montré, dans la dernière session, le corps législatif soit sur les bancs du gouvernement soit sur ceux de l'opposition !

VIII. — Les attributions réglementaires des corps municipaux, ont aussi besoin d'être réformées dans le sens d'une large et sincère décentralisation.

Les démocrates autoritaires voulant que le peuple souverain manœuvre comme un régiment, considèrent l'unité administrative comme un principe essentiel de la législation moderne, et enseignent que le pouvoir réglementaire n'est qu'une émanation du pouvoir de faire les lois générales.

« Le chef de l'État, disent-ils, est investi de la plénitude du pouvoir réglementaire, et l'exerce, comme délégué du pouvoir législatif, avec le concours du conseil d'État et sur le rapport du ministre que la matière concerne.

« Les préfets, qui représentent l'État dans l'étendue de leurs départements, en vertu de la loi du 28 pluviôse an VIII, y exercent à leur tour, en vertu de la délégation du gouvernement, le pouvoir de faire des réglements généraux, aussi bien que celui de procéder par des dispositions individuelles.

« Enfin les maires, investis, sous l'autorité des préfets, du titre d'agents du gouvernement dans les limites de leurs communes, exercent aussi, à ce titre, le pouvoir réglementaire, et peuvent prendre, en conséquence, des arrêtés municipaux d'un intérêt général, à la charge d'observer les lois, les règlements d'administration publique et même les règlements départementaux. »

Quant aux conseils municipaux en qui devrait surtout résider le pouvoir réglementaire, ils prennent des délibérations dites *réglementaires* qui sont exécutoires par elles-mêmes, et sans qu'aucune approbation soit nécessaire, mais seulement après un certain délai; encore même le préfet a-t-il le droit de les annuler, soit d'office pour violation de la loi, soit sur la réclamation d'une partie intéressée.

Ces maximes contraires aux éléments de la science du droit public ancien et moderne (1), et à l'esprit des lois de

____

(1) Loyseau, *des Ordres et offices*; Bacquet, *Droit d'aubaine*;

l'assemblée constituante, mais consacrées par des lois du consulat et de l'empire qui sont encore en vigueur (1) sont l'une des armes les plus redoutables dont le gouvernement personnel puisse s'armer contre les libertés nationales. Les préfets investis d'un droit qui par sa nature, par la tradition, par les lois des 14 décembre 1789 et 24 août 1790 avait toujours appartenu aux assemblées électives, seront toujours disposés à convertir en instruments de domination le pouvoir réglementaire, soit qu'ils le tiennent dans leurs propres mains, soit qu'ils l'exercent par les maires placés dans la dépendance du pouvoir qui les nomme et les révoque *ad nutum*. Les modifications de détail introduites, sur la demande de quelques maires de grandes villes, dans la police municipale, par la loi du 24 juillet 1867 à la loi du 5 mai 1855, ne tiennent, à vrai dire, qu'à des querelles de ménage entre les divers agents du pouvoir. Il faut chercher plus haut le principe d'une réforme réellement efficace pour les libertés nationales. Il faut rendre aux corps électifs le pouvoir réglementaire dont ils ont été dépouillés au profit des agents du pouvoir, surtout depuis les décrets nommés, sans doute par antinomie, décrets de décentralisation.

Les attributions économiques des corps municipaux doivent être, comme leurs attributions réglementaires, préservées d'une manière efficace contre des abus de pouvoir qui ne tendent à rien moins qu'à livrer la fortune publique à tous les caprices du gouvernement personnel. La gestion économique des biens des communes et des associations publiques formées dans leur sein est réglée par ce double principe, que l'administration de ces biens appartient aux

DELAMARRE, *De la police;* HENRION DE PANSEX, *du Pouvoir municipal,* liv. II, ch. 1er. — (1) Loi du 28 pluv. an VIII, art. 13, et décret du 4 juin 1806, art. 5.

mandataires de la commune, mais que leur aliénation, intéressant la nation tout entière, ne peut être autorisée que par l'assemblée nationale. On s'écarte de ce double principe si l'on transfère au pouvoir central soit le droit des élus de la commune, soit celui des élus de la nation. Dans le premier cas la commune est asservie, dans le second elle peut être ruinée. Qu'on examine de près la tendance des lois actuelles, on y reconnaîtra la coexistence de ces deux périls.

Le budget est l'objet principal des délibérations d'un conseil municipal. Est-ce lui qui le vote? Non, le maire propose son chiffre, le conseil propose le sien, le sous-préfet le sien. Qui décide? Le préfet; c'est lui qui *arrête* le budget.

Qu'est-ce que la prétendue distinction entre les dépenses obligatoires et les dépenses facultatives, en présence des vingt-et-un paragraphes de l'article 30 de la loi du 18 juillet 1837, qui énumèrent les dépenses obligatoires?

Quelles sont les dépenses facultatives que les conseils municipaux peuvent voter ou ne pas voter? L'instruction primaire n'est obligatoire qu'à concurrence de 13 centimes additionnels, mais, de facultative au delà de ce chiffre, on sait bien la rendre obligatoire en démontrant au conseil l'insuffisance de la rétribution scolaire qu'un maire avide de popularité tend à réduire de plus en plus, et en demandant pour l'instituteur un supplément de traitement, sous peine de voir fermer l'école. Il en est de même pour une dépense non moins importante, celle des chemins vicinaux que tout conseiller municipal aurait sans doute le droit de discuter, mais qui, lorsque le maire l'a résolue et proposée avec le concours de l'agent-voyer, dans un intérêt quelquefois particulier plus que général, est aveuglément accepté par le conseil municipal, dès qu'on lui en présente le chiffre dans un budget aligné; et qui si par un scandale inouï le conseil refuse, est fixé d'office par le préfet.

Ce serait un travail fort curieux que le dépouillement des budgets de nos trente-huit mille communes. Croit-on qu'il fût long et difficile? Pas le moins du monde; car jetés tous dans le même moule et uniformément rédigés, et imprimés d'avance, sans autre blanc que ceux des chiffres relatifs à chaque allocation, ils offriraient presque sans exception un prototype invariable de la soumission de chaque conseil aux *invitations* du préfet et du ministre de l'Intérieur. Accord digne d'éloges sans doute, s'il était réel, mais qui, sous des apparences de délibérations et de votes libres, trahit un mécanisme où toutes les volontés du pouvoir, effaçant jusqu'au dernier vestige de l'autonomie communale, deviennent des instruments d'oppression et de spoliation des communes au profit d'intérêts particuliers, servis par des intrigues locales ou des combinaisons politiques en faveur du parti dominant.

Le défaut d'autonomie des communes se manifeste même dans les matières où la liberté des délibérations et du vote paraît lui avoir été plus particulièrement réservée. Les propriétaires ont le droit d'opter, quant aux dépenses des chemins vicinaux, entre les sommes d'argent et les prestations en nature. Qui ne sait les petites manœuvres à l'aide desquelles les agents-voyers peuvent rendre inefficace et illusoire ce droit d'option, et obliger les prestataires de se libérer en argent?

La loi de 1848 exige le concours des plus forts imposés aux votes des centimes additionnels extraordinaires dont la limite légale est de 20 centimes. Que fait-on? On fait voter le principe par le conseil municipal ordinaire, et on invite les plus forts imposés, à quoi? A contrôler? Non, à ratifier le vote. Que dis-je : *on les invite!* il en est ainsi, lorsque cela plaît à M. le maire, mais combien de fois élude-t-on leur intervention importune, surtout si on tient à soustraire à une investigation éclairée des votes de dépenses supérieures au maximum des dépenses extraordinaires autorisées par la loi? L'autonomie municipale des plus forts contribuables est, malgré l'intérêt qu'ils ont à la bonne gestion des finances communales, encore plus dérisoire que celle des élus du suffrage universel.

La loi du 24 juillet 1867 a laissé les conseils municipaux dans l'état de dépendance du pouvoir central où ils étaient auparavant, et a réglé leurs attributions d'une manière trop étroite quant aux actes de pure administration, et trop large, à quelques égards, quant aux aliénations, aux emprunts et aux impôts.

Cette loi étend les attributions administratives des conseils municipaux en leur permettant de régler, par des délibérations affranchies du contrôle du préfet, quand le maire et le conseil municipal sont d'accord :

1° Les acquisitions d'immeubles, lorsque la dépense, totalisée avec celle des autres acquisitions déjà votées dans la même commune, ne dépasse pas le dixième des revenus ordinaires de la commune;

2° Les conditions des baux à loyer des maisons et bâtiments appartenant à la commune, pourvu que la durée du bail ne dépasse pas dix-huit ans;

3° Les projets, plans et devis de grosses réparations et d'entretien, lorsque la dépense totale afférente à ces projets et aux autres projets de la même nature, adoptés dans le même exercice, ne dépasse pas le cinquième des revenus ordinaires de la commune, ni en aucun cas une somme de 50,000 francs;

4° Le tarif des droits de place à percevoir dans les halles, foires et marchés;

5° Les droits à percevoir pour permis de stationnement et de location sur les rues, places et autres lieux dépendant du domaine public communal ;

6° Le tarif des concessions dans les cimetières ;

7° Les assurances des bâtiments communaux ;

8° L'affectation d'une propriété communale à un service communal, lorsque cette propriété n'est encore affectée à aucun service public, sauf les règles prescrites par des lois particulières ;

9° L'acceptation ou le refus de dons ou legs faits à la commune sans charges, conditions ni affectation immobilière, lorsque ces dons et legs ne donnent pas lieu à réclamations.

Ces modifications de détail, quoique insuffisantes, réalisent un progrès partiel, et l'on ne peut qu'y applaudir, ainsi qu'à la disposition qui veut que, lorsque le budget communal pourvoit à toutes les dépenses obligatoires, et n'applique aucune recette extraordinaire aux dépenses soit obligatoires, soit facultatives, les allocations portées audit budget par le conseil municipal pour des dépenses facultatives ne puissent être ni changées ni modifiées par le préfet ou par le décret impérial qui règle le budget.

Mais à côté de ces dispositions relatives à des actes de pure administration, il en est d'autres qui, sous le voile de la décentralisation communale, tendent à livrer aux préfets le droit de disposer des deniers et de l'existence même des communes, ce sont celles qui permettent aux conseils municipaux de voter, *sauf approbation du préfet,* des contributions extraordinaires et des emprunts assez considérables, quoique limités par la loi, pour compromettre, non-seulement leurs propres finances, mais le budget de l'État.

Décentraliser ce n'est pas détruire les garanties de la

fortune publique, et c'est une étrange façon de réaliser l'autonomie des communes, que d'abandonner à des préfets, aidés de conseils locaux élus sous leur direction et présidés par des maires élus par le pouvoir, la libre disposition des deniers des contribuables contemporains et des générations futures.

Ce système, si dangereux pour les finances communales, a reçu son complément dans la loi qui a, selon l'expression du commissaire du gouvernement, centralisé le crédit des communes par l'institution de la caisse dite : *des chemins vicinaux.* Cette loi a d'ailleurs donné aux préfets un nouveau moyen de pousser les communes à des emprunts qu'elles seront induites, par l'administration supérieure, à contracter dans l'espoir de participer aux subventions de l'État devenu, tout débiteur qu'il est, le créditeur universel.

Le droit de propriété a pour limite, dans les corps municipaux dont l'existence se perpétue par la subrogation toujours successive des personnes qui les composent, les droits de l'État et ceux des générations futures. De là leur incapacité d'aliéner d'une manière absolue, et la qualification de *main-morte* énergiquement expressive de cette incapacité.

Les Romains, nos premiers maîtres en droit municipal, voulaient que les biens des cités fussent librement administrés par les mandataires des habitants, mais le droit ancien n'en permettait l'aliénation que sur l'ordre du proconsul et pour payer des créanciers. La loi de l'empereur Léon (3 Code de Vendend. reb. civit.) parle, comme d'une chose récente, de la faculté d'aliéner les biens des cités, et ne l'autorise elle-même que pour juste cause et avec des précautions propres à empêcher toute fraude, toute connivence des magistrats. A Rome, l'autorisation de l'empereur était nécessaire. Dans les provinces, il fallait la présence sinon de tous, au moins de la plus grande partie tant des *curiales* que des *honorés* et des *possesseurs* de la cité à laquelle les biens appartenaient. La vente devait se faire sous le sceau des saintes écritures, après que chacun des assistants avait donné son avis. Le décret d'autorisation se rendait dans la forme des jugements provinciaux, et l'acheteur était obligé de fournir caution. C'est à ces conditions seulement que ces sortes de ventes devenaient stables.

Tous les monuments de notre ancien droit public français des trois derniers siècles font foi de la sollicitude avec laquelle les propriétés collectives étaient sauvegardées par la double intervention des citoyens et de la puissance publique dans les acquisitions, constructions, aliénations, emprunts, procès, transactions, etc., et par les précautions prises contre l'imprévoyance ou les fraudes des magistrats. Assemblées générales des chefs de famille, convoquées par le juge du lieu qui les présidait, et tenues dans un lieu public, *loco majorum*, deux tiers des voix nécessaires pour autoriser les résolutions, nécessité d'homologation de ces délibérations par les cours de justice, lettres-patentes du souverain scellées sans droits ni frais et enregistrées dans les grandes chambres des cours du parlement, tel était l'ensemble des formalités nécessaires à la validité des délibérations, sans qu'il fût besoin de lettres de restitution ou de rescision, et sans que les acquéreurs ou prêteurs pussent exercer aucun recours contre les corps municipaux, sauf à l'exercer contre ceux d'entre les officiers municipaux et autres délibérants qui auraient signé les actes ou les délibérations.

Ce n'était pas seulement l'édit d'août 1764, cité dans les prolégomènes historiques de ce travail, c'était l'ordonnance de 1579, art. 282 et 288 ; c'étaient les édits de Louis XIV de 1667 et de 1683 qui avaient emprunté au droit municipal des Romains ces salutaires restrictions dont l'emploi judicieux est le plus solide fondement des libertés municipales.

Toutes les législations étrangères sont restées fidèles à ces principes, sauf peut-être celle des États-Unis, où chaque commune est une espèce de république indépendante, de même que pris dans son unité chaque État est lui-même indépendant du gouvernement national, exemple unique d'un fédéralisme auquel la dernière crise politique n'attirera pas des imitateurs.

Toutes les législations contemporaines de l'Europe admettent, au contraire, en principe l'intervention de l'autorité administrative supérieure dans tous les actes d'aliénation directe ou indirecte des propriétés collectives.

En Belgique, le conseil communal règle tout ce qui est d'intérêt communal, mais la loi soumet à l'avis de la députation permanente du conseil provincial et à l'approbation du roi les délibérations du conseil municipal qui concernent : 1° les aliénations, transactions, échanges de biens ou droits immobiliers de la commune, les baux emphytéotiques, les emprunts et les constitutions d'hypothèques, le partage des biens immobiliers indivis, à moins que ce partage ne soit ordonné par l'autorité judiciaire ; 2° les péages et droits de passage à établir dans la commune ; 3° les actes de donation et de legs faits à la commune ; 4° les demandes en autorisation d'acquérir des immeubles et droits immobiliers, etc. Seulement l'autorisation de la députation permanente du conseil provincial est suffisante au-dessous d'un certain chiffre fixé par la loi. (Art. 75 et suivants de la loi du 30 mars 1836.)

En Angleterre, les tenanciers qui composent, dans

chaque bourg, avec le maire et les aldermens, le corps municipal chargé des réglements de police, du budget, et en général de l'administration du bourg, ne peuvent plus, depuis le bill de 1825, ni aliéner ni engager les biens communaux sans une autorisation des lords commissaires, à moins qu'il ne s'agisse d'exécution de contrats antérieurs au 5 juin 1835. Ils ne peuvent, sans la même autorisation, consentir des baux de plus de trente et un ans pour les biens ordinaires, et de plus de soixante-quinze ans en matière emphytéotique.

La Cour des sessions formée par la réunion des juges de paix du comité statue sur les réclamations élevées contre les budgets communaux, et en général contre tous les actes qui engagent le fonds communal.

Les paroisses ou communes rurales sont librement administrées par les paroissiens eux-mêmes, sauf les exceptions réglées par les coutumes locales et les statuts, mais au-dessus de cette administration plane, comme puissance régulatrice, l'autorité des juges de paix du comté, soit qu'ils agissent isolément ou deux ensemble, ou dans les réunions trimestrielles appelées *quarter sessions*. Ces magistrats jugent les réclamations contre l'imposition et la répartition des taxes municipales et participent au règlement du budget, au choix des fonctionnaires, et en général à toutes les branches de l'administration où l'intérêt général se trouve mêlé avec les intérêts locaux.

En Prusse, le conseil communal règle seul et souverainement l'administration, la mise en gage, l'amodiation des biens communaux, les actions judiciaires et transactions qui s'y réfèrent ; mais le conseil de régence intervient dans les ventes d'immeubles, les acquisitions, les partages, les impôts et les emprunts. Il en est de même en Westphalie et dans les provinces du Rhin.

En Saxe, le législateur a pris des précautions sévères contre l'accroissement des dettes des communes. Aucune dette nouvelle ne peut être contractée que pour éteindre les dettes anciennes, en cas de nécessité urgente et pour avantage évident. Dans tous les cas, un fonds d'amortissement doit être joint à la création de la dette nouvelle.

En Autriche, toute décision du conseil communal tendant à la vente ou au partage des biens communaux doit être homologuée par la diète provinciale. En cas d'insuffisance des recettes ordinaires, le conseil communal peut décider des impositions; mais lorsque l'augmentation dépasse 10 ou 15 pour 100, elle doit être votée dans une assemblée générale des électeurs, et approuvée par l'assemblée de l'arrondissement du cercle. Lorsqu'elle dépasse 15 pour 100 des impôts directs et 20 pour 100 des indirects, elle doit être sanctionnée par une loi. Le conseil peut voter des emprunts qui n'excèdent pas la moitié du revenu annuel; s'ils l'excèdent, ils doivent être votés par l'assemblée de l'arrondissement, et s'ils dépassent la totalité de ces revenus, ils doivent être autorisés par une loi. (Loi du 17 mars 1849, § 74, 76, 77, 78.)

En Espagne, l'*ayuntamiento* (conseil communal) règle souverainement l'administration des biens communaux, la jouissance des pâturages et autres propriétés communes, la conservation et la réparation des chemins et des ponts vicinaux, et en général les dépenses qui n'excèdent pas 200 réaux dans les communes de moins de 200 habitants, et 2,000 réaux dans les autres. Mais d'une part, le gouverneur de la province peut d'office, ou sur la demande d'une partie intéressée, opposer un *veto* suspensif à ces décisions du conseil communal et les déférer à l'appréciation du gouvernement, après avoir pris l'avis du conseil provincial. D'un autre côté, les décisions du conseil communal sur les acquisitions, les aliénations, les emprunts, sont soumises à l'approbation préalable de l'autorité supérieure.

Ainsi partout, au milieu de diversités de détails, subsiste ce double principe : liberté dans les actes d'administration, soumission dans les actes d'aliénation au contrôle tantôt de l'administration provinciale, tantôt du gouvernement, selon l'importance des actes.

C'est entre ces deux formes de contrôle supérieur que le débat était engagé en France depuis près de deux siècles. Les administrations locales étaient soutenues par les parlements, et les intendants et autres agens du pouvoir central étaient soutenus par le grand conseil. Ni dans l'un ni dans l'autre parti on n'avait imaginé un système d'indépendance absolue des communes, tel qu'il existe aux États-Unis. Il s'agissait de savoir de qui devait ressortir le contrôle des actes d'aliénation, des impôts ou des emprunts souscrits par les communes.

L'idée doublement malheureuse de mettre dans les mains des préfets et non des mandataires élus l'administration des intérêts locaux, et d'affranchir du contrôle de l'autorité supérieure des actes qui excèdent les bornes de l'administration pure, commença à poindre en France en 1849, et l'on put lire dans le *Pays*, devenu depuis journal de l'empire, une série d'articles subversifs du double principe sur lequel repose toute législation municipale, conservatrice et libérale (1).

L'auteur de ces articles accusait de timidité ceux qui, tout en revendiquant la liberté d'administration, voulaient maintenir les digues, si nécessaires sous l'empire du suffrage universel, contre les dilapidations financières des administrateurs des communes. « Eh quoi ! disait-il ; ce grand

(1) Numéros des 21, 26, 29 mars, 24 août 1849.

principe de la décentralisation n'aboutira qu'au déplacement de la tutelle administrative ! Une commune ne pourra
pas faire, sans la permission du département et quelquefois
de l'État, le moindre acte d'aliénation, l'emprunt le plus
nécessaire ! »

A ces aberrations doctrinales, nous opposions, il y a
quinze ans, le danger qui nous paraissait alors le plus im-
minent : l'anarchie administrative et politique qui résulte-
rait pour les communes d'une liberté illimitée de vendre,
d'emprunter, de s'imposer en dehors des prévisions de la
loi ; ce danger peut renaître. Il en existe un autre aujour-
d'hui, sous l'empire du régime de décentralisation, grâce
auquel les préfets ont vu s'étendre leurs attributions administratives et politiques. Le suffrage universel est habilement dirigé, les préfets ont conquis sur les populations
qu'ils administrent un ascendant favorable au maintien de
la paix publique. Applaudissons à ce progrès, mais ne
croyons pas que les abus du pouvoir soient le seul correctif
possible des abus de la liberté. La volonté d'un ou de plusieurs hommes, si puissants, si éclairés, si vertueux qu'on
les suppose, n'aura jamais la valeur d'un principe.

On n'a rien trouvé de mieux pour faire taire les réclamations des deux plus grandes cités de l'empire, Paris et
Lyon, contre l'arbitraire administratif de leurs commissions municipales et de leurs préfets que de soumettre
leurs budgets au contrôle du Corps législatif. Quoi ! la
centralisation parisienne en serait venue, grâce à l'oubli
persistant des principes élémentaires du droit municipal,
à ne trouver d'autre remède à la fausse décentralisation
qui tend peu à peu à mettre les finances communales dans
les mains des préfets que de faire intervenir le Corps législatif dans les actes de pure administration des grandes cités,
en même temps que d'imprudentes lois lui ont retiré, à

l'égard des petites villes et des communes rurales, le contrôle des actes d'aliénation! Ce serait à ne pas y croire, si l'on ne savait qu'une fois sorti de la voie droite, on s'égare de plus en plus jusqu'à ce qu'on soit arrivé à l'abîme où aboutissent nécessairement toutes ces erreurs de doctrine d'où dérivent les grands désordres sociaux.

XI. — L'organisation et les attributions des conseils généraux de département sont encore moins autonomes que celles des conseils municipaux. Il suffit, pour s'en convaincre, de comparer les principales dispositions des lois actuelles avec le projet de loi de l'assemblée législative sur les conseils généraux.

Ce projet dont le regrettable M. de Laboulie fut le rapporteur, ne demandait qu'un *partage* des attributions administratives entre le préfet et le conseil général. Il attaquait les abus, non le principe de la centralisation administrative qui semblait alors plus invulnérable qu'il ne le paraît aujourd'hui. Mais tout en respectant les attributions des préfets, il voulait que les délibérations des conseils généraux fussent libres. Il remontait en conséquence jusqu'aux sources de l'élection des membres de ces conseils ; et dans l'impuissance ou l'on était alors d'organiser au premier degré le suffrage universel à l'aide d'associations librement formées sous le patronage des conseils locaux, le projet appelait à élire les membres des conseils généraux non les électeurs des représentants à l'assemblée nationale, mais les électeurs communaux, afin de restaurer l'édifice, non par le faîte, mais par la base. Le décret du 2 février 1852 et la loi du 3 mai 1855 ont consacré, pour toutes les élections, le vote individuel et direct dans la commune, et la loi nouvelle laisse subsister cet état de choses, auquel on ne remédiera d'une manière efficace qu'en combinant l'organisation du suffrage universel avec l'organisation des communes et des associations librement formées dans leur sein.

La loi nouvelle se distingue du projet de loi de 1851 par des dispositions aussi restrictives, que les premières étaient libérales, de l'indépendance des conseils généraux dans l'accomplissement de leur mandat électif.

Dans le projet de loi de l'assemblée législative, le conseil général élisait son président et son secrétaire; aujourd'hui c'est l'empereur qui les nomme.

Le projet de 1851 maintenait la publicité des séances décrétée par la loi du 3 juillet 1848; cette publicité a été supprimée.

Le conseil d'État proposait, en 1851, deux sessions obligatoires par an, il n'y en a plus qu'une aujourd'hui.

En 1851, on touchait à une innovation importante, à l'établissement de commissions permanentes occupées des diverses branches de l'administration publique dans l'intervalle des sessions. Aujourd'hui la vie politique d'un conseil général, qui légalement ne doit pas durer plus de quinze jours, s'abrége de plus en plus en fait, à tel point qu'un conseil général a pu donner le scandale d'une session de trois jours. L'impatience de ces mandataires officiels des cantons de regagner leurs domiciles a quelque chose de fébrile, et augmente en raison de l'accroissement de leurs attributions, comme si l'on tenait à prouver que ces attributions sont purement nominales et que la gestion réelle des intérêts départementaux est concentrée tout entière dans les bureaux des préfectures.

En ce qui concerne les attributions des conseils généraux, le projet de loi de 1851 était resté fidèle aux principes, en affranchissant les actes d'administration locale des formes compliquées de l'administration centrale, et en évitant avec soin que, par de trop grandes facilités données aux actes d'aliénation, aux impôts et aux emprunts les affaires d'intérêt général pussent être compromises. La loi de 1866 a le double tort de maintenir, d'exagérer même les entraves opposées aux actes de pure administration, et d'affranchir de la tutelle de l'autorité supérieure les aliénations, échanges, baux à long terme, impôts extraordinaires, emprunts et autres actes semblables.

C'est avec raison que la loi a simplifié le mécanisme du budget départemental qui, d'après la loi du 10 mai 1838, avait quatre parties correspondant à des dépenses d'ordre différent ; dépenses *ordinaires*, *facultatives*, *extraordinaires*, *spéciales*. C'est avec raison que la barrière élevée par la législation en vigueur entre les dépenses ordinaires ou obligatoires et les dépenses facultatives est renversée par la loi nouvelle, et que les conseils généraux sont autorisés à appliquer leurs ressources aux parties du service qui en ont besoin, sans être enchaînés par un principe de spécialité rigoureuse des recettes et des dépenses.

Mais cette concession au principe de libre administration est compensée par l'exagération du droit d'initiative laissé aux préfets. Ainsi les routes départementales ne peuvent être déclassées que *sur la proposition du préfet;* ainsi les projets, plans et devis pour la construction, les grosses réparations ou l'entretien des routes départementales, et pour les autres travaux à exécuter sur les fonds départementaux ne peuvent être faits que *sur la proposition du préfet.* Ainsi la désignation des chemins vicinaux d'intérêt commun et des communes qui doivent concourir à leur construction et à leur entretien, ne peut être faite que *sur la proposition du préfet.* Ainsi, dans les actions à intenter ou à soutenir au nom du département, c'est le préfet qui, dans les cas d'urgence, est seul investi du droit d'agir. La part d'administration laissée au conseil général même dans les attributions économiques est, on le voit, très exiguë.

En revanche, et c'est là le vice capital de la loi, les conseils généraux statuent disinitivement sur les acquisitions, aliénations et échanges de propriétés départémentales immobilières ou de rentes sur l'Etat, quand ces propriétés ou rentes ne sont pas affectées à un service public. (Art. 1.)

Les conseils généraux peuvent voter, sur la proposition du préfet, et dans la limite d'un maximum qui sera annuellement fixé par la loi des finances, des centimes extraordinaires d'utilité départementale.

Ils peuvent voter également les emprunts départementaux remboursables dans un délai qui ne pourra excéder douze années, sur ces centimes extraordinaires ou sur les ordinaires. (Art. 2.)

Ainsi les conseils généraux disposent sur la proposition des préfets, et le plus souvent sans y regarder eux mêmes, des finances départementales ; leurs actes ou plutôt leurs adhésions aux projets rédigés par les bureaux ne sont pas circonscrits dans les limites de l'administration, ils s'étendent aux actes d'aliénation directe ou indirecte qui ne leur avaient jamais été permis sans l'assentiment de l'assemblée nationale sous la garde de laquelle est le budget de l'État. Est-ce là un progrès ? Non assurément, car on ne progresse pas en sortant du cercle des vrais principes, c'est, au contraire, un nouvel élément de perturbation dans cette organisation administrative qui a le double inconvénient de gêner l'action légitime des conseils locaux électifs, par les entraves qu'elle oppose à leur autonomie administrative, et de les exciter par les empiétemens qu'elle autorise de leur part sur les droits de l'assemblée nationale, à sacrifier leurs intérêts aux volontés arbitraires du pouvoir central.

L'autonomie des départements est devenue plus illusoire encore que celle des communes. L'influence déjà si faible qu'exerçaient les conseils généraux sur les affaires publiques est aujourd'hui à peu près nulle ; la loi du 18 juillet 1866 a étendu leurs attributions, mais dans quel esprit et dans quel but ? 1° Dans l'*esprit* des décrets de décentralisation et de la maxime : *on peut gouverner de loin, mais on doit administrer de près*. 2° Dans le *but* de faciliter les impôts et les emprunts départementaux par le seul concours des préfets et des conseils généraux, sans l'approbation jusqu'alors nécessaire du gouvernement. C'est avec raison qu'on a rendu définitives *en droit* les décisions des conseils généraux, qui l'étaient déjà *en fait*, sur la gestion des intérêts purement départementaux. Mais la faculté qui leur est attribuée de voter des centimes extraordinaires sur la proposition du préfet et dans les limites du maximum fixé par la loi des finances, et de contracter des emprunts remboursables en douze années sur les centimes extraordinaires et sur les ressources ordinaires violent, sous un faux prétexte de décentralisation, le principe que tout impôt extraordinaire, tout emprunt local pouvant affecter, dans une certaine mesure, le budget de l'État, l'assemblée législative doit être appelée à le contrôler. Les centimes extraordinaires et les emprunts communaux sont soumis à la même règle, et c'est au mépris des principes élémentaires du droit administratif que le contrôle en cette matière a été transféré du pouvoir central aux pouvoirs locaux. Ce que l'exposé des motifs appelle : *indépendance administrative*, tous les publicistes éclairés l'appelleront d'un autre nom. Est-ce bien en effet le conseil général qui, en une session de six jours au plus, peut examiner et résoudre les innombrables questions qui lui sont désormais soumises ? Ce sont les bureaux des préfectures qui font le travail, c'est le préfet assisté des présidents, vice-présidents, secrétaires, vice-secrétaires nommés comme lui par l'empereur qui l'expliquent aux commissions et le font voter au pas de course. Au fond, c'est la volonté toute-puissante du gouvernement qui trône dans les conseils généraux et qui, non contente de disposer d'une manière indirecte des ressources dont il a l'air de leur laisser la disposition, s'approprie sur ces ressources un fonds de quatre millions qui, sous le nom de fonds de secours, est reparti annuellement par un décret impérial rendu en conseil d'État entre tous les départements, sans que cette libéralité, faite avec l'argent d'autrui, soit soumise à d'autre règle qu'à la volonté des distributeurs.

Est-il besoin de faire observer combien nos conseils généraux peuplés de candidats officiels et exclusivement dirigés par des fonctionnaires publics, possèdent peu le libre organisme qui animait ces anciennes assemblées provinciales où les élus des localités discutaient librement leurs affaires et leurs griefs contre les officiers du gouvernement? est-il besoin de dire que la prétendue décentralisation dont les lois et les décrets du second empire ont voulu réaliser le programme, n'a eu d'autre résultat que de substituer à l'action des agents supérieurs du gouvernement celle de ses agents secondaires, et a aggravé, sous des formes en apparence plus libérales, le despotisme administratif de Napoléon Ier?

XII. — L'autonomie des associations intermédiaires entre les communes et l'État ne sera complète et efficace que lorsqu'on aura rémédié à l'exiguïté de ces groupes par la reconstitution de grands centres administratifs.

La division *provinciale*, dût-on s'offusquer de ce mot, est devenue une nécessité administrative et politique à laquelle on cédera tôt ou tard. On ne verra jamais, grâce au ciel, ressusciter ni nos provinces des temps féodaux ni nos trente-deux généralités de l'ancien régime avec leur cortége d'intendance militaire, de justice, police et finances et de leurs nombreux subdélégués ; de fermiers généraux, de greniers à sel, de bureaux de traites et de cours des aides, de parlements, de bailliages, de sénéchaussées, de justices royales et seigneuriales. Toutes ces institutions d'un autre âge sont irrévocablement détruites ; mais, en dépit du désir exprimé en termes énergiques par le rapporteur de la constitution de 1791 *de ne pas laisser subsister dans l'État le germe de l'aristocratie déchue et des priviléges abolis par une division qui, les rappelant sans cesse, aurait pu offrir une tentation de les rétablir*, on n'a pu, quoi qu'on ait fait, anéantir les provinces. Elles vivent dans les souvenirs, dans les traditions nationales, et leurs noms prévalent encore, après soixante-quinze ans, sur ceux des départements créés par l'assemblée constituante.

Est-ce à dire que la circonscription par départements doit-être abolie ? nullement. Cette circonscription est entrée dans les habitudes et est consacrée par le temps. Elle a une étendue convenable ; elle répond à celle de nos anciens diocèses, bailliages, sénéchaussées, vigueries. Si la commune est la première assise de l'édifice social, le département en est la seconde. Les intérêts communaux se groupent autour du clocher. Le presbytère, la mairie, l'école primaire, le pâturage commun, telle est leur modeste sphère. Les intérêts départementaux sont plus étendus. Il s'agit de développer sur une plus grande échelle les voies de communication, d'organiser, de doter, d'entretenir les établissements d'instruction, les hospices d'aliénés, d'orphelins, d'enfants trouvés, il s'agit de répartir les contributions générales, de voter le budget local.

Mais l'exiguïté des départements, leur défaut d'harmonie avec les circonscriptions académiques, judiciaires, ecclésiastiques, militaires, le besoin de créer des boulevards permanents contre les révolutions de Paris, tout concourt à démontrer la nécessité de nouveaux centres administratifs formés de plusieurs départements. Qu'on les appelle provinces, divisions, directions, peu importe ; ce n'est pas au nom, mais à la chose qu'il faut regarder, en respectant toutefois, autant que possible, les traditions et les affinités historiques, ces épouvantails d'autrefois devenus aujourd'hui les meilleurs moyens de reconstituer l'ordre social sur des bases solides et durables.

La Bretagne, la Provence, le Languedoc, toutes les anciennes provinces, divisées en plusieurs départements, n'en sont pas moins chacune une circonscription judiciaire, une division militaire, une province ecclésiastique, un ressort académique. Pourquoi n'en ferait-on pas aussi une circonscription administrative?

Est-ce que les anathèmes du constituant Thouret contre les grands corps de magistrature ont empêché de réorganiser l'ordre judiciaire sur des bases moins étroites que celles des tribunaux de district ou de départements? Est-que dès l'an VIII le premier consul ne comprit pas, malgré les réclamations du tribunat qui craignait la restauration des anciens parlements, la nécessité d'établir au-dessus des siéges inférieurs vingt-neuf tribunaux d'appel, c'est-à-dire à peu près autant qu'il y avait de provinces dans l'ancienne France?

Est-ce que les ressorts académiques ne furent pas, même par les décrets du premier empire, mis en harmonie avec ceux des cours d'appel? Est-ce que l'innovation que la loi du 15 mars 1850 avait introduite dans le régime de l'instruction publique en multipliant les recteurs des académies pour les affaiblir dans leur lutte contre les établissements libres n'a pas été abandonnée après une courte épreuve, à la satisfaction générale, tant elle était peu en harmonie avec les besoins de l'instruction publique !

Est-ce que les nécessités de l'ordre public et de la défense nationale n'ont pas obligé de créer un nombre de divisions militaires à peu près égal à celui des académies et des cours d'appel ?

Est-ce que l'administration de nos richesses forestières n'a pas nécessité autant de conservations que de cours d'appel, d'académies, et de divisions militaires ?

Est-ce qu'en matière de travaux publics il n'a pas fallu créer au-dessus des ingénieurs d'arrondissement et de département des ingénieurs divisionnaires ?

Est-ce qu'un décret du premier empire n'oblige pas les conseils généraux de s'entendre pour l'entretien des routes départementales intéressant plusieurs départements ?

Est-ce que la loi sur les aliénés, prévoyant le cas où un seul département ne saurait suffire à l'entretien d'un établissement public, ne l'oblige pas dans ce cas à traiter avec un établissement public ou privé situé dans un autre département ?

Les anciennes provinces françaises étaient inégales sans doute en étendue, en population, en richesses ; mais comme elles s'étaient spontanément formées par le rapprochement naturel des intérêts similaires, et qu'elles étaient unies par des mœurs, des lois, des coutumes, des traditions identiques, rien n'a pu les effacer totalement de la carte de France.

Chaque province a ses productions spéciales dont l'accroissement et les débouchés sollicitent des centres administratifs où puissent se développer les procédés perfectionnés de l'agriculture, les écoles, les fermes modèles, les colonies agricoles, et s'étudier avec soin, dans de fréquentes sessions et dans des commissions permanentes, les problèmes économiques dont le but est de concilier les deux éléments de prospérité générale : la production et la consommation.

Ni le décret du 26 décembre 1790, ni la loi du 16 septembre 1807, dont l'impuissance est aujourd'hui généralement reconnue, n'ont pu trouver dans les directoires des départements et dans les préfets l'équivalent des moyens d'action dont les administrations provinciales, surtout dans les pays d'États, disposaient avec tant d'esprit de suite et d'intelligence.

Les projets d'endiguement des fleuves et des rivières, repris et abandonnés depuis près de trente ans, ont échoué à diverses reprises, notamment en 1838 et en 1842 contre les obstacles suscités par les intérêts des riverains armés de leur droit d'alluvion, et par l'insuffisance des moyens d'action administratifs concentrés dans les mains des préfets.

La construction de nouveaux canaux d'irrigation, l'organisation de syndicats chargés de conserver ceux qui existent déjà, de les entretenir et d'en repartir les bienfaits, ont été récemment tentées sur quelques points, notamment dans le Finistère, et projetés surtout dans le midi de la France, désolé, dans le pays des eaux (Aquitania), sur les bords de deux grands fleuves, par une sécheresse qui frappe de stérilité le territoire des campagnes, et paralyse l'industrie des villes. Ces entreprises si nécessaires n'ont pas attiré les capitaux, qui se concentrent de plus en plus dans l'agiotage des primes et dans l'exploitation des monopoles réservés aux hauts barons de la finance. On prétend qu'on ne fait affluer dans les caisses parisiennes l'argent des départements que pour le répandre en pluie bienfaisante sur toutes les parties du pays.

Illusion ou mensonge, c'est là un fait démenti par l'évidence des choses; et ce n'est ni du Crédit mobilier, ni du Crédit foncier, ni du Crédit agricole et industriel, ni d'aucune des caisses centrales de la finance parisienne, c'est d'elles-mêmes que les provinces peuvent espérer la création et l'organisation des ressources nécessaires au développement des travaux publics. « En 1780, le Languedoc devait cinquante millions aux Suisses, aux Génois et aux Anglais; et pendant que les rentes sur l'Etat perdaient 30 0[0, ces créances étaient au pair. Singulier effet du crédit et de la bonne foi garantie par les institutions et par l'intervention des hommes dans leurs intérêts (1). »

« C'est surtout en matière de desséchement de marais, de rectification du lit des cours d'eau et d'assainissement, dit un ancien préfet, que se fait sentir le besoin de centres d'administration plus vastes que les départements. Un département ne forme pas à lui seul une contrée entière : il n'en est souvent qu'une fraction arbitrairement déterminée. La plupart des provinces, au contraire, formaient un ensemble complet, un bassin où tout se trouve en équilibre, ayant ses rampes et ses pentes naturelles, où l'homme a peu d'efforts à faire, je ne dirai pas pour perfectionner, ce serait une impiété, mais pour rectifier la nature. Eh bien ! ce sont ces ensembles qu'il s'agit de reconstituer, afin de demander à chacun ce que leurs fractions ne peuvent offrir, c'est-à-dire ces facilités d'amélioration que notre époque réclame et qu'elle est en droit d'obtenir. »

Des besoins financiers de jour en jour plus imminents peuvent nécessiter l'aliénation des forêts de l'Etat, et, comme compensation de nos richesses forestières, le reboisement et le regazonnement des montagnes dénudées par les dévastations révolutionnaires et déchirées par des

—————

(1) DE LABORDE, *Essai sur l'esprit d'association.*

ravins d'où s'échappent les torrents dévastateurs de nos plaines. Les essais tentés sur quelques points en vertu de la loi de 1855 n'ont produit jusqu'à ce jour que des résultats imperceptibles, à cause de l'exiguïté des moyens dont disposent les préfets et les administrations forestières. Qu'au lieu de quelques rares agents de l'administration centrale, les populations soient mises à l'œuvre sur une échelle proportionnée à la grandeur de l'entreprise, et l'on verra bientôt les cimes incultes du territoire se couvrir de bois résineux et rappeler dans des contrées appauvries et abandonnées les populations rurales qui en descendent aujourd'hui pour aller grossir dans les grandes villes les bandes d'ouvriers nomades qui s'y accumulent au détriment de l'agriculture, des mœurs et souvent de la paix publique.

La voirie par terre, par chemins de fer et par eau appelle aussi le secours des administrations provinciales. Les routes nationales de France avaient au commencement du siècle une étendue de 31,814 kilomètres, qui s'est accrue depuis de 5 à 6,000 kilomètres. Il y a en outre aujourd'hui 45,000 kilomètres environ de routes départementales, 75,000 kilomètres de chemins vicinaux de grande communication, 500,000 kilomètres de chemins vicinaux ordinaires et environ 10,000 kilomètres de chemins de fer. Les grandes lignes ont enrichi les spéculateurs et les constructeurs favorisés par des concessions avantageuses et par des tarifs élevés. Tous les esprits sont tournés vers les chemins de fer secondaires, dont quelques-uns ont été imposés aux compagnies concessionnaires intéressées à en ajourner indéfiniment l'exécution, et dont la plupart ne peuvent être entrepris qu'avec le concours des administrations locales. Est-ce au conseils municipaux de nos simulacres de communes, est-ce à des conseils généraux qui s'assemblent huit jours par an pour mettre du sable sur les écritures des préfets et des ingénieurs qu'on demandera d'imprimer l'impulsion à ces grands travaux? On a reconnu l'impuissance de l'un et de l'autre de ces moteurs, et tout préoccupé de ce système de préfectures, si malheureusement emprunté au régime municipal des Césars romains, on a créé, avec le titre de *préfets centralisateurs*, des fonctionnaires chargés de réunir, dans une direction uniforme, toutes les affaires relatives à ces sortes de chemins. Vains efforts! des fonctionnaires étrangers aux localités et qui ne jouissent pas, grâce au ciel, du droit indéfini d'établir des impositions d'office ne pourront jamais suppléer à des assemblées de contribuables intéressés à la fois à activer les travaux utiles et à ménager leurs propres deniers. Qu'on rentre dans l'esprit du décret de 1811 qui a classé, selon l'étendue de leur parcours, les diverses espèces de routes, en procédant de même à l'égard des chemins de fer; qu'on crée en conséquence dans les provinces reconstituées et dotées d'administrations librement élues et gérant librement, sous la surveillance de l'État, les routes provinciales, les chemins de fer provinciaux et vicinaux, et l'on verra si l'argent et si les prestations en nature, de plus en plus populaires à mesure que s'éloignera le souvenir des corvées féodales, manqueront aux travaux d'une utilité vraiment générale. On verra si nos ingénieurs des ponts et chaussées perdront quelque chose de leur science et de leur influence à leur contact immédiat et journalier avec l'élite des populations qui ne leur rendent pas aujourd'hui toute la justice qui leur est due, parce qu'elles ne les connaissent pas.

On est entré par les lois du 10 juin 1824 et du 21 mai 1836, sur les chemins de petite et de grande vicinalité, dans des voies de décentralisation qu'il faut suivre pour les chemins de fer, sous peine de mécontenter et de ruiner, peut-être, un grand nombre de localités déshéritées par le système en vigueur de toute participation aux bienfaits du progrès dont elles subissent les charges.

Que dirai-je des canaux de navigation placés par la concurrence des chemins de fer entre une exploitation ruineuse et un rachat par l'État, qui devient de plus en plus difficile? N'oublions pas que c'est aux États du Languedoc qu'on doit le canal du midi, et aux élus de Bourgogne le canal du centre.

Aux plaintes que suscite l'accroissement incessant d'un budget qui a doublé en trente-cinq ans, on ne manque jamais d'opposer que le quart du chiffre total provient des dépenses locales. On pourrait ajouter que, grâce à l'extension des travaux publics, les communes et les départements vont être fatalement entraînés à des impôts excessifs et à des emprunts ruineux. Cette progression fatale, qui peut devenir désastreuse, ne sera certainement arrêtée ni par les conseils municipaux, ni par les conseils généraux, avides à la fois des faveurs du peuple qui les élit et du pouvoir qui les protége. Il n'y a de contre-poids possible à la progression des dépenses que dans un système d'administration fondé sur le concours proportionnel de tous les intéressés à la gestion de la chose publique, et servi par des corps qui rattachent la commune à l'État par le double lien de la solidarité et de la hiérarchie.

Les avantages administratifs de la division provinciale sont incontestables, peut-être même incontestés. Mais c'est au côté politique du problème que s'attaquent les principales objections. On craint que l'esprit public ne se déplace. On veut, sous prétexte de protéger contre des périls imaginaires l'unité territoriale et politique de la France, éviter l'opposition des assemblées provinciales, et paralyser celle des conseils départementaux par la puissance supérieure des grandes préfectures et des grands commandements militaires. Je ne m'attacherai pas à réfuter ces objections. Je me bornerai à faire observer que de ce dernier point de vue, quelque extension qu'on donne aux attributions des conseils généraux, l'entreprise *d'affranchissement* sera vaine et illusoire, si au lieu de grouper les forces nées de l'élection dans des centres administratifs qui se soutiennent les uns les autres, et qui fassent de chaque province une grande famille unie par la participation aux mêmes avantages et par la contribution aux mêmes charges, on se borne à grouper ensemble les départements à l'aide d'une hiérarchie de fonctionnaires civils et militaires nommés et révocables *ad nutum* par le gouvernement.

« Eh quoi ! nous disent les partisans exclusifs des libertés parlementaires, vous rêvez les provinces ! Mais qu'est-il besoin de ce rouage vermoulu dans une organisation politique où la nation tout entière, réunie dans l'assemblée souveraine des élus du suffrage universel, peut non-seulement légiférer, mais administrer ? » On oublie en raisonnant ainsi le principe salutaire de la division des pouvoirs, et le danger d'ajouter à l'immixtion des ministres et de leurs subordonnés, dans l'administration du pays, celle de députés chargés d'une mission purement politique, et qui ne pourraient en franchir les bornes sans compromettre tout à la fois les intérêts locaux et les intérêts généraux.

Déjà sous l'empire du suffrage restreint à un certain nombre de censitaires, les députés exerçaient une influence fâcheuse sur l'administration des communes et des départements. Leurs exigences, croissant en raison directe de la docilité de leurs votes, contribuaient, en subordonnant aux nécessités de leur réélection l'action administrative des préfets qu'ils dominaient, à aggraver les inconvénients de la centralisation. Ce danger peut s'accroître sous l'empire du suffrage universel dont les aspirations au socialisme fiscal s'accentuent d'autant plus que l'expérience lui révèle davantage le secret de son immense puissance.

XIII. — Dans un état posé sur sa base, c'est-à-dire en pleine possession de ses libertés locales comme la Suisse, les États-Unis, le suffrage universel, sans être infaillible et impeccable, peut devenir néanmoins la source de fécondes améliorations. L'élément conservateur, représenté par les aristocraties locales qui sortent par l'élection des entrailles mêmes du peuple, s'y combine avec l'élément de progrès des assemblées politiques élues directement par le suffrage universel, et lui sert en quelque sorte de lest. Entre les classes qui possèdent et les classes déshéritées s'établit un lien de patronage qui ne permet à aucune d'elles d'exploiter et d'opprimer les autres; chacune d'elles concourt dans une mesure équitable, à l'utilité de tous, et la société n'est pas une arène où les passions se livrent bataille et concourent à une œuvre de destruction, mais une réunion de familles qui travaillent en paix et liberté au bien commun et au progrès de la civilisation générale.

L'un des plus grands avantages de cette combinaison politique, c'est de mettre un frein à ces théories abstraites et décevantes dont chaque révolution se fait un moyen de conquérir la faveur du peuple et qui n'aboutissent presque jamais à accroître son bien-être et sa liberté.

La stabilité des populations, le repeuplement des campagnes, l'encouragement de l'agriculture par la protection équitable de ses produits, la libre association et le syndicat dans les villes des patrons et des ouvriers, la liberté de l'industrie et du commerce tempérée par la surveillance des magistrats municipaux et par un système de droits protecteurs dans les relations extérieures, voilà les vraies conditions d'une bonne administration locale. Toute réforme, qui même sans atteindre le but tendra vers lui, est digne des sympathies publiques, toute réforme qui en éloigne doit être énergiquement repoussée.

En économie sociale comme en administration, les théories excessives sont dangereuses. *Est modus in rebus*, disait Forbonnois aux économistes de son temps ; les émules de Turgot n'ont plus aujourd'hui personne qui les arrête dans ces voies de liberté illimitée au bout desquelles on risque de rencontrer le double abîme de la misère et du despotisme. Les théories administratives commencent à suivre le torrent des théories économiques. On sort des voies étroites du despotisme du premier empire par l'abolition successive de toutes les entraves qui ne paraissent pas de nature à gêner l'action politique du pouvoir central. « Que vous importe, nous dit-on, ces libertés politiques, ce foyer des révolutions? Que vous importe même le droit d'élire vos maires et de gérer vos intérêts locaux, si nous vous donnons dans la sphère économique le libre échange, les institutions de crédit, l'exercice non contrôlé des professions industrielles, les sociétés de commerce affranchies de la surveillance du conseil d'État, la libre stipulation de l'intérêt de l'argent, l'abolition de la contrainte par corps, et dans la sphère administrative la faculté pour les communes et pour les départements de seconder par de bons impôts et de faciles emprunts le zèle de vos préfets pour la prospérité des masses? Enrichissez-vous et ne songez plus à ce fantôme de liberté qui n'est que le spectre rouge. »

Malo periculosam libertatem quam quietum servitium, répondrait un républicain farouche. Les mœurs générales ne sont pas montées, il faut bien le reconnaître, à ce diapason politique. Ce qu'on veut, c'est jouir en repos de ce que les tours de roue si rapides de la fortune nous ont donné ou laissé depuis quelques années, où les spéculations de la Bourse ont fait tant de ruines inaperçues et de fortunes éblouissantes; mais il faut désirer le repos avec ses conditions nécessaires. Or, quelles sont ces conditions? Est-ce la fièvre de locomotion qui, grâce au développement immodéré des travaux publics, dépeuple et stérilise nos champs, et peuple nos grandes villes de masses d'ouvriers nomades? est-ce, entre autres libertés plus ou moins sujettes à caution, cette liberté des coalitions qui tend à transformer en une arène permanente le champ paisible de l'industrie? Est-ce la liberté des préfets, comme le disait M. Thiers au Corps législatif, d'imposer et d'endetter les communes, les départements à l'aide des votes des conseils élus sous leur patronage, mais, sans la surveillance de l'autorité supérieure?

Quittons les voies vertigineuses de ce prétendu progrès qui ne peut nous entraîner qu'aux abîmes, rentrons dans les principes traditionnels, rétablissons sur sa base la pyramide sociale, convaincus que l'unité religieuse et l'unité nationale, ce double objectif des hommes de foi et de liberté, ne peuvent se lier soit entre elles, soit avec les libertés variées dont se compose l'ordre social, que par le respect égal de tous les droits naturels, de toutes les libertés nécessaires. Cherchons, non dans le despotisme militaire ou démagogique, mais dans les autonomies combinées de l'individu, de la famille, de la cité, de l'église et de la nation, les moyens de nous rapprocher de l'idéal de justice et de concorde, sans lequel il ne peut exister ni stabilité ni progrès, et d'où les théories des sophistes et les révolutions qui en naissent nous éloignent de plus en plus.

La perfection n'appartient pas aux choses humaines, et

il n'est pas facile de trouver le terme moyen entre les deux théories, dont l'une exagère le principe des autonomies locales, et l'autre le double principe de l'unité nationale et de la centralisation du pouvoir. L'histoire et la science politique, sincèrement interrogées, peuvent seules nous mettre sur la voie qui conduit au but.

Lorsqu'au moyen âge les ténèbres de la discorde et de l'abaissement moral s'étendirent sur l'Europe, toutes les institutions dont se compose et dont vit l'État tombèrent ou s'affaiblirent. Tous les liens du corps politique furent brisés, la cité retournant à ses éléments primitifs se décomposa en petites associations qui, oublieuses ou ennemies de la grande société, furent envahies par un esprit exagéré d'autonomie. Les diverses provinces dont aucune ne fut exempte de l'immense révolution s'organisèrent diversement : les fiefs et plus tard les districts en Angleterre ; les fiefs en Allemagne et en France ; les clans et les tribus en Ecosse, en Irlande, en Scandinavie et dans la petite Russie ; les patriciats dans les pays slaves de l'Orient, les municipes en Italie et en Espagne ; une foule d'autres unités secondaires et accessoires se formèrent dans chaque pays, sous l'empire d'une cause commune d'individualisme qui détruisit peu à peu le lien national et politique.

Toutes ces petites associations revêtirent des formes et produisirent des effets divers selon leurs côtés caractéristiques et leurs contingences. Le baron français, le magnat polonais, le chef écossais et la commune italienne furent également désireux de l'indépendance, avides de domination et rebelles à l'autorité centrale. Tous contribuèrent aux guerres civiles et aux misérables et inexcusables violences de leur temps, et laissèrent à la postérité, dans des mesures diverses, un odieux héritage de haines et de douloureux souvenirs.

L'excessive concentration du pouvoir, dans les temps modernes, n'a pas été moins funeste, car, en exagérant jusqu'au socialisme et au communisme la prépondérance du pouvoir de l'Etat sur toutes les libertés naturelles, elle a placé les nations qui l'ont introduite dans leur droit public sur une pente qui peut les conduire à la servitude asiatique ou aux révolutions incessantes des Etats de l'Amérique du Sud.

Tâchons de découvrir entre les deux théories extrêmes, dont l'une aboutit au despotisme, et l'autre à l'anarchie, la vérité politique, cette réalité fugitive et presqu'insaisissable ; et n'oublions pas qu'elle n'appartient ni aux prétendus hommes de progrès contempteurs de la tradition et des enseignements de l'histoire, ni aux sophistes dont les théories matérialistes dépravent les intelligences et les mœurs publiques et privées, et qui tendent, contre leur volonté, à faire de la nation franque un peuple d'esclaves, en proie à l'esprit de révolution.

« Si nous sommes amenés, disait récemment M. Disraëli, à subir une révolution, nous devrons nous proposer et avoir en vue l'idée d'une monarchie libre, établie sur des lois fondamentales, étant elles-mêmes le sommet d'une vaste pyramide de *gouvernement municipal et local*, et gouvernant un peuple éclairé qui serait représenté par une presse libre et intelligente. »

Le rêve du ministre anglais, c'est le gouvernement représentatif de la France, tel qu'avaient voulu le réaliser les cahiers des bailliages en 1789. Entre l'Angleterre et la France, il n'y a qu'une différence, le but que les Anglais ne peuvent atteindre que par une révolution nous pouvons l'atteindre nous-mêmes en terminant notre révolution par un retour pacifique à nos institutions nationales. « *La Révolution*, a dit un écrivain éminent, *finira par la liberté.*

CHAPITRE V

L'AUTONOMIE DES GRANDS CORPS DE L'ÉTAT.

I. — Des amis trop ardents du gouvernement impérial en cherchent les éléments, non dans la souveraineté nationale et dans l'autonomie des grands corps politiques qui émanent d'elle, mais dans le pouvoir souverain d'un seul sur les droits de tous. Plusieurs d'entre eux invoquent, de différents points de vue, le régime plébiscitaire qui, sous une apparence de liberté exagérée, ne pourrait aboutir qu'à fonder en faveur de la dynastie nouvelle une quasi-dictature héréditaire. Le césarisme romain, tel est leur modèle et leur idéal.

Le dernier président du Sénat, M. Troplong, nous montrait, il y a déjà quinze ans, l'avénement de l'empire à Rome consacrant le triomphe du peuple souverain sur les priviléges injustes et tyranniques du patriciat, terminant les discordes civiles et inaugurant un gouvernement un et fort (1).

« C'est de cette époque, dit un sénateur (2) dans un livre antérieur au second empire mais empreint de son esprit, que paraît dans le monde l'administration régulière et savante. Les principes succèdent alors à l'arbitraire illimité, et des lois véritables, fondées sur l'intelligence des besoins publics et de l'équité, viennent remplacer, dans la gestion des affaires provinciales, les expédients d'un gouvernement de conquête et de spoliation. Le progrès de l'unité administrative suit le progrès de l'unité politique, et l'on voit s'organiser, pièce à pièce, dans des conditions toutes nou-

(1) *Revue Contemporaine*, juillet et août, 1855. — (2) M. AMÉDÉE THIERRY, *Revue de législation*, septembre 1843, p. 701.

velles pour l'humanité, la centralisation, la plus habile peut-être, mais certainement la plus vaste qui fût jamais.

Un magistrat qui a prétendu faire de l'ère des Césars le modèle de l'ère moderne s'est attaché (1) à défendre la politique des premiers empereurs romains contre *la coalition d'inimitiés* qui les a, dit-il, *calomniés auprès de la postérité.*

Enfin un ancien professeur d'histoire vient de publier, sous le voile de l'anonyme et sous ce titre : *Le Souverain*, des considérations scientifiques sur l'origine, la nature, les fonctions, les prérogatives de la souveraineté, et sur les droits réciproques des souverains et des peuples, où revit l'esprit de la législation du Bas-Empire.

Les théories césariennes sont à la fois un défi jeté à notre histoire nationale où le principe de l'autonomie éclate à toutes les pages soit comme fait accompli, soit comme protestation, et aux principes fondamentaux des sociétés humaines parmi lesquels celui de la souveraineté nationale est inscrit au premier rang.

II. — Certains partisans du césarisme confondent à tort la souveraineté nationale avec la souveraineté du peuple, dont le *Léviathan* de Hobbes et le *Contrat social* de Rousseau ont précisé les caractères.

La souveraineté nationale est le droit de toute société politique de pourvoir elle-même à sa propre conservation, par le libre exercice des facultés naturelles de tous ses membres et par le concours de ses pouvoirs réguliers. Qu'y a-t-il de commun entre cette souveraineté protectrice des droits de la famille, de la propriété, de la religion, qui met sous l'égide des lois émanées des représentants de la nation et confiées à la garde du pouvoir exécutif, la liberté et les autres droits naturels des citoyens ; qu'y a-t-il de

(1) *Tacite et son siècle,* par M. Dubois Duchan, t. I, p. 426.

commun entre cette souveraineté de la justice et de la raison qui est d'origine divine, et la souveraineté du peuple, absolue, illimitée, infaillible, impeccable, supérieure à la justice et à la raison que préconise Jean-Jacques Rousseau ?...

III. — C'est une vérité à la fois religieuse et politique que Dieu, suprême auteur et ordonnateur des sociétés, n'a investi du pouvoir souverain ni une personne, ni un corps particulier, mais tout le peuple réuni en communauté parfaite. La doctrine catholique est en parfaite harmonie sur ce point fondamental avec l'art. 3 de la Déclaration des droits de l'homme et du citoyen de 1789 qui dispose : « Le principe de toute souveraineté réside essentielle- « ment dans la nation ; nul corps, nul individu ne peut « exercer d'autorité qui n'en émane expressément. »

« La nation, disent au contraire les publicistes césa- « riens (1), n'est pas maîtresse du prince institué en vertu « de ses plébiscites, quoiqu'elle lui ait originairement « transmis le pouvoir. La puissance du peuple n'a été « que transitoire et pour cette seule action, qui l'a ab- « sorbée tout entière, et il reste, comme auparavant, sans « aucun droit de commander, mais soumis au maître « qu'il s'est donné, ou plutôt que Dieu lui a donné, par « suite de son propre choix ; et cette soumission devient « alors pour lui un grand devoir, selon ce commandement « de Dieu dans la sainte Écriture : *que tout âme soit obéis- « sante aux puissances supérieures.* L'origine du pouvoir, « quelque soit le mode qui le constitue, est divine. C'est « par moi que les rois règnent, et que les législateurs ren- « dent les lois, dit la Sagesse éternelle ; par moi Sei- « gneur, sont établis les princes, les puissances et tous les « juges de la terre. »

(1) *Le Souverain,* liv. 1er, chap. III, art 3, p. 5.

Cette théorie de l'inamovibilité absolue du pouvoir suprême délégué par les plébiscites n'est exacte ni au point de vue du droit constitutionnel, ni au point de vue du droit chrétien.

IV. — Nos constitutions politiques, y compris la constitution impériale de 1852, ne permettent pas d'assimiler la souveraineté nationale à ces divinités de la fable qui ne descendaient un instant sur la terre que pour remonter vers le ciel et pour y rester inaccessibles aux yeux des mortels. On a beau évoquer cette fameuse loi *Regia* par laquelle le peuple romain aurait investi l'empereur Auguste du droit de disposer de lui comme de sa chose. On a fait depuis longtemps justice de cette loi, même au point de vue historique. Ce n'est pas en France qu'on verra se réaliser le rêve de Hobbes si promptement dissipé par l'énergie du peuple anglais. La nation française a pu subir des coups d'État comme des moyens ou des prétextes de la préserver de l'anarchie. Elle a pu, soit par ses suffrages, soit par son consentement tacite, investir un prétendu sauveur d'une dictature temporaire, mais l'histoire de tous les temps atteste que, lorsque, le péril passé, elle s'est crue menacée par un gouvernement infidèle à sa mission originaire et cherchant à la leurrer par les artifices politiques d'un pouvoir absolu déguisé sous des formes libérales, elle a senti se réveiller tous ses instincts de dignité et d'indépendance et s'est ressouvenue de son droit de souveraineté inaliénable et imprescriptible.

V. — La théorie du césarisme n'est pas plus chrétienne que nationale. Sans doute l'origine du pouvoir suprême est divine, car tout ce qui est de droit naturel vient de Dieu auteur de la nature. Le pouvoir politique du chef de l'État est de droit naturel, puisqu'il est indispensable à la conservation de l'État ; donc ce pouvoir vient de Dieu.

C'est le droit commun de toutes les sociétés politiques (1)
Mais, est-ce à dire qu'il faille chercher la volonté de Dieu,
non dans le droit, mais dans le succès?

Dante et Machiavel, héritier de ses doctrines, avaient
professé cette théorie fataliste (2). « Le simple fait, leur
répond Balmès, au nom de la religion, de l'histoire et de la
politique, le simple fait ne crée le droit ni dans l'ordre
privé, ni dans l'ordre public. Le droit a son essence propre,
indépendante des lieux, des temps et de la fortune (3). Le
droit, dit le législateur romain (4), est la science du juste
et de l'injuste, des choses divines et humaines.

Que le droit divin soit l'unique source de toute vérité,
de toute justice, de toute puissance, les chrétiens ne nient
pas plus cette vérité, que les jurisconsultes païens ne l'a-
vaient niée. Mais ils ne sauraient y trouver la justification
du césarisme du Bas-Empire appliqué aux sociétés politiques du XIXᵉ siècle. Est-ce que la maxime de Lactance
nil tam liberum quam religio, peut s'accommoder des pratiques du despotisme bysantin? Est-ce que la distinction
des deux puissances, consacrée par la parole divine : *Ren-
dez à César ce qui appartient à César et à Dieu ce qui appartient à Dieu,* peut trouver son commentaire politique
dans la législation hébraïque qui considérait comme sacro-
saint le roi dont la majesté avait reçu l'onction sacrée, et
qui confondait à tel point le spirituel et le temporel que le
roi David put, au rapport de Josèphe, changer l'ordre des
sacrifices que Moïse avait établi, et instituer de nouvelles

(1) Omnia quæ sunt de jure naturæ sunt a Deo ut auctore naturæ. Ergo principatus est a Deo ut auctore naturæ. SUAREZ, *Defensio fidei,* lib. III. — (2) Il diritto (jus) no e altro che il volere di
Dio, identico con cio c'he voluto di Dio, DANTE, *Della monarchia,*
lib. II, cap. II, p. 56. — (3) *Le protestantisme comparé au catholicisme.* — (4) Jurisprudentia est justi et injusti scientia, divina-
rum et humanarum notitia (ULPIEN).

familles de lévites, et que le sanhédrin, composé de prêtres et de lévites s'occupait des choses de la république comme de celles de la religion?

Ce n'est ni dans les lois des Hébreux, ni dans les Authentiques et les Novelles des empereurs romains qu'on doit chercher les conditions d'un gouvernement légitime. Celui-là seul est légitime, dont l'origine est pure et dont les actes sont conformes aux principes de la justice et de la liberté.

VI. — Les casuistes qui, par une inconséquence inexplicable, répudient le principe de la souveraineté du peuple comme base fondamentale du régime césarien, s'épuisent en vaines subtilités pour substituer à ce principe le droit divin du fait accompli.

Sans doute il n'y a pas en ce monde que des droits, il y a des faits, comme on le disait naguère devant une assemblée peu rebelle au culte du dieu Succès, mais à quelles conditions le fait peut-il s'ériger en droit?

« Les gouvernements considérés au point de vue du
« droit, sont, nous dit-on (1), de deux sortes : les légi-
« times et ceux qui ne le sont pas; les gouvernements de
« droit et les gouvernements de fait, ceux dont le droit est
« certain, et ceux chez lesquels il est nul ou douteux. Le
« gouvernement légitime proprement dit est celui qui est
« positivement fondé sur le droit et établi selon les lois du
« pays, quel que soit le mode du gouvernement, hérédi-
« taire ou électif, monarchique ou aristocratique, ou dé-
« mocratique; de sorte qu'à cause de cette régularité pri-
« mitive, l'obéissance qui lui est due devient incontestable,
« et la rébellion à cette autorité, *dans les cas ordinaires*,
« paraît coupable aux yeux de tous ceux qui ont conservé
« la notion du devoir. »

(1) *Le Souverain*, liv. Ier, chap. III, p. 52.

On ne saurait mieux dire, mais il y a, paraît-il, des cas *extraordinaires* où le devoir de l'insurrection doit l'emporter sur celui de l'obéissance. On les explique « en rangeant le gouvernement en deux classes : le tyrannique et le régulier. La tyrannie qui s'établit par la violence et se continue par la violence ne saurait constituer aucun droit, ni être la source d'aucun devoir. Le gouvernement régulier qui maintient tout dans la règle et dans l'ordre a droit au contraire à l'obéissance que les chrétiens primitifs ne refusaient pas aux Tibère, aux Caligula, aux Néron ; il devient quasi-légitime par l'assentiment du peuple à l'origine de son pouvoir, quelque vicieuse qu'elle puisse être, et si ce consentement se prolonge, son illégitimité originelle se transforme en une parfaite légitimité par la puissance de la prescription. » Toute cette théorie est plus ingénieuse que solide.

Le gouvernement quasi-légitime, fondé sur un acte de violence, se ressent presque toujours du vice de son origine. Le bien peut quelquefois sortir du mal : *sæpe bona à malis initiis orta*, dit Tacite, mais c'est une exception. Presque toujours un gouvernement né d'une insurrection est condamné à une mauvaise politique par les exigences du parti qui l'a élevé au pouvoir.

Le roi quasi-légitime a deux faces, l'une tournée vers la souveraineté du peuple, l'autre vers l'hérédité du pouvoir. La politique bicéphale consiste nécessairement en un jeu de bascule qui par l'antagonisme qu'il surexcite entre les partis, amène ordinairement une révolution nouvelle.

L'acceptation expresse ou tacite des coups de main par le peuple pallie jusqu'à un certain point le vice d'origine des gouvernements improvisés, mais elle est ordinairement plus apparente que réelle, et le suffrage universel a quelquefois la docilité d'un ressort qui obéit machinalement à la main qui le presse.

La prescription, cette patronne du genre humain, ne saurait être transportée du droit civil dans le droit public. Autre chose .est la prescription des propriétés privées, autre chose est la prescription de la souveraineté politique. La prescription suppose l'abandon tacite des droits du possesseur ; le dépositaire du pouvoir suprême ne doit pas, hors des cas de force majeure, s'en démettre. On peut abdiquer un droit, on ne peut pas abdiquer un devoir.

La couronne est un pesant fardeau. Celui que sa naissance condamne à subir les rudes labeurs, les douloureux mécomptes, les inévitables périls attachés à la possession du trône, doit s'y résigner. Ce n'est pas sur son abdication expresse ou tacite qu'on peut se fonder pour substituer l'élection au principe de l'hérédité. La fonction peut cesser, mais l'hérédité du pouvoir subsiste et passe au successeur légitime, dût-il avoir besoin d'un régent. *Le roi est mort, vive le roi!* C'est la disposition la plus importante de la loi salique qui est obligatoire pour tous. Cette loi est le bloc de granit sur lequel sont fondées les monarchies de l'Europe. Quiconque la viole par ambition ou par un dévouement mal entendu au bien général expie son usurpation par ses propres souffrances et par celles du peuple qu'il gouverne. Tant qu'il reste un rejeton de la race investie du pouvoir suprême par la constitution nationale, la possession de l'usurpateur inquiétée et mise en demeure de rétablir l'ordre traditionnel ne peut, quelle que soit sa durée, engendrer un droit de prescription et ne peut commencer à prendre racine que du jour où, cessant de se préoccuper de sa conservation personnelle, il donnera une pleine et entière satisfaction à tous les droits naturels, à tous les intérêts sociaux, à toutes les libertés nécessaires de la nation sur laquelle il règne.

Trois dynasties ont régné successivement sur la France, ce n'est pas par la prescription qu'elles sont devenues légitimes. Chacune d'elles a accompli une œuvre providentielle. La première a consommé le triomphe de la civilisation sur la barbarie. La seconde a fondé l'ordre politique. La troisième a donné à la France l'indépendance et l'unité.

L'œuvre politique réservée au dix-neuvième siècle est essentiellement une œuvre de liberté. C'est au gouvernement qui voudra le moins la gouverner que la France remettra le soin de ses destinées. « C'est folie, disait, le 2 mai 1827, M. de Lamennais, de compter sur les gouvernements : il s'agit de faire des peuples. » Ajoutons qu'un peuple se fait tout seul, qu'arrivé à l'âge viril il ne demande pas au pouvoir ses libertés, qu'il les prend.

Le *Moniteur* du 20 mars 1868 publiait dans sa partie non officielle une brochure dont le titre (1) est indiscutable, mais dont les conclusions sont dans le domaine de la controverse. Selon l'auteur *anonyme*, la constitution impériale de 1852 est rentrée dans la constitution consulaire de l'an VIII ; et désormais, grâce à l'accord du gouvernement et du peuple, l'avenir appartient d'une manière irrévocable au gouvernement *qui a succédé à une situation transitoire et qui est approprié aux nécessités permanentes du pays.* Le *Moniteur* lui-même a constaté le 6 ou 7 janvier 1869, en cédant au mouvement de plus en plus prononcé de l'opinion publique, les conditions auxquelles la constitution *perfectible* de 1852 permet de subordonner la transmission du pouvoir à l'héritier présumé d'une nouvelle dynastie. On y lit :

« La France, au lieu d'être, comme en 1852, lasse de querelles politiques et de tiraillements financiers, vient de traverser une ère assez longue de tranquillité et de prospé-

(1) *Les Titres de la dynastie napoléonienne*, Plon, éditeur.

rité relatives, durant laquelle elle a eu tout le loisir d'oublier ses angoisses et ses terreurs d'autrefois. Une génération nouvelle est née d'ailleurs qui n'a pas connu ces mauvais jours, ou qui, ne les ayant connus que par ouï-dire, se sent toute prête à recommencer au même prix la grande expérience de la liberté. Entre l'héritier du sceptre impérial et cette génération, il n'y a point d'écart d'âge considérable ; elle constitue, en quelque sorte l'air ambiant dans lequel devra s'exercer la souveraineté future du prince.

« Qui ne voit qu'en de telles conditions, si la transmission de l'empire venait à s'opérer sous le régime de la constitution de 1852, cette constitution se trouverait en arrière des exigences actuelles? Faite pour les besoins de l'ordre, elle satisferait mal aux ambitions de la liberté, et de ce défaut d'équilibre pourraient résulter, pour le système impérial lui-même, des difficultés assez sérieuses.

« Le problème qui s'offre à nous, et qui est recommandé à nos méditations par l'initiative même des réformes souveraines, consiste donc à réformer d'avance et progressivement nos institutions, afin que, se trouvant en accord avec les transitions ou les crises auxquelles nous voue la fatalité des choses de ce monde, elles en puissent sortir victorieuses et assurer, après la crise passée, la paix et la prospérité durable du pays.

« En d'autres termes, pour que l'empire libéral puisse se constituer fortement sous le règne du futur souverain, il faut que le gouvernement personnel se modifie entre les mains du souverain actuel.....»

Laissons au *Moniteur* transformé la responsabilité de ces graves paroles, et bornons-nous à en tirer cette conséquence, qu'ajourner indéfiniment, comme le demandent d'imprudents amis du gouvernement impérial, la restitution à la France de ses libertés nécessaires, c'est vouer à jamais la France au régime dictatorial et rendre tout à fait impossible un gouvernement stable.

Ce qui est permanent, définitif, irrévocable, c'est l'union de la souveraineté nationale, une, indivisible, garantissant à la fois la liberté et l'ordre, avec les grands pouvoirs issus de son sein et protégés, comme elle-même, par les principes du droit naturel et par les traditions nationales. Que signifient ces distinctions subtiles empruntées aux Grecs du Bas-Empire ou aux sophistes du seizième siècle entre la légitimité et la quasi-légitimité, entre la légitimité d'origine, la légitimité acceptée et la légitimité acquise par prescription? Combien plus vraie, plus simple et mieux adaptée aux nécessités sociales est la doctrine traditionnelle qui cherche dans la loi salique, c'est-à-dire dans un égal respect de l'autonomie nationale et des droits héréditaires du trône le moyen de concilier l'ordre et les libertés publiques !

VII.— L'esprit de la législation germanique est aussi favorable à la liberté politique que l'esprit du droit romain l'est aux libertés municipales. C'est à cette double source qu'il faut remonter pour réaliser, sous une forme appropriée aux convenances du pays, l'idéal des gouvernements d'origine naturelle ou divine. Quoi de plus naturel que la naissance? quoi de plus fixe que l'hérédité? quoi de plus un que l'autorité monarchique transmise de mâle en mâle par ordre de primogéniture, comme un fief indivisible? quoi de plus libre qu'un gouvernement royal couronné et limité par toutes les autonomies nationales? On redoute les hasards quelquefois fâcheux de la naissance. Et ceux de l'élection? Voyez la Pologne, voyez les républiques de l'Amérique du Sud, voyez les États de l'Europe en butte aux révolutions.

O merveilleuse puissance d'un principe qui, battu en brèche par les ambitions et les cupidités qui vivent des largesses intéressées des pouvoirs de fait et refugié seulement dans le cœur de quelques fidèles, n'en reste pas moins pendant des siècles le vivant symbole de l'intérêt général et des gouvernements légitimes !

VIII. —La souveraineté nationale et les pouvoirs qui émanent d'elle sont limités par les droits naturels des citoyens. Ces droits rudimentaires des sociétés humaines n'ont pas été inventés par les hommes. Ils sont, selon l'expression de Balmès, une émanation de la raison divine. Six millions de citoyens français convoqués dans leurs bailliages les proclamèrent unanimement en 1789. L'assemblée nationale les consacra peu après par la Déclaration des droits de l'homme qui, malgré ses erreurs capitales, n'est pas aussi superflue que le supposent certains publicistes (1), puisque ce qu'elle avait posé comme des axiomes de droit naturel est remis en question aujourd'hui : ces droits de sécurité, de propriété, de liberté, sont essentiels à la société politique qui n'est pas un corps réel, mais un corps idéal ou moral, et qui, sous quelque forme qu'elle apparaisse, est toujours une réunion d'individus humains, d'êtres réels subsistant sans se dénaturer jamais, avec tous leurs droits primordiaux.

IX. — De là la théorie non de la séparation absolue, mais de la distinction des pouvoirs.

« La liberté dans un citoyen, dit Montesquieu (2), est
« cette tranquillité d'esprit qui provient de l'opinion que
« chacun a de sa sûreté ; et pour qu'on ait cette liberté, il
« faut que le gouvernement soit tel, qu'un citoyen ne
« puisse pas craindre un autre citoyen.

« Lorsque, dans la même personne ou dans le même
« corps de magistrature, la puissance législative est réu-
« nie à la puissance exécutive, il n'y a point de liberté,

(1) Bentham et après lui M. Thiers. — (2) *Esprit des lois,* liv. XI, chap. VI.

« parce qu'on peut craindre que le même monarque ou le
« même sénat ne fasse des lois tyranniques pour les exé-
« cuter tyranniquement.

« Il n'y a point encore de liberté si la puissance de juger
« n'est pas séparée de la puissance soit législative soit exé-
« cutrice. Si elle était jointe à la puissance législative, le
« pouvoir sur la vie et la liberté des citoyens serait arbi-
« traire ; car le juge serait législateur. Si elle était jointe
« à la puissance exécutive, le juge pourrait avoir la force
« d'un oppresseur.

« Tout serait perdu, si le même homme ou le même
« corps des principaux ou des nobles ou du peuple exer-
« çait ces trois pouvoirs : celui de faire des lois, celui
« d'exécuter les résolutions publiques, et celui de juger
« les crimes ou les différends des particuliers. »

Cette doctrine est exacte, mais elle a été mal interprétée
par ceux qui ont prétendu y trouver la justification d'un
partage de la souveraineté. Un savant publiciste italien,
Romagnosi (1), fait remarquer avec raison qu'autre chose
est distinguer, ce qui n'implique que la désignation men-
tale des caractères d'un objet donné, autre chose est séparer, ce qui donne une existence propre, réelle, et presqu'indépendante aux caractères qui ont été mentalement
distingués. Le pouvoir souverain a trois attributs : le premier, législatif ; le second, judiciaire ; le troisième, coactif.
Ce ne sont pas là des pouvoirs distincts placés les uns à
l'égard des autres en état d'antagonisme, ce sont trois
fonctions du même pouvoir qui doivent, par leur harmonie,
concourir au bien général.

Le système contraire, dans la science du droit, ne peut
mener qu'à des contre-sens, à des confusions et à des
complexités inextricables.

(1) *Giurisprudenza teorica*, part. 1re, lib. VII.

Les grands pouvoirs de l'État, confondus dans la même main, engendrent le despotisme ; séparés, ils tendent souvent à sortir de leur sphère constitutionnelle et à se placer les uns à l'égard des autres dans un état d'antagonisme qui jette dans la société des germes de guerres civiles. C'est par la distinction de leurs fonctions et par le concours de leur action qu'ils peuvent garantir l'exercice légitime de la souveraineté nationale, et donner une base solide au régime représentatif et à la liberté politique. Unité du pouvoir souverain et division de ses fonctions, telle est la double base de l'organisation politique.

X. — La nation souveraine a besoin d'un chef, *indiget uno capite*, comme le dit Suarez, et elle délègue à ce chef, soit temporaire, soit viager, soit héréditaire, une partie des fonctions du pouvoir suprême, en l'associant à la confection des lois, à la fixation de l'impôt, à la conclusion des traités de paix, d'alliance et de commerce, aux déclarations de guerre, à l'emploi de la force publique. Le pouvoir chargé de faire exécuter les lois a pour auxiliaire un autre pouvoir émané de lui : c'est le pouvoir judiciaire.

La délégation par le peuple d'une ou de plusieurs fonctions de sa souveraineté n'est ni un simple mandat, perpétuellement révocable sans autre motif qu'une volonté déréglée, ni la translation d'un droit absolu et inamissible, non-seulement sur la *possession* mais sur la *fonction* du pouvoir.

Il faut se tenir à une égale distance des théories absolutistes et des théories révolutionnaires.. Celles-ci transforment le droit naturel de défense et de conservation, qui appartient à toute société régulière, en un droit permanent à l'insurrection, et livrent les gouvernements à tous les caprices du peuple, qui peut, selon eux, sans autre motif que son bon plaisir, résister au pouvoir, le renverser, le donner à un autre, sans égard au pacte exprès ou tacite résultant de sa constitution politique. Celles-là abusent du principe, juste en lui-même, qui condamne les insurrections, en contestant à une nation le droit de retirer légalement et régulièrement l'exercice du pouvoir suprême à un prince imbécile ou tyran. C'est entre ces deux théories extrêmes, l'une de révolution, l'autre de despotisme, qu'est la vérité politique.

Le pouvoir suprême n'est pas absolument inamissible. Ce pouvoir qui commande, dirige et défend, ne saurait, qu'elle qu'en soit l'origine, prévaloir ni sur la souveraineté nationale, ni sur les lois essentielles de l'ordre social, ni sur les droits naturels qui, dans la société politique, sont le patrimoine inviolable de tous les membres qui la composent.

« Le peuple, disent les théologiens (1), ne se dessaisit
« pas du pouvoir qu'il tient du droit naturel, et si le gou-
« vernement devient tyrannique, si le délégué de la souve-
« raineté nationale en abuse pour faire manifestement la
« ruine de la communauté, la nation est libre d'user du
« droit naturel de se défendre; jamais elle ne se dépouille
« de ce droit.

« La société humaine doit êt   une république parfaite,
« c'est-à-dire constituée avec tous ses éléments essentiels
« au développement naturel de l'homme ; elle doit avoir la
« puissance de se conserver et par conséquent de châtier
« les perturbateurs de la paix. »

Mais jusqu'où s'étend ce droit ? peut-il atteindre non-seulement l'incapable ou le coupable, mais tous les innocents de sa race ? Peut-il procéder par l'émeute et dégénérer en ré-

(1) SAINT THOMAS, *De regimine principum*, lib. Ier, cap. VI, p. 316; SUAREZ, *Defensio fidei catholicæ*, lib. III, cap. III, p. 225; *Bellarmin de Laicis*, lib. III, cap. IV.

volution? Non. Le tyran ou l'imbécile peut être régulièrement dépossédé d'une fonction qu'il ne peut exercer sans ruiner la communauté, mais l'assemblée nationale qui procède à ce grand acte doit agir comme s'il était mort et respecter le droit de ses héritiers légitimes. C'est ainsi qu'il faut entendre la doctrine de Grotius et de Barbeyrac (1) quand ils disent : « S'il est de l'intérêt public que « ceux qui obéissent souffrent quelque chose, il n'est pas « moins de l'intérêt public que ceux qui commandent « craignent de pousser à bout leur patience..... Le soin « de notre conservation est non-seulement le droit natu- « rel, c'est une obligation imposée par la nature. Aucun « homme ne peut y renoncer entièrement et absolu- « ment. »

Un savant théologien, Bianchi (2), résume en ces termes la doctrine immémoriale : « Si le dépositaire du pouvoir « suprême trouble la paix de la société, attente aux droits « naturels des citoyens, la loi qu'il viole est une loi natu- « relle dont aucune puissance ne peut le dispenser et à « l'observation de laquelle il doit être ramené d'abord par « des remontrances, des plaintes, des prières, et à la der- « nière extrémité, si les moyens de persuasion sont insuffi- « sants, par une déposition que la nation tout entière ré- « gulièrement convoquée a seule le droit de prononcer. « C'est là une maxime tellement certaine qu'elle s'applique « non-seulement aux princes qui possèdent le haut do- « maine et le plein droit de commandement sur le royaume, « mais encore à ceux à qui les peuples se sont donnés en « servitude (si jamais cela est arrivé), et qui ont acquis sur « eux le droit de seigneurie privée, car le devoir de la « conservation personnelle l'emporte sur toute autre obli-

(1) *Droit de la guerre et de la paix*, liv. Ier, chap. iv, § 2, note 2.
(2) *Della potesta et della politia della chiesa*, lib Ier, cap. iv, n° 11.

« gation d'être fidèle et d'obéir à autrui, quel que soit l'en-
« gagement qui lui donne naissance. »

Il y a un abîme entre cette doctrine fondée uniquement
sur le droit de conservation et de défense des sociétés politiques et la théorie insurrectionnelle de la Déclaration des
droits de 1793. « Quand le gouvernement, dit cette Décla-
« ration, viole les droits du peuple, l'insurrection est pour
« le peuple et pour chaque portion du peuple le plus sacré
« et le plus indispensable des devoirs. » Cette maxime
qui soumet à tous les caprices du peuple et de toute portion du peuple les constitutions politiques ou traditionnelles, la foi des contrats, la stabilité de l'ordre social,
c'est la théorie révolutionnaire.

N'hésitons pas à la condamner avec tous les docteurs
catholiques et tous les jurisconsultes, mais reconnaissons
avec eux le droit naturel de résistance à l'oppression même
dans sa conséquence extrême, c'est-à-dire dans le droit de
la nation, menacée par l'abus du pouvoir suprême, de se
réunir légalement dans les comices du suffrage universel et
d'interdire au chef de l'État l'exercice du pouvoir suprême,
en respectant la translation de ce droit à son héritier selon
les lois primordiales et constitutionnelles de l'État.

« Qui osera, dit Vatel (1), blâmer la démarche du
« sénat romain qui déclara Néron ennemi de la patrie ?

« Mais il est très-important de remarquer que ce juge-
« ment ne peut être porté que par la nation ou par un
« corps qui la représente et que la nation elle-même
« ne peut attenter à la personne du souverain que dans
« un cas d'extrême nécessité, et lorsque le prince, violant
« toutes les règles et menaçant le salut de son peuple,
« s'est mis en état de guerre avec lui. »

Tous les théologiens, tous les publicistes reconnaissent,

(1) *Droit des gens*, liv. I", chap. IV.

comme Vatel, que, même dans les limites restreintes que nous leur avons assignées, la déposition du prince ne doit avoir lieu que si la nécessité le commande.

« Si la tyrannie n'est pas excessive, dit saint Thomas (1),
« il vaut mieux la supporter pour un temps, que de s'en-
« gager, par une lutte contre le tyran, dans des périls et
« des souffrances plus redoutables que la tyrannie elle-
« même. Il peut arriver en effet que ceux qui se soulèvent
« contre le tyran ne soient pas les plus forts et qu'ils le
« poussent à de plus grands excès par cette provocation. A
« supposer qu'ils puissent l'emporter, ne feront-ils pas de
« sanglantes divisions parmi le peuple, divisions auxquelles
« peut-être le renversement de la tyrannie ne mettra même
« pas un terme? Le chef de l'insurrection ne s'emparera-
« t-il pas lui-même du pouvoir, et dans la crainte qu'une
« autre insurrection ne le lui ravisse, n'usera-t-il pas,
« comme l'histoire en offre tant d'exemples, d'une tyrannie
« plus affreuse encore? » On dirait en lisant ces paroles presque prophétiques que l'Ange de l'école a eu le pressentiment des malheurs qu'ont attirés sur la France la mort de Louis XVI et l'exil de Charles X?

Des princes dont le pouvoir aurait des origines moins pures, un caractère moins élevé, un règne moins bienfaisant que celui des deux vertueux monarques, dont l'un avait voulu rendre à la France ses libertés, et dont l'autre avait dit en mettant le pied sur notre sol cette parole du cœur : *Il n'y a qu'un Français de plus ;* des princes qui n'auraient d'autre respect au titre de la nation que la possession du pouvoir de fait n'en mériteraient pas moins d'être protégés par ces principes qui constituent à la fois le droit et le devoir de la nation.

____

(1) *De regimine principum,* lib. III, cap. VI.

XI. — Il y a dans la vie des nations des époques troublées où la défiance réciproque d'un pouvoir inquiet de sa propre conservation et d'un peuple mécontent et alarmé sur son avenir entretient entre eux un état d'inquiétude qui n'est ni la paix ni la guerre, et qui se traduit incessamment en une agitation impuissante et en une sorte de paralysie dans tous les membres du corps social. Malheur aux États dans lequel se produit ce triste symptôme (1)! Il n'y a qu'un seul remède, c'est des deux côtés la résolution arrêtée d'accomplir de bonne foi et avec fermeté son devoir. Que le gouvernement sacrifie ses préoccupations personnelles et préfère au dangereux secours que lui offre le favoritisme une justice impartiale, même à l'égard de ses adversaires ; que le peuple au lieu de chercher dans l'insurrection la réparation immédiate, mais périlleuse de ses légitimes griefs, l'attende du temps et de la Providence en restant soumis aux lois, mais en ne cessant de réclamer ses libertés nécessaires. Si le pouvoir s'obstine dans une injuste résistance, le jour vient où la mesure est comble, et où la volonté nationale se prononce sans violence et rétablit l'ordre traditionnel. En dehors de cette voie, lente, mais sûre, on ne rencontrera jamais que l'inévitable alternative ou du despotisme ou de l'anarchie.

Le gouvernement *représentatif*, quoique plus favorable que la monarchie pure ou la république centralisée au droit national, n'est cependant pas exempt des abus qui peuvent motiver l'application de ces principes. « Il ne faut pas confondre, » dit l'américain Chaning (2), la liberté « avec les institutions populaires. Un gouvernement représ- « sentatif peut être aussi despotique qu'une monarchie

(1) Ay de los pueblos gobernados per un poder che ha de pensar en la sua conservacion propria. (El protestantismo comparado, etc.) — (2) *De l'escl.*, trad. de M. Ed. Laboulaye, c. ii.

« absolue. Fouler aux pieds les droits d'un grand nombre
« ou d'un seul individu, c'est toujours le despotisme. La
« puissance souveraine, qu'elle soit exercée par un seul ou
« par plusieurs, par un roi ou par un congrès, est une ty-
« rannie quand elle dépouille un homme des franchises et
« des priviléges qui lui ont été accordés de Dieu. »

Quelle que soit donc la forme du gouvernement, les droits de la nation sont les mêmes, et le moyen qu'elle doit employer pour garantir contre les excès d'un pouvoir soit de droit, soit de fait, les prérogatives de la souveraineté nationale et les attributions légitimes des pouvoirs orgasés pour l'utilité publique, c'est le concours de toutes les forces sociales tendant perpétuellement par un effort commun a empêcher les pouvoirs constitués dans l'État de franchir les limites de leurs attributions respectives

De regrettables conflits ont conduit quelquefois en France un des grands pouvoirs de l'État à s'emparer de tous les autres, et à s'arroger une dictature ayant pour motif ou pour prétexte le salut public. Dans ce cas la souveraineté nationale se concentre momentanément non de droit mais de fait dans les mains de l'homme ou de l'assemblée à qui la nation est censée avoir délégué tous ses pouvoirs.

Cette délégation, essentiellement temporaire, cesse avec la cause qui l'a produite, et tout rentre alors dans l'ordre normal. Mais il est bien rare que des perturbations assez graves pour qu'un régime despotique ait pu s'introduire dans un état libre, ne fut-ce que quelques jours, ne laissent pas des traces profondes. La lutte interrompue par un coup d'État ne tarde pas à se reproduire plus vive, plus passionnée qu'elle ne l'était auparavant.

Cette lutte engagée parmi nous depuis que la constitution a été modifiée dans le sens de l'extension des prérogatives parlementaires, a mis aux prises les amis des libertés politiques avec les *sages* qui demandent la prolongation du régime dictatorial jusqu'au moment où la dynastie qu'ils veulent fonder ne comptera plus un seul ennemi (1). Plus impérialistes que l'Empereur, ces apologistes du droit de la force rêvent, sans s'en rendre compte peut-être, les uns du *prince* de Machiavel ou du *Léviathan* de Hobbes, les auteurs de la démocratie absolue de J.-J. Rousseau, toutes théories qui conduisent par des voies diverses au despotisme.

Ces idées, grâce au ciel, ont cessé de fasciner les esprits et même de dominer les faits. Nous ne sommes plus sous l'empire d'une dictature ni démagogique, ni militaire. La liberté de penser, d'écrire, de se réunir, de s'associer, de participer à l'administration et au gouvernement du pays a été reconnue, dans une certaine mesure. Mais on est loin de reconnaître que cette mesure soit suffisante, et la bataille engagée dans le Corps législatif pendant six sessions consécutives préoccupe à un très-haut degré l'opinion publique.

XII. — Dans ces brillants tournois de paroles entre les avocats diserts du gouvernement de l'Empereur et les orateurs éprouvés de la monarchie parlementaire ou de la république libérale, les uns tendent à maintenir et à accroître les pouvoirs d'un chef élu par plusieurs millions de suffrages, comme le meilleur moyen d'assurer à la fois la défense de nos frontières contre des rivaux puissants qui les entourent et les menacent peut-être, et l'ordre matériel du dedans que des révolutions géminées tendent sans

_____

(1) Voyez la brochure intitulée : *les Titres de la dynastie napoléonienne*, et les *Discours* de MM. de Persigny, Granier de Cassagnac, etc.

cesse à subvertir ; les autres cherchent dans une assemblée élue, comme le chef de l'État, par le suffrage universel, une digue contre les entraînements d'une volonté unique et moins éclairée, selon eux, que celle de l'Assemblée nationale.

La France entière s'intéresse à cette grande lutte, dont le Corps législatif est le principal théâtre et dont quelques échos affaiblis retentissent dans le Sénat. Elle condamne les excès du gouvernement parlementaire qui, malgré ses services politiques et législatifs, absorbait dans les querelles souvent stériles des compétiteurs de ministères une grande partie des forces vives de la nation. Mais elle désire que le pouvoir exécutif, respecté dans ses attributions légitimes, ne puisse pas en abuser, au point d'entreprendre, sans l'assentiment des chambres, des guerres imprudentes ou anti-nationales, et de souscrire seul des traités de paix, d'alliance ou de commerce, qui engagent témérairement et quelquefois même sous l'empire de préoccupations personnelles l'honneur, la sécurité, les finances du pays. Elle désire que l'indépendance des votes législatifs soit solidement garantie contre les empiétements, soit du chef de l'État et de ses ministres, soit du Sénat et du conseil d'État qui participent avec lui à la puissance législative, soit enfin du peuple lui-même à l'aide des plébiscites.

La constitution républicaine du 14 janvier 1852, transformée par les senatus-consultes des 7 novembre et 25 décembre et par le plébiscite du 22 novembre en constitution impériale, déclare par son article IV que la puissance législative s'exerce collectivement par le Président de la république, le Sénat et le Corps législatif. Dans le système de la constitution du 22 frimaire an VIII à laquelle on a voulu rattacher celle de 1852, la puissance législative s'exerçait par le gouvernement, le Corps législatif et le

Tribunat que Napoléon Ier ne tarda pas à supprimer.

Le Sénat qui, d'après la constitution de 1852 comme d'après celle de l'an VIII, n'avait le droit de s'opposer qu'à la promulgation des lois portant atteinte à la constitution, à la religion ou à la morale, ou compromettantes pour la défense du territoire, a étendu lui-même ses attributions par le senatus-consulte du 16 mars 1867, qui lui permet en outre de soumettre toute nouvelle loi à une nouvelle délibération du Corps législatif. Cette grave modification du sénatus-consulte du 22 juillet 1866 qui interdit la discussion de la constitution à tout pouvoir public et à la presse périodique ainsi qu'aux écrits non périodiques sujets au timbre a été présentée dans le rapport de M. Troplong, comme une conséquence du droit d'amendement concédé au Corps législatif par le décret du 18 juillet 1866, droit réglementé à nouveau, ainsi que le droit d'interpellation, par le décret du 5 février 1867.

Le mode de partage de la puissance législative entre le gouvernement qui a l'initiative, avec le concours du conseil d'État chargé aussi de l'examen des amendements, le Corps législatif qui a la discussion et le vote, et le Sénat investi d'un droit de *veto* plus ou moins limité, ce mode de partage est-il préférable à celui que les deux monarchies constitutionnelles avaient emprunté à l'Angleterre ? Le gouvernement et le Sénat ont été d'avis de l'affirmative. Qu'en pensent les représentants du peuple ? On leur a interdit de le dire, ce qui n'est pas très-propre à nous éclairer sur une question qui tient aux fondements de notre constitution nationale.

Quoi qu'il en soit, un chose est certaine, c'est que dans la répartition des attributions législatives, le gouvernement, déjà doté par les articles non abrogés de la constitution, du droit de commander les forces de terre et de mer, de déclarer la guerre, de faire les traités de paix, d'alliance et de commerce, de nommer à tous les emplois, etc., le gouvernement s'est fait la part du lion, puisque c'est lui qui nomme les sénateurs et les conseillers d'État richement rémunérés et peu disposés à renouveler l'opposition politique du tribunat de l'an VIII.

D'après la constitution de l'an VIII, le Sénat conservateur dont les attributions étaient moindres que ne les ont faites les modifications récentes de la constitution actuelle, choisissait ses membres entre trois candidats présentés par le Corps législatif, le Tribunat et le premier Consul. Aujourd'hui les sénateurs sont nommés par l'Empereur.

D'après la constitution de l'an VIII, tous les fonctionnaires devaient être pris sur les listes des notabilités communales, départementales et nationales. Aujourd'hui l'Empereur les prend où il veut et, sauf les cas exceptionnels d'inamovibilité, il les révoque *ad nutum*.

Quant au Conseil d'État, ce précieux auxiliaire politique, cette clef de voûte de la centralisation administrative, ses attributions subsistent telles que les lois du Consulat et de l'Empire les établirent quant à la préparation des lois, à la confection des réglements, aux décisions souveraines en matière administrative, aux conflits de juridiction, à la garantie constitutionnelle des fonctionnaires publics. Le Conseil d'État du second empire a hérité sinon des talents, au moins des attributions de celui de 1806 ; il n'est pas plus que lui un pouvoir indépendant, il fonctionne sous les ordres et comme conseil du chef de l'État, qui en nomme, en rétribue et en destitue les membres selon son bon plaisir. C'est dans cette position subordonnée et dépendante qu'il est chargé, sous la *direction* de l'Empereur, de rédiger les projets de lois et des sénatus-consultes à l'égard desquels le gouvernement use du droit d'initiative. Le travail qui lui est confié n'a pour objet que d'*élaborer* (c'est l'expression du décret du 31 décembre 1852) les projets dont le gouvernement s'est réservé l'idée. En matière d'amendements législatifs, le décret du 31 décembre 1852 et celui du 5 février 1867 lui permettent d'émettre un avis qui, s'il est défavorable, enraye le Corps législatif ; mais dans la délibération il ne perd jamais de vue qu'il n'est que le conseil du gouvernement et qu'il ne cesse pas d'être sous la direction de l'Empereur, maître dans ce cas de venir le présider. C'est en ce sens seulement qu'il est appelé à formuler une opinion qui doit se produire comme sienne, et à faire acte de *pouvoir* (1).

La haute police administrative attribuée au Conseil d'État par le décret du 11 juin 1806 lui a été maintenue par celui du 25 janvier 1852, qui lui confère le droit de connaître des affaires de haute police administrative à l'égard des fonctionnaires dont les actes sont déférés à sa connaissance *par l'Empereur.* Ces derniers mots expliquent l'esprit de l'institution.

XIII. — L'article 75 de la constitution de l'an VIII est le complément des décrets qui réservent à l'Empereur la haute police administrative. Les agents du gouvernement, autres que les ministres, ne peuvent, aux termes de cet article, être poursuivis pour des faits relatifs à leurs fonctions qu'en vertu d'une décision du Conseil d'État.

« Or, disent avec raison des jurisconsultes non suspects « de passion politique (1), comme le Conseil d'État est le « conseil du gouvernement, il s'ensuit que les agents ne « peuvent être poursuivis qu'avec l'autorisation du gou- « vernement, ce qui rend leur responsabité illusoire. »

<hr>

(1) Dufour, *Droit administratif*, t. II, n° 202. — *Recueil de jurisprudence* de Dalloz, *verbo* : Droit constitutionnel, art. 2, § 2.

Du moins la constitution de l'an VIII rendait-elle les ministres responsables s'ils avaient donné les ordres exécutés par les agents du gouvernement et à raison desquels ils étaient poursuivis. Les deux chartes constitutionnelles allèrent plus loin et posèrent d'une manière générale le principe de la responsabilité ministérielle. La constitution de 1852 qui l'a abrogé a-t-elle du moins laissé debout les exceptions à l'irresponsabilité admises par les art. 72 et 73 de la constitution de l'an VIII? On peut en douter quand on lit l'article 13 qui ne permet qu'au Sénat de mettre les ministres en accusation, et l'article 5 qui consacre le droit du coup d'État, sauf l'appel au peuple en ces termes : « Le Président de la république est respon-« sable devant le peuple auquel il a toujours le droit de « faire appel. »

L'appel au peuple, tel est donc le dernier mot de la garantie constitutionnelle sous le régime impérial. C'est une épée de Damoclès toujours suspendue sur nos têtes.

Le régime plébiscitaire, si cher aux ardents révolutionnaires, est combattu par les parlementaires pour lesquels le principe de la responsabilité ministérielle est un moyen de faire nommer et destituer les ministres par les assemblées législatives. Chose étrange ! un sénateur, fier de s'être associé à l'acte du 2 décembre, a revendiqué ce principe des *vieux partis*, de concert avec quelques-uns de ses inconséquents collègues. Les subtilités de sa discussion avec le ministre d'Etat sur la solidarité, la cohésion et l'homogénéité des ministres n'ont prouvé qu'une chose : c'est que l'opinion publique, qui tend à secouer ou tout au moins à alléger le joug du pouvoir exécutif sur le Corps législatif, gagne de proche en proche les auteurs mêmes du coup d'Etat. Que signifie au surplus l'irresponsabilité royale? A-t-elle sauvé Charles X et Louis-Philippe? Que signifie l'irresponsabilité ministérielle en présence d'une majorité qui comprendrait ses droits et ses devoirs? Y a-t-il un ministre qui puisse se maintenir au pouvoir malgré une chambre de députés librement élus? Vaine logomachie, inutiles disputes de mots qui rappellent les querelles des Grecs du Bas-Empire sur la lumière du mont Thabor, avec cette seule différence que les esclaves d'un despotisme à la veille de passer des empereurs aux sultans ne déguisaient pas, sous des mots pompeux, les misères de leur abaissement.

De tous les sophismes révolutionnaires, le plus étrange peut-être est celui d'une prétendue irresponsabilité. Qui donc oserait se dire irresponsable de ses actes devant Dieu et devant les hommes? Qui donc braverait le principe de l'imputabilité et même de la solidarité sur lequel l'ordre social repose? Toutes ces fictions constitutionnelles n'ont créé qu'une chose sérieuse, c'est l'impunité, dans tous les systèmes parlementaires, plébiscitaires, despotiques de la Révolution, des fonctionnaires abrités par l'omnipotence du Conseil d'Etat.

On avait imaginé, sous le régime parlementaire, un correctif à l'impunité des fonctionnaires publics : c'était la substitution au Conseil d'Etat, placé par son inviolabilité, comme juge, au-dessus de tous les pouvoirs, d'un ministre responsable dans l'appréciation des cas de poursuite. « Nous ne voulons pas, disait en 1835 M. Odilon Barrot, le droit de flétrir et de dégrader les fonctionnaires, mais le droit de les poursuivre régulièrement et d'en faire justice selon les lois du pays. » On pensait alors que, dans son propre intérêt, un gouvernement dépendant des chambres autoriserait plus facilement les poursuites justes et légitimes. Le projet de loi, sur lequel fut fait un rapport par M. Sauzet, échoua devant la difficulté de concilier les attributions des tribunaux saisis de la plainte et des ministres chargés d'en apprécier l'opportunité. On appréhenda des conflits, on redouta l'intimidation exercée sur les fonctionnaires publics protégés par une chambre où ils figuraient en grand nombre. Ces craintes disparaîtraient-elles si la responsabilité ministérielle nous était rendue? On peut en douter.

La responsabilité ministérielle a été jusqu'à ce jour une fiction difficile à réaliser. Une chambre envahie par des candidats officiels, même avec des ministres responsables, couvrirait bien plus efficacement que le Conseil d'Etat lui-même les abus de pouvoir des fonctionnaires publics.

L'abrogation pure et simple de l'article 75, tel est aujourd'hui l'unique remède au despotisme des fonctionnaires. Pourquoi violer à leur égard le principe sacré de l'égalité devant la loi et devant la justice, tel qu'il se pratique dans les Etats vraiment libres?

N'est-il pas inouï, comme le remarque Lanjuinais (1), « que le gouvernement puisse violer toutes les lois, pourvu « que ce soit par ses agents quelconques autres que les « ministres? Tel est le sens de ce fameux article 75 ; sous « ce rapport seul, il établit le despotisme le plus absolu, « le plus déhonté, le plus insupportable. » Les deux plus illustres publicistes de la monarchie constitutionnelle, Benjamin Constant et Châteaubriand apprécient de la même manière cette exorbitante disposition. Rien n'indique cependant qu'on songe même à la modifier. A peine espère-t-on voir étendre aux sergents-de-ville l'arrêt de la Cour de cassation qui a refusé le bénéfice de l'article 75 aux agents de la police secrète. A part quelques rares partisans de la décentralisation administrative, qui songe d'ailleurs aujourd'hui à faire cesser l'abus de l'impunité facul-

--

(1) *Constitutions françaises*, liv, I", ch. v.

tative des fonctionnaires publics? Ce ne sont ni les hommes qui ont surtout cherché dans notre organisation politique le complément de notre organisation administrative ; ce n'est pas non plus, autant qu'on en puisse juger par les écrits de ses publicistes et les discours de ses orateurs, le parti parlementaire. Se peut-il cependant que, dans un Etat qui se dit libre, le pouvoir exécutif soit juge dans sa propre cause, et que, grâce à l'impunité dont il a le droit de les couvrir, ses agents puissent décliner, sans l'intervention des tribunaux, le principe de droit naturel qui veut que chacun soit responsable de ses fautes personnelles ?

Il est temps de faire disparaître de notre législation l'immunité créée au profit des fonctionnaires publics par le Consulat et acceptée par tous les gouvernements qui lui ont succédé, y compris le second empire. Il est temps de remplacer par le droit commun cette prétendue garantie constitutionnelle des fonctionnaires, qui n'est que la garantie de tous les excès que peut commettre le gouvernement personnel.

En investissant le pouvoir exécutif du droit de juger dans sa propre cause à l'aide d'un conseil de délégués qu'il peut révoquer *ad nutum*, l'article 75 de la constitution de l'an VIII rend impossible la répression des atteintes portées aux droits naturels, civils et politiques des citoyens, par les agents les plus inférieurs de la police, tout aussi bien que par un ministre qui peut rejeter sur un chef d'Etat essentiellement inviolable des actes dont il n'est pas responsable lui-même, quoiqu'il avoue les avoir commis. Ceux-là sont donc les partisans, non de la liberté, mais du despotisme parlementaire, qui s'accordent avec les amis du gouvernement personnel pour mettre l'administration et le gouvernement au-dessus des règles de la justice.

Sans l'abrogation de l'article 75 de la constitution de

l'an VIII, le gouvernement parlementaire, même avec la responsabilité ministérielle, ne nous donnerait qu'un faux semblant de liberté.

XIV. — La liberté de la tribune est la sanction nécessaire de la responsabilité des agents du pouvoir.

Rien n'est plus nécessaire à l'autonomie nationale qu'une assemblée législative qui puisse faire entendre, par l'organe de ses représentants, non-seulement les vœux, mais les volontés souveraines de la nation.

Une assemblée qui, comme le Corps législatif du premier empire, serait réduite à voter en silence, abdiquerait la fonction essentielle d'un parlement. La liberté des votes, non moins nécessaire que celle de la parole, n'existe pas sans l'inviolabilité du réglement qui protége les minorités contre les excès de pouvoir des majorités. Elle n'existe pas sans le droit de ces minorités de revendiquer sous forme d'adresse, d'interpellations, d'amendements, ce qu'elles croient être le droit et l'intérêt national. Bien d'autres garanties sont justement réclamées : c'est, entre autres, le choix, affranchi des influences du pouvoir exécutif, du mode de votation, de la discussion du budget par grandes ou petites sections ; c'est la simplification de tous ces budgets supplémentaires, extraordinaires, spéciaux, rectificatifs, dont l'unique but est de déguiser aux yeux des contribuables les fardeaux qu'on leur impose ; c'est la suppression de ce système de revirement à l'aide duquel une dépense, dont ne voulaient pas les législateurs, s'opère par le versement du trop plein prémédité d'un chapitre sur le chapitre du budget où on n'avait pas voulu l'inscrire.

Sans ces garanties, les majorités parlementaires tendent à devenir à la fois serviles et despotiques : serviles envers le gouvernement dont elles adoptent systématiquement les résolutions bonnes ou mauvaises ; despotiques envers les minorités qu'elles font plier sous le joug du nombre, ou plutôt sous la volonté de ceux qui dirigent le parti dominant.

XV. — L'autonomie nationale n'existerait pas non plus si l'assemblée législative n'était armée contre les empiétements du pouvoir exécutif de moyens suffisants pour garantir son indépendance.

Aussi longtemps que dure le mandat législatif, le prince violerait les prérogatives parlementaires et ébranlerait les bases de la constitution nationale, si, soit par des décrets spontanés, soit par des appels intempestifs à la volonté du peuple, il troublait ou faisait troubler par des plébiscites l'exercice du droit des représentants de la nation. Mais cette souveraineté nationale revit dans toute sa force aussitôt que l'assemblée des élus du peuple n'existe plus, par l'effet soit de l'expiration de son mandat législatif, soit d'un décret de dissolution. Dès lors le peuple se trouve obligé et ne saurait être empêché par aucune force humaine d'élire de nouveaux mandataires en usant, dans l'exercice de son droit électoral pour tout ce qui se rattache à son autonomie, des libertés légales qu'il ne saurait abdiquer sans se soumettre au droit de la force et sans accepter d'avance tous les fléaux du despotisme.

Ainsi le chef de l'État peut dissoudre avant le terme fixé par la loi une assemblée législative et faire un appel à la nation régulièrement convoquée dans ses comices électoraux. Mais autre chose est ce droit constitutionnel, autre chose est le *régime plébiscitaire* que Napoléon Ier fonda au 18 brumaire et qui a été appliqué de nos jours d'une manière excessive.

Les plébiscites romains dont on a emprunté le nom étaient des décrets proposés par un magistrat du peuple et votés par les plébéiens seuls dans leurs assemblées par tribus. Ces décrets dont l'autorité avait été longtemps contestée par les patriciens furent déclarés obligatoires par la loi *Hortensia*, rendue en l'an 408 de Rome, au même titre que les lois votées dans les comices. Est-ce là ce que propose un organe du parti démocratique? Voudrait-il qu'une nation de trente-huit millions d'hommes exprimât chaque jour elle-même ses volontés non au *forum* comme les anciens, ou dans landsgemeindes comme celles des petits cantons de la Suisse, mais dans des colléges électoraux perpétuellement en travail? On ne sait. Quoi qu'il en soit nous sommes loin de ce régime ultrà-libéral. Nos plébiscites n'ont été jusqu'à ce jour que des *bills d'indemnité* donnés à la suite des coups d'État par le peuple convoqué pour ratifier les faits accomplis et pour donner à un attentat la forme d'un gouvernement régulier. Ce sont des décrets de salut public que des circonstances très-exceptionnelles peuvent motiver quelquefois, mais dont la force et la ruse peuvent abuser pour en faire des instruments de domination, et qui ne sauraient, dans aucun cas, prescrire, ni contre les lois naturelles qui dominent même la souveraineté nationale, ni contre le vœu national revenant sur une résolution surprise ou intimidée.

Les plébiscites sont par rapport au suffrage universel, ce que les clubs sont par rapport au droit de réunion. En violant les prérogatives des représentants de la nation, ils abuseraient du principe de la souveraineté nationale.

XVI. — La liberté de la tribune a pour sanction et pour complément la liberté de la presse sans laquelle les débats du Corps législatif ne sortiraient pas de l'étroite enceinte du palais Bourbon et échapperaient ainsi au contrôle de l'opinion publique.

La liberté d'écrire, dont l'édit de 1723 et les censures de l'ancien régime avaient confisqué le principe, n'existe guère aujourd'hui que pour les gros livres les moins lus de tous, surtout par le peuple. Une loi récente sur la police des journaux a fait un pas vers l'affranchissement de la presse périodique par la suppression de l'autorisation préalable et du régime discrétionnaire des avertissements administratifs. Mais cette concession à l'opinion publique a été rachetée par des entraves de toute nature, inégalement appliquées selon le bon plaisir des préfets, et surtout par l'obstacle qu'opposent aux libres communications entre l'assemblée nationale et ses électeurs les dispositions qui, non contentes de prévenir par les comptes rendus officiels les infidélités regrettables que commettaient les journaux, proscrivent comme comptes rendus *parasites, parallèles ou autres* des critiques sans lesquelles les votes parlementaires restent sans frein et sans sanction. En exceptant d'ailleurs de la mesure du roulement les chambres des tribunaux appelées à juger les délits de la presse, on a infirmé les garanties que peut offrir une magistrature inamovible. Rien de plus déplorable sans doute en matière de pénalité que l'arbitraire administratif. « Si la puissance de juger était « jointe à la puissance exécutive, dit Montesquieu (1), le « juge pourrait avoir la force d'un oppresseur. » Mais la translation des fonctions judiciaires, en matière de presse, aux ministres et aux préfets était-elle plus dangereuse que l'immixtion sourde du pouvoir dans la composition des tribunaux, et n'aura-t-on pas maintenant à craindre, outre l'insuffisance des garanties pour les justiciables, l'affaiblissement de l'influence morale des décisions judiciaires ?

Aussi la loi nouvelle, acceptée comme un progrès politique par une opposition mécontente de la plupart de ses dispositions, a-t-elle rencontré une protestation qui, quoi-

____

(1) *Esprit des lois*, liv. XI, ch. VI.

que isolée, a impressionné l'opinion publique, non-seulement à cause du caractère de son auteur, mais encore
parce qu'elle a signalé un grave danger, celui d'une magistrature dominée par le gouvernement et placée sous l'inspection permanente d'une police politique occulte (1).

XVII. — Il ne suffit pas, pour garantir les droits naturels
des citoyens et le libre exercice de la souveraineté nationale,
de maintenir dans leurs attributions et leurs limites respectives le pouvoir législatif et le pouvoir exécutif. L'autonomie judiciaire est la sanction nécessaire de l'autonomie politique. « Organe de la puissance législative, c'est l'autorité
judiciaire, dit M. Henrion de Pansey (2), qui lui donne la
vie et qui la met en action ; c'est elle qui, faisant prévaloir
les droits du plus faible sur les prétentions du plus fort,
assure le règne de la loi et la paix entre les citoyens ; c'est
elle qui forme la morale publique en flétrissant les actions
déshonnètes, et en retranchant de la société ceux qui en
ont commis de criminelles ; en un mot, c'est elle, c'est cette
autorité tutélaire, qui donne à chacun cette opinion de sa
sûreté, sans laquelle l'homme, inquiet sur sa liberté, sur
sa fortune, sur son existence même, ne fait rien pour
acquérir parce qu'il n'est pas sûr de conserver, et se
regarde comme étranger dans sa propre patrie. »

Ce serait subordonner la justice à la force que de per-
mettre au prince de s'immiscer dans l'autorité judiciaire.
« Quelques empereurs romains, dit Montesquieu (3),
eurent la fureur de juger ; nuls règnes n'étonnèrent plus
l'univers par leurs injustices. » — « Deux raisons principales,
dit M. Henrion de Pansey, s'opposent à ce que le prince
exerce lui-même cette branche de son autorité. D'abord,

(1) Voyez la lettre du baron Séguier, procureur impérial au
tribunal de Toulouse. — (2) *De l'autorité judiciaire*, ch. II. —
(3) *Esprit des lois*, liv. VI, ch. V.

obligé d'appliquer alternativement les lois pénales aux grands et aux petits, il pourrait finir par être odieux à tous ; en second lieu, le peuple, qui le verrait constamment environné de ceux qu'il regarde comme ses ennemis, ne croirait jamais avoir obtenu une justice complète, lors même qu'il aurait prononcé en sa faveur (1). » — «La France, dit Machiavel (2), tient le premier rang parmi les États bien gouvernés. Une des institutions les plus sages, c'est sans contredit celle des parlements dont l'objet est de veiller à la sûreté du gouvernement et à la liberté des peuples. Les auteurs de cette institution, connaissant d'un côté l'insolence et l'ambition des nobles, de l'autre les excès auxquels le peuple peut se porter contre eux ont cherché à concilier les uns et les autres, mais sans l'intervention du Roi qui n'aurait pu prendre parti pour le peuple sans mécontenter les grands, ni favoriser ceux-ci sans s'attirer la haine du peuple. Pour cet effet, ils ont institué une autorité qui, sans que le Roi eût à s'en mêler, pût réprimer les grands et favoriser le peuple. Il faut convenir que rien n'est plus propre à donner de la consistance à un gouvernement et à assurer la tranquillité publique. Les princes doivent apprendre par là à se réserver la distribution des grâces et des emplois, et à laisser aux magistrats le soin de décerner les peines, et en général la disposition des choses qui peuvent exciter du mécontentement. »

L'inviolabilité des juges dans l'exercice de leurs fonctions et le respect dû aux magistrats dans toutes les circonstances sont les principales conditions de l'autonomie judiciaire. « Tout officier, quelque petit qu'il soit, exerçant sa charge est sacré et inviolable (3). »

La garantie essentielle de l'inviolabilité du juge c'est son

(1) *De l'autorité judiciaire*, ch. II. — (2) *Du prince*, ch. XIX. — (3) LOYSEAU, *Des offices*, liv., ch. VI, n° 64.

inamovibilité. Cette garantie n'existe pas dans les États despotiques où l'on ne juge que par commission. Elle n'existe pas dans les républiques démocratiques où le peuple, jaloux et méfiant, craindrait que l'habitude du pouvoir n'éveillât l'ambition des juges et ne mît la liberté en péril. Appropriée par sa nature au régime monarchique, elle date en France du règne de Philippe le Bel, elle est devenue l'une des bases de notre droit national. Mais que d'atteintes elle a subies depuis Charles le Sage qui, pendant la captivité du roi Jean, son père, *désappointa*, dit Loyseau, (par l'avis néanmoins des trois États) plusieurs des principaux officiers du royaume jusqu'à Napoléon Ier, qui, en 1810, changea la dénomination des Cours d'appel en celle des Cours impériales, et par suite de cette innovation priva les juges de leurs offices !

XVIII. — Le principe salutaire de l'inamovibilité des juges a triomphé depuis vingt ans des épreuves que lui ont suscitées tour à tour la Révolution et l'Empire. Mais il a reçu de divers côtés des atteintes qui l'ont considérablement altéré. C'est surtout dans le mode de nomination et dans le système d'avancement des magistrats qu'on a trouvé le moyen de peupler les corps judiciaires d'hommes dociles quelquefois jusqu'à la servilité, et de substituer à l'amovibilité pure et simple une mobilité à peu près équivalente, puisqu'elle tend à conquérir par la séduction d'une position supérieure ce qu'on ne peut plus obtenir par la menace d'une destitution. On a oublié la vieille ordonnance de Charle le Sage disant : *C'est notre intention de pourvoir aux offices et non pas aux personnes,* et on se préoccupe moins de la science des magistrats que de leur dévouement au pouvoir. Nos pères en jugeaient autrement. Lorsque Louis XII monta sur le trône, les places de judicature étaient encore électives. Les Cours choisissaient, parmi les jurisconsultes de la magistrature et du barreau, les candidats entre lesquels le Roi nommait ceux qu'il jugeait les plus dignes. Les états généraux de 1484 se plaignirent de l'oubli de ces principes et demandèrent que les élections fussent remises en vigueur, *car,* dit le procès-verbal, *justice ne peut-être exercée que par des justes.* La vénalité des offices de judicature fut un principe de corruption condamné par l'ordonnance de Louis XII de 1499 et stygmatisé par le chancelier de L'Hôpital. Mais cette vénalité, toute vicieuse qu'elle fût, était du moins une garantie d'indépendance et séduisait à ce titre Montesquieu lui-même, cet ennemi déclaré des magistrats serviles de qui L'Hôpital avait déjà dit. « Un juge craintif à peine fera jamais le bien ; la peur qu'il aura d'offenser le Roi et les grands gâtera tout ; il jugera pour le plus fort, et avisera un expédient pour les contenter, qui ne sera justice. »

L'ordonnance de Moulins et celle de Blois atténuèrent le vice de ces encans des fonctions judiciaires, en soumettant les candidats à des examens et à des informations dont le chancelier de L'Hôpital ne dédaignait pas de s'occuper. L'élection des magistrats fut établie par la loi du 24 août 1790. La constitution de l'an VIII, conféra au chef du gouvernement le droit de nommer les membres des cours et des tribunaux. L'arbitraire ministériel est depuis lors le droit commun, et n'a d'autre barrière que la modération dont Napoléon Iᵉʳ a donné l'exemple. « Cette volonté si inflexible, si impérieuse, dit M. de Pansey, hésitait devant l'importance des places de judicature, et si, elle ne croyait pas devoir assujettir son choix à des formes légales parce que son système d'administration ne comportait aucune gêne, du moins elle provoquait les renseignements et les conseils. Toutes les fois que dans une cour ou dans un tribunal il vaquait une place, le ministre de la justice ordonnait au président et au procureur général de lui indiquer les trois personnes qu'ils croyaient les plus propres à la bien remplir. Ces listes étaient mises sous les yeux du chef du gouvernement. Souvent il suivait leur indication, mais soit qu'il s'y référât, soit qu'il nommât de son propre mouvement, le pourvu de l'office était admis à en exercer les fonctions sans examen, sans information, et sur la seule présentation d'un décret qui lui conférait le titre. »

Le système des présentations, assez généralement observé, mais souvent sacrifié à des convenances politiques ou autres, donne aux justiciables une garantie en général suffisante de la capacité et de la moralité des magistrats. Mais il ne remédie ni aux abus du favoritisme, cette plaie incurable des gouvernements personnels, ni à la mobile extranéité des magistrats voyageant d'une garnison à l'autre comme des officiers de fortune. Ce qu'il faut demander à la loi, ce sont surtout des garanties d'indépendance que pourrait donner, dans une certaine mesure, un système de présentation tel qu'il se pratique en Belgique, où les corps judiciaires et les assemblées provinciales partagent légalement l'influence sur le choix du roi. Ce qu'il faut demander au ministre de la justice, c'est le respect de la dignité des magistrats dans l'application sincère du principe du roulement et dans la distribution des distinctions honorifiques et des diplômes d'avancement ; c'est la cessation du scandale des transformations des juges inférieurs d'une docilité éprouvée et des députés officiels en premiers présidents et en procureurs généraux. Mieux vaudrait une immixtion franche et directe du gouvernement dans l'administration de la justice que cette influence tortueuse et irresponsable sur les défaillances des magistrats.

XIX. — Le principe de l'inamovibilité des magistrats

deviendrait illusoire si le ministre de la justice pouvait l'éluder à volonté, soit par des retards d'institutions, soit par des déplacements, soit par des suppressions de siéges et de nouvelles organisations ; il ne faut pas paralyser par des subterfuges un grand principe social. La Charte, dit un publiciste de la Restauration, a fait ce qu'elle devait faire : elle a énoncé et consacré le principe d'inamovibilité ; c'est à des lois secondaires à établir les corollaires, à déduire les conséquences et à prévoir les cas et les applications.

Une loi du 16 juin 1824 avait introduit une exception à ce principe, en décidant qu'un magistrat pourrait être obligé de donner sa démission en cas d'infirmités bien et dûment constatées. Cette exception était juste, et la garantie donnée aux magistrats dans le jugement de leurs collègues les avait constamment protégés contre l'arbitraire, malgré les vicissitudes de la politique et les tentatives des ministres qui avaient voulu abuser de la loi pour destituer des magistrats suspects par leurs opinions. Cette loi a été abrogée comme inefficace, et a été remplacée par la mise à la retraite, à l'âge de 70 ans, des magistrats des tribunaux de première instance et des cours impériales, et à l'âge de 75 ans pour les magistrats de la cour de cassation. Cette mesure, inégale à l'égard de ceux qu'elle atteint et plus inégale encore à l'égard des juges de paix et des membres du ministère public qu'elle n'atteint pas, a pu réaliser quelques retraites qu'aurait épargnées à tort la loi de 1824 ; mais combien de magistrats condamnés, au détriment des justiciables, à une retraite prématurée, ont été remplacés par des successeurs moins capables qu'eux !

Ce n'est pas seulement l'autonomie personnelle des membres de la magistrature qui est incessamment exposée aux plus rudes atteintes, c'est l'autonomie du corps tout entier.

Ce qui constitue surtout l'honneur, la dignité, la moralité d'un corps, c'est l'indépendance de sa discipline intérieure. La famille judiciaire est solidaire de tous ses membres, « leur réputation, dit le chancelier d'Aguesseau, n'est plus à eux, la justice le regarde comme un bien qui lui est propre et qu'elle consacre à sa gloire. Ils trahiraient ses intérêts s'ils négligeaient les jugements du public puisque telle est la délicatesse de ce censeur inflexible, qu'il impute au corps les fautes de ses membres, et qu'un juge suspect répand souvent sur ceux qui l'environnent la contagion funeste de sa mauvaise réputation (1). » Le dogme de la solidarité, aussi bienfaisant quand il s'exerce dans les limites d'un corps, d'une association restreinte, qu'il est dangereux quand il fait appel au cosmopolitisme révolutionnaire des associations internationales, n'a pas malheureusement inspiré le sénatus-consulte du 10 thermidor an X, et la loi du 20 avril 1810 dont l'un a posé le principe et dont l'autre a réglé l'application de la discipline judiciaire. Ce qui respire dans ces œuvres du pouvoir impérial, c'est un esprit de dépendance hiérarchique qui soumet les tribunaux de première instance au pouvoir disciplinaire des cours impériales, qui autorise la cour de cassation à suspendre et même à destituer tout magistrat condamné à une peine même de simple police, et qui rend en définitive le ministre de la justice, à qui il doit être rendu compte par les procureurs généraux de tous les cas disciplinaires, l'arbitre suprême de l'honneur des magistrats.

XX. — Le contentieux administratif attribué aux conseils de préfecture et au conseil d'État constitue la plus grave de toutes les atteintes à l'autonomie judiciaire.

(1) Mercuriale prononcée en 1698, à la rentrée de la Saint-Martin.

Dans la confusion où étaient tombés les grands pouvoirs de l'État sous l'ancienne monarchie, les parlements avaient conquis une telle prépondérance qu'ils avaient envahi le pouvoir que nous nommerons administratif quoiqu'il fût encore indéterminé, arbitraire et incertain. En proclamant le principe de la division des pouvoirs, garantie nécessaire des libertés publiques, l'assemblée constituante déclara virtuellement que les attributions judiciaires seraient séparées des attributions administratives. L'esprit de réaction contre les excès de pouvoir des parlements, inspira les lois des 16 et 24 août 1790 et 16 fructidor an III, qui défendent aux juges de connaître des actes d'administration, et d'où la jurisprudence a conclu que les tribunaux ne peuvent ni apprécier ni interpréter ces actes et qu'ils ne peuvent que les appliquer. « Il était plus facile sans doute, dit à ce sujet un savant publiciste italien (1), de professer solennellement un principe que de le réduire en acte, d'autant plus qu'en réagissant contre les abus du passé, on peut se laisser entraîner à des excès opposés. La distinction des pouvoirs fut décrétée, mais le problème ne fut pas résolu dans son application pratique. Les usurpations du pouvoir judiciaire au détriment du pouvoir administratif cessèrent, mais dans les ingérences nouvelles de celui-ci on ne conserva pas pour les attributions légitimes du premier le respect qu'exigent la nature des choses et la garantie des droits privés, et on ouvrit les voies au despotisme de la Convention, qui concentra dans ses comités la juridiction contentieuse et la direction gouvernementale. »

Les conseils de préfecture institués en l'an VIII eurent pour mission principale de défendre les intérêts du trésor public contre les intérêts privés. « Sous le régime qui a

(1) M. Martinelli, *Sull. ordinamento della pubblica amministrazione.*

précédé la Révolution, dit l'orateur du gouvernement, une bonne partie du contentieux était réservée aux tribunaux qui avaient contracté une habitude contraire à l'intérêt du trésor public ; cette partialité détermina l'assemblée cons- tituante à mettre le contentieux dans les mains de l'admi- nistration. Cette assemblée créa les administrations col- lectives, et crut pouvoir trouver en elles une espèce de tribunal. Quelle sécurité la justice pouvait-elle trouver dans un tel système incompatible d'ailleurs avec une bonne administration, qui exige tant de promptitude dans le commandement et l'obéissance ? Le gouvernement avait cru avoir pris la meilleur voie entre l'ancien système qui sépa- rait, comme deux choses inconciliables entre elles, la justice administrative et l'administration, et le nouveau qui les confiait à la même main comme si elles avaient été une seule et même chose. » L'orateur du gouvernement signa- lait ainsi la création des conseils de préfecture comme un progrès par rapport à la législation en vigueur, qui con- centrait le contentieux dans les bureaux des préfectures, A l'entendre, la propriété allait recouvrer des juges accou- tumés à l'administration de la justice avec ses règles et ses formes, et l'on allait donner enfin aux intérêts privés et pu- blics la sécurité qu'ils ne pouvaient pas attendre d'un homme seul, puisque cet administrateur, qui met impar- tialement en balance les intérêts collectifs, peut être mû par des passions et par des idées préconçues, quand il s'a- git d'intérêts privés, et se laisser entraîner à trahir l'intérêt de l'État ou à léser les droits des citoyens.

Cette touchante sollicitude du législateur de l'an VIII valut aux justiciables français, et particulièrement à ceux dont la fortune était engagée dans les ventes de biens nationaux et autres affaires avec le Trésor, un tribunal de trois juges présidé par le préfet, et dont les membres nommés et révoqués *ad nutum* par le ministre furent investis des attributions contentieuses soustraites aux tribunaux ordinaires non pas tant pour ce qui regarde la division des pouvoirs et la compétence des juges, que pour l'intérêt plus ou moins justifié du trésor public. Etrange tribunal qui délibère en exécutant et administre en jugeant, et qui, s'il vaut mieux que celui du préfet tout seul, tel qu'il existait auparavant a, pour éviter un dommage incertain, lésé en principe les droits privés des citoyens en les subordonnant à l'intérêt de l'administration, et a aggravé le mal en faisant participer à la juridiction contentieuse le préfet, agent direct et souvent passionné du gouvernement !

On s'étonne qu'une juridiction aussi anormale et dont le vice a été aggravé par un personnel de jeunes gens aspirant aux sous-préfectures, ou par des bureaucrates émérites, ait résisté aux attaques dont elle a été l'objet sous tous les gouvernements qui se sont succédé en France.

On s'étonne qu'au lieu de restreindre le contentieux administratif, on n'ait cessé de l'accroître, ainsi que le faisait observer dans la discussion de la loi de 1865 avec une satisfaction où respirait l'amour-propre d'auteur, l'un des plus anciens et des plus obstinés champions de la centralisation administrative. On ne s'est pas contenté d'étendre les attributions des conseils de préfecture ; le décret du 30 décembre 1862 et la loi du 24 juin 1865 ont introduit les plaidoiries orales, la publicité des débats et les conclusions du ministère public dans les affaires contentieuses. Le secrétaire général de la préfecture est le commissaire du gouvernement chargé de donner ces conclusions, les dispositions du Code de procédure civile relatives à la police des audiences ont été appliquées au conseil de préfecture. Rien ne manque désormais à cette ombre de tribunal si ce n'est la vie et l'autonomie judiciaires.

Quelques généreux défenseurs du droit ont demandé la suppression pure et simple des conseils de préfecture et la répartition de leurs attributions civiles et correctionnelles entre l'administration et les tribunaux ordinaires. Mais c'est en vain que remontant, comme l'avait fait le duc de Broglie dans son célèbre rapport de 1829, jusqu'à l'origine des conseils de préfecture, ils ont montré la juridiction administrative prenant, à dater de l'an VIII, son libre essor dans toutes les directions, se lançant à l'aventure dans toutes les voies, s'emparant de toutes questions d'État, de propriété, de contrats privés, jugeant tout, réglant tout, brouillant tout. C'est en vain qu'ils ont fait appel aux principes immuables de la justice contre les usurpations de la juridiction administrative, et contre l'impunité des méfaits des fonctionnaires publics. Les rapporteurs de la commission leur ont répondu de concert que les conseils de préfecture, tels qu'ils existent, sont liés au principe de la séparation des pouvoirs, comme si nous étions encore au lendemain de la suppression des parlements, ou des comités de la Convention; comme s'il était impossible de maintenir debout la barrière entre les fonctions judiciaires et les fonctions administratives sans subordonner le principe de la justice à la raison d'État.

Négligeons l'examen des détails que ne comportent pas les bornes de cet écrit, et bornons-nous à rappeler ces étonnantes paroles du gouvernement qui révèlent l'esprit de notre législation administrative : « le droit dont l'administration est armé, ayant pour principe *l'intérêt public*, le juge administratif s'enquiert si l'intérêt public réclame l'exercice du droit, ou du moins son exercice complet ; et s'il constate que l'intérêt public ne commande pas le sacrifice du droit privé, il ne l'impose jamais ou du moins il ne l'impose que dans la limite de ce qu'exige le service public. »

Ainsi, il y a des cas où la juridiction administrative se trouve en présence d'un côté d'un prétendu intérêt général et de l'autre d'un droit privé, et où elle mesure le sacrifice du droit privé à ce qu'exige l'intérêt général. « Le droit périt, s'est écrié un député de l'opposition. Je n'admets pas, s'est écrié à son tour un député de la majorité, que l'intérêt général, quelle que soit son importance, puisse confisquer à son profit un droit privé, quelle que soit sa minimité. » Mais ces protestations isolées sont restées à peu près sans écho, et la loi du 16 juin 1865 a couronné, par la théorie des servitudes d'utilité publique qu'a préconisée le commissaire du gouvernement, l'édifice gigantesque de la centralisation administrative.

Grâce à l'article 75 de la constitution de l'an VIII et à la législation du contentieux administratif, le gouvernement peut, en se retranchant dans la responsabilité nominale du chef de l'État, et dans la non-responsabilité effective de tous les agents du pouvoir, depuis le maire jusqu'au ministre, soustraire à la juridiction protectrice des tribunaux les droits les plus sacrés violés par les agents de l'administration. Où serait en effet le recours? devant l'Empereur? on ne saurait attendre de lui, statuant au contentieux, la condamnation d'une décision motivée par des considérations politiques et dont le Sénat aurait seul le droit d'apprécier la légalité constitutionnelle. Devant le Sénat? Mais ce serait se faire illusion que de voir dans ce grand corps autre chose que le défenseur de la politique et des intérêts du gouvernement. Incompétent par sa nature sur les questions d'intérêt privé, il n'hésiterait pas à sacrifier le droit à la raison d'État. Telle est l'appréciation des jurisconsultes les plus favorables au principe de la centralisation administrative (1).

(1) Dufour, *Droit administratif*, t. Ier, n° 111.

XXI. — Terminons ces réflexions sur l'autonomie judiciaire par quelques mots sur le degré d'indépendance nécessaire aux fonctions du ministère public.

Cette institution éminemment française, dont l'origine est modeste puisque les procureurs du Roi n'étaient, à leur création, que les agents fiscaux et les défenseurs des intérêts particuliers du prince (1) s'est élevée par sa propre vertu à la hauteur d'une grande institution sociale. Les États-Unis nous l'ont empruntée malgré leur esprit d'individualisme, et la vieille Angleterre, où chaque particulier poursuit les délits qui l'intéressent personnellement, et peut accuser les criminels des faits qui troublent l'ordre établi, l'a aussi imparfaitement imitée (2). « Nous avons aujourd'hui, selon la remarque de Montesquieu (3), une loi admirable, c'est celle qui veut que le prince, établi pour faire exécuter ſes lois, propose un officier dans chaque tribunal pour poursuivre en son nom tous les crimes ; de sorte que la fonction des délateurs est inconnue parmi nous ; et, si ce vengeur public était soupçonné d'abuser de son ministère, on l'obligerait de nommer son dénonciateur. »

L'ancienne législation qui déclarait inamovible la magistrature debout comme la magistrature assise, a eu ses abus sans doute, surtout dans les luttes engagées entre la Couronne et les Parlements, mais la France ne doit pas oublier qu'elle lui a dû ses Talon, ses Séguier et ses d'Aguesseau.

L'assemblée constituante altéra l'institution du ministère public par celle des accusateurs publics nommés pour six ans par les assemblées électorales. Déplorable innova-

____

(1) V. MEYER, *Institutions judicaires*, livre IV, ch. xv. — (2) BLACKSTONE, *comm. of the lawe of England*, t. IV, ch. xxv, n° 3. — (3) *Esprit des lois*, livre VI, ch. VIII.

tion qui livra la justice aux passions de la démagogie ! la constitution de l'an VIII rétablit le ministère public, mais livra au gouvernement la nomination et la révocation de ses membres. Le décret du 20 avril 1810, voulant fonder l'unité du ministère public, subordonna tous les officiers du parquet au procureur général, et le procureur général lui-même au ministre de la Justice. Certains légistes complaisants ont vu dans cette hiérarchie le rétablissement des lois 1 et 2 au Digeste *De officio procuratoris Cæsaris,* et du titre du Code *De advocatis fisci.* Cette étrange interprétation des fonctions du ministère public, tendrait à le livrer aux volontés absolues d'un ministre assez osé pour imposer à ses membres non-seulement les poursuites à intenter, mais les conclusions à prendre dans les affaires, et pour tyranniser les consciences par une inquisition patente ou occulte. « Si les procureurs généraux arrivent, dit un magistrat criminaliste (1), en demandant incessamment une direction, à décliner la responsalité de leurs actes, ils affaiblissent en même temps leur propre autorité, ils abdiquent leurs fonctions, ils trahissent le pouvoir dont ils sont directement investis. »

De tous les périls qui menacent un peuple en proie aux révolutions, il n'en est pas de plus grave peut-être que celui d'une magistrature trop dépendante du gouvernement.

(1) Faustin Hélie (*Inst. crim.* livre II, p. 120).

CHAPITRE SIXIÈME

L'AUTONOMIE DES COLLÉGES ÉLECTORAUX

I. — L'autonomie électorale, complément et sanction nécessaire de toutes les autres, ne peut subsister que par le respect de tous pour la sincérité et la liberté des votes. S'inspirer de sa propre conscience dans le choix de son représentant et chercher dans la conformité des principes, dans l'honorabilité du caractère, dans l'expérience des affaires, dans le désintéressement, dans le dévouement éprouvé au bien public les garanties de la fidélité au mandat spontanément donné et librement accepté, tel est le premier devoir de l'électeur.

L'élection doit procéder de l'électeur au candidat, non du candidat à l'électeur ; elle doit être non-seulement libre, mais spontanée, elle doit être sincère, c'est-à-dire reproduire exactement où à peu près exactement, dans le représentant, l'image des principes et des intérêts du représenté.

II. — Une grave atteinte a été portée à la liberté et à la sincérité des élections par les deux décrets, qui, à la veille des élections générales de 1863 et de 1869, ont remanié les circonscriptions électorales dans un but politique plutôt qu'administratif. Comment concilier ces décrets avec les deux conditions essentielles de toute élection : la *représentation* et le *mandat?* Comment s'expliquer autrement que par la torpeur de l'esprit public le long silence qu'ont gardé les grandes villes dépécées en tronçons électoraux et privées de leur autonomie municipale et électorale?

La ville de Bordeaux a protesté la première, et la délibération de son conseil municipal a été, ainsi que celles de plusieurs autres grandes villes qui ont suivi son exemple, annulées par des arrêtés préfectoraux dont le Conseil d'État est appelé à faire justice. Sera-ce la lettre ou l'esprit de la loi qui prévaudra?

« S'il y a quelque chose de saint et de respectable au monde, disait le rapporteur d'une commission de l'Assemblée législative, c'est l'individualité communale. C'est dans la commune que sont les souvenirs de la naissance, la religion des tombeaux, les intérêts, les affections, toute la vie sociale des citoyens. La commune, c'est aussi la famille; amoindrir la commune, la démembrer, c'est faire violence aux sentiments les plus intimes et les plus profondément enracinés de la nation. »

Déterminée par ces considérations, l'Assemblée législative rejeta toutes les propositions tendant au rétablissement de la commune cantonale qui avait fonctionné avec assez peu de succès depuis l'an III jusqu'à l'an VIII.

On peut cependant concevoir, en cas de nécessité absolue, les adjonctions et les distractions matérielles de communes, en vue de remédier aux vices de l'administration de *Communelli* bien plus exiguës que celles de la Toscane, où s'opéra la sage réforme de Léopold. L'idéal de la commune, c'est une réunion de familles jouissant de ressources matérielles suffisantes, et de moyens de progrès matériel et moral. L'église, l'école, le budget en sont les éléments essentiels. Dès qu'une commune cesse de les posséder, elle n'a plus sa raison d'être; car, au lieu de procurer aux familles réunies dans son enceinte les avantages d'une heureuse cohabitation, elle devient un obstacle à leur bien-être.

Quoique la commune soit l'œuvre de la nature, elle reçoit cependant de la loi civile le caractère de personne juridique ; d'où il suit que si la répartition des communes a cessé d'être en harmonie avec l'intérêt public, on ne peut interdire absolument de la réformer, pourvu que les conseils locaux et le Corps législatif interviennent dans cette œuvre, qui altère jusqu'à un certain point l'ordre naturel et traditionnel, toujours si respectable aux yeux d'un gouvernement conservateur et libéral.

Mais il y a quelque chose de pis que l'atteinte à l'individualité matérielle de la commune, c'est l'atteinte à son individualité morale dans l'exercice de sa prérogative la plus importante, celle de l'élection des députés au Corps législatif.

S'il est vrai que, dans un gouvernement représentatif, l'élection ait pour objet d'assurer la représentation dans les Assemblées délibérantes de l'universalité des intérêts sociaux, on ne peut lui donner d'autre base que celle de la commune. Le foyer de la vie sociale, c'est la commune où chaque citoyen a le centre de ses affaires, exerce ses droits et accomplit ses devoirs domestiques, professionnels, religieux, municipaux, politiques. La commune est le premier élément de la nation, ce corps organisé et vivant, dans lequel se réunissent, sans être absorbées par lui, toutes les associations secondaires ; c'est un corps moral qui a des intérêts collectifs, c'est la vraie source de l'esprit public sans lequel il n'y a pas d'État libre. La commune doit donc être représentée dans l'Assemblée nationale, qui n'est, comme l'ont compris les Anglais, que la *Chambre des Communes* ; la législation de l'Empire l'a implicitement reconnu en abrogeant la loi de 1848, qui avait transféré l'assemblée électorale dans le chef-lieu du canton.

Jamais, jusqu'au décret de 1863, on n'avait imaginé de démembrer une commune dans un intérêt électoral et d'en disperser les tronçons dans des arrondissements étrangers.

« Les agglomérations d'individus, de familles liées par des traditions de plusieurs siècles, par des habitudes non interrompues, par des propriétés communes, par tout ce qui forme les associations naturelles, ne peuvent être ni détruites, ni ébranlées, disait en 1829 M. le ministre Martignac. » Le tableau des arrondissements électoraux, joint à la loi du 19 avril 1831, et qui a servi de règle jusqu'en 1848, était un hommage rendu à ces principes; car il se confondait avec celui des arrondissements administratifs et judiciaires.

Les rédacteurs de cette loi avaient respecté la loi naturelle de la contiguïté des territoires dans la composition des colléges électoraux, dont chacun élisait un député, et, quoique les électeurs censitaires votassent, non dans leurs communes, mais au chef-lieu d'arrondissement par sections comprenant chacune 300 électeurs au moins, aucune ville d'arrondissement ne pouvait être disloquée et réunie à d'autres arrondissements. Ce respect de l'individualité communale est encore plus nécessaire sous l'empire d'une loi qui, en adoptant le principe du vote à la commune, a fait par cela même de l'esprit de cité l'âme de la représentation municipale et politique, comme on le voit par le rapport de la commission de la loi de 1850.

Le Corps législatif lui-même n'aurait pu changer cet ordre de choses sans attenter aux droits naturels des citoyens, qui sont supérieurs même à la souveraineté nationale. Et c'est par de simples décrets rendus sur l'initiative de préfets exclusivement préoccupés du succès de leurs candidatures officielles qu'on a bouleversé l'un des principes fondamentaux de notre droit public; qu'on a méconnu, dans la fixation des circonscriptions électorales, les liens territoriaux des communes, des cantons, des arrondissements, et qu'on a fait une carte électorale de la

France toute différente de sa carte administrative et judiciaire !

Comment n'a-t-on pas vu que la composition arbitraire des circonscriptions électorales est une atteinte à la libre manifestation de l'opinion publique, c'est-à-dire à l'essence de la vie publique de la cité ? Comment n'a-t-on pas vu que chacune des villes démembrées par le décret de circonscription, et attribuées comme annexes à plusieurs arrondissements, se trouve dépouillée du plus précieux attribut de son existence civile et annihilée dans sa représentation politique ? Chacun des députés entre lesquels elle est partagée entend à sa façon les intérêts de la ville, souvent fort différents de ceux des arrondissements auxquels elle a été annexée. Aucun ne peut se dire le député de la commune dont une fraction lui a été assignée en quelque sorte comme un fief électoral. La ville démembrée reste donc sans représentant réel de ses intérêts agricoles et industriels, de ses principes économiques et politiques.

On s'étonne que des considérations si simples n'aient pas déterminé le Corps législatif à réclamer contre un artifice électoral qui compromet d'une manière aussi grave les intérêts sociaux qui doivent surtout le préoccuper.

Croit-on d'ailleurs avoir agi avec beaucoup d'habileté en cherchant ainsi à décomposer l'esprit public des villes, dans l'inertie des campagnes ? On n'a pas pris garde que l'irritation des populations urbaines causée par la violation des droits naturels des citoyens, pourrait bien être contagieuse. Qu'on examine d'ailleurs les résultats du point de vue même des intérêts de parti qu'on a voulu servir, on reconnaîtra que les combinaisons des préfets tournent souvent, par un concours de circonstances imprévues, contre le succès du gouvernement dans les élections.

III. — Le système des candidatures officielles viole aussi

la liberté et la sincérité des élections par ses conséquences virtuelles et inéluctables, même en l'absence de toute pression administrative et de tout abus des influences gouvernementales.

On a essayé de justifier ce système par des raisons très-diverses, quelquefois contradictoires.

Dans l'origine, l'administration, par l'organe de M. Billault, expliquait son intervention dans les élections par les prétendues exigences de la sécurité publique que pourraient compromettre des réunions trop nombreuses, et par la nécessité de donner à des électeurs séparés par des distances ou par des obstacles difficiles à franchir, le moyen de s'entendre sur le nom qu'elle leur proposait, disait-elle, sans l'imposer. Ces raisons n'avaient alors et n'ont surtout aujourd'hui aucune valeur.

En quoi la sécurité publique a-t-elle été plus menacée, depuis le coup d'Etat du 2 décembre, qu'elle ne l'a été dans les deux élections républicaines, faites l'une et l'autre avec tant de calme ?

Oublie-t-on que le vote localisé dans la commune n'amène dans les villages que des réunions très-peu nombreuses, et que les diverses sections électorales des villes n'ont jusqu'ici jamais donné lieu à aucun tumulte? Oublie-t-on que les villes ont été en général divisées en fractions électorales, entre lesquelles aucune entente n'a de raison d'être et qui ne peuvent, par conséquent, devenir des occasions de désordre?

Quant à la prétendue difficulté de s'entendre autrement que par l'intermédiaire du bulletin officiel, il était facile, même au temps de M. Billault, de la lever en proclamant la liberté des réunions électorales. On ne le voulait pas, et on avait ainsi un prétexte pour les candidatures officielles : c'était qu'il fallait pressentir l'opinion des électeurs et leur donner un candidat qui leur fût agréable. Or, ces candidats *pressentis* étaient tellement étrangers aux intérêts et aux affections de leurs représentés, qu'à peine élus, ils disparaissaient pour entrer dans les fonctions publiques.

Au sein de cette mobilité incessante de leurs députés, les populations voyaient un préfet, inamovible de fait, se faire un jeu de ce kaléidoscope parlementaire, remplacer, selon leur bon plaisir, et sans que les électeurs y trouvassent mot à redire, un député de l'extrême droite par un *déporté* de l'extrême gauche, pourvu qu'ils eussent fait l'un et l'autre leur acte de soumission. L'extranéité était même généralement devenue un des caractères du candidat officiel, comme si l'on avait tenu à prouver qu'on se moquait du peuple en présentant un candidat *pressenti* par lui, et que son député né devait, en réalité, siéger au Corps législatif que pour défendre, quelle qu'elle fût, la politique du gouvernement.

Les candidatures officielles ont eu, grâce aux artifices oratoires de M. Billault, leur âge d'or dans les premières années de l'Empire. De toutes parts affluaient des hommes nouveaux, impatients de s'associer à la victoire remportée sur *l'hydre de l'anarchie*, dont ils ne soupçonnaient pas l'existence la veille du coup d'État. Accueillis par le pouvoir avec une vive reconnaissance, et acceptés par les populations avec un sourire un peu défiant, ils déposaient des votes silencieux et dociles pendant une ou plusieurs sessions, et se retiraient qui préfet, qui receveur général, qui premier président, qui procureur général.

IV. — Les choses ont ainsi marché aussi longtemps que le vaisseau de l'État a eu vent en poupe. Mais les imprudences de la politique personnelle dans les affaires extérieures, les dilapidations financières et les désordres moraux à l'intérieur ont amené des mécomptes ; et le succès croissant des candidatures démocratiques a déterminé le gouvernement à défendre les candidatures officielles par d'autres moyens. Ces candidatures sont, selon M. le ministre d'État, une arme de guerre. « Désarmez, dit-il à l'opposition ; sinon, l'administration ne désarmera pas. » « Désarmez vous-mêmes, répond l'opposition ; ne nous imposez pas, à grand renfort de moyens de police, des candidats officiels qui répugnent à nos principes et qui sacrifient nos intérêts. Vous nous parlez de coalition : mais qu'est-ce que la majorité du Corps législatif ? qu'est-ce que celle du Sénat ? Sont-elles l'une et l'autre homogènes ? À part quelques impérialistes de la veille, les deux majorités parlementaires sont-elles autre chose qu'une mosaïque des anciens partis, et toutes les fois qu'une des questions qui touchent à l'organisation sociale vient à éclater, ne voit-on pas les robes de dessous se montrer sous le costume officiel, et le bout de l'oreille percer dans des discussions où le dévouement politique s'allie à des doctrines sociales hétérogènes et hétérodoxes ? »

Le ministre de l'intérieur, M. Pinard, plus contenu mais plus dogmatique dans son langage que le ministre d'État, nous présentait aussi l'ingérence de l'administration dans les élections, non plus comme un expédient passager, mais comme une partie intégrante et permanente de la politique du gouvernement.

« Tout gouvernement, disait-il, *doit avoir un programme*, il doit avoir des principes, il doit avoir une foi, il doit croire à quelque chose ; *il doit défendre certaines idées.* Un gouvernement qui serait sceptique, ne serait pas un gouvernement. Il doit défendre son terrain constitutionnel ; il doit défendre son terrain dynastique, c'est le plus impérieux de ses devoirs. *Le principe une fois concédé, il faut accepter les conséquences.*

« Le jour où le gouvernement descend dans l'*arène*, le jour où il trouve sur le terrrain du suffrage universel un candidat qui, à ses yeux, conteste *ses* principes...., conteste *son* programme, conteste *sa* constitution, conteste *sa* dynastie, son devoir le plus sacré, c'est de lutter contre ce candidat.

« Or, lutter, c'est chercher, c'est adopter un candidat différent, qui, *lui*, AFFIRMERA NOTRE PROGRAMME, NOS IDÉES, NOTRE FOI, défendra notre dynastie et notre constitution. Laisser le premier et adopter le second, c'est faire de la légitime défense.

« Voilà, messieurs, les raisons inattaquables qui justifient le principe de la candidature officielle ou gouvernementale.

« Quel est notre objectif, ou autrement dit notre *raison d'intervenir ?* Notre raison d'intervenir, c'est d'*éviter l'adversaire, c'est de barrer le chemin à l'homme que nous croyons de bonne foi contraire à* NOTRE *programme et à* NOS *idées.*

Est-ce bien un ministre de Napoléon III qui a tenu ce fier langage ? Napoléon Ier lui-même n'allait pas aussi loin. Son système électoral n'était pas une main-mise sur la conscience des électeurs. L'électeur votait librement, et ce n'est qu'à l'aide d'un savant et ingénieux mécanisme que Sieyès, cet habile architecte de la constitution de l'an VIII, confisqua, au profit du premier consul, le suffrage universel qu'il avait reconnu en principe.

Plus hardis, mais moins ingénieux, moins prudents peut-être que Sieyès, nos ministres vont droit au but, l'un en jetant un défi aux unions électorales, l'autre en prescrivant aux électeurs un acte de foi et d'obéissance à la politique ministérielle dans le choix de leurs représentants. Qu'il nous soit permis de leur rappeler les exemples

mêmes qu'ils ont empruntés, pour justifier leur attitude,
à la lutte parlementaire qui précéda la révolution du
24 février 1848.

Il s'agissait alors, dans la pensée du gouvernement, de
concilier la centralisation administrative et le libre déploiement des influences électorales, soit du pouvoir, soit
des partis. Les conservateurs progressifs demandaient la
restriction de l'arbitraire ministériel dans la collation des
fonctions publiques et dans l'usage des influences administratives sur les élections. « La centralisation, disait
l'un d'eux (1), a rompu ses digues, elle a envahi le terrain des institutions représentatives. Un pouvoir étroit et
d'un égoïsme opiniâtre est descendu en personne dans les
élections, et y a fait descendre avec lui les immenses ressources de la centralisation, tous les intérêts, toutes les
convoitises, toutes les vanités. »

« Le gouvernement représentatif, disait un autre (2),
est en péril : ce n'est point comme en 1830 la violence
qui le menace, c'est la corruption qui le mine. »

Le gouvernement, par l'organe de M. Guizot, répondait
à ceux qui lui reprochaient l'abus des influences administratives dans les élections : « Le régime de la liberté politique, c'est d'un côté le libre déploiement des influences,
de l'autre la responsabilité du pouvoir, et par conséquent
la liberté de son action. La liberté politique est à ce prix.
Il faut que les influences des citoyens s'exercent librement
et que le pouvoir *responsable* soit libre dans son action.
Ni l'un ni l'autre de ces faits ne s'accommode facilement
d'une administration forte et constituée hiérarchiquement.
Il s'agit aujourd'hui de concilier les deux systèmes ; voilà
le problème que nous avons à résoudre. »

(1) M. CORNE, *Discours à Valenciennes.* — (2) M. DUVERGIER DE
HAURANNE, *De la Réforme électorale.*

Ce problème que la responsabilité ministérielle donnait le moyen de résoudre pacifiquement, la révolution de février 1848 le résolut comme celle de 1830 avait résolu celui qu'avaient posé les ministres de la Restauration. Qu'arrivera-t-il si ce redoutable problème est posé une troisième fois, sans que le principe de la responsabilité ministérielle puisse s'interposer en modérateur dans un conflit dont la portée est incalculable?

On peut juger par ce simple aperçu de l'imprudence du ministre qui a évoqué à l'appui de l'intervention administrative dans les élections les exemples des deux monarchies constitutionnelles.

Voudrait-on mettre sur le compte de la liberté politique la chute des deux monarchies? Se flatterait-on d'éviter l'écueil contre lequel elles ont sombré, en reprenant les concessions faites à la presse et à la tribune? Telle n'est pas, telle ne peut être la pensée du chef de l'État, dont la politique, inaugurée par la lettre du 19 janvier, vaut mieux que celle des *sages* dont un député s'est fait l'interprète et qui n'a trouvé dans le Sénat même qu'une faible minorité. La voie est ouverte ; bien loin de revenir sur les concessions libérales, cherchons dans les libertés civiles, religieuses, administratives, le complément nécessaire des libertés politiques dont les lois votées dans la dernière session nous ont donné les prémisses.

Si les ministres de Charles X avaient fait un appel à toutes les classes de la nation et les avaient toutes associées à l'administration et au gouvernement du pays, la monarchie traditionnelle serait encore debout.

Si Louis-Philippe avait écouté, en 1848, ceux qui, effrayés de la réaction imminente des classes inférieures contre le monopole du cens et la corruption électorale, lui conseillaient le vote universel à deux degrés, on aurait oublié le vice de l'origine de son pouvoir, et il se fût peut-être soutenu comme la dernière digue contre l'anarchie.

Dédaigneux des avertissements qui lui venaient à la fois d'amis désintéressés et d'adversaires consciencieux, les derniers ministres de Louis-Philippe s'obstinèrent à maintenir le système du conflit permanent entre les influences électorales du parti du gouvernement et celles du parti de l'opposition. Quels sont, parmi les conservateurs, ceux qui s'applaudissent du résultat?

Menacés aujourd'hui, comme nous l'étions alors, d'une lutte qui, malgré les euphémismes dont on use pour en déguiser les vrais caractères, peut livrer notre patrie aux convulsions de la guerre civile ou à la pire des tyrannies, à celle qui fonde le droit de la force sur la volonté populaire manifestée par un faux semblant de suffrage universel, montrons-nous plus sages que des ministres fascinés par l'immense puissance dont ils se disposent et décidés à descendre, selon l'expression de l'un d'eux, dans l'*arène* électorale, pour y lutter, par tous les moyens, non pas contre des partis politiques combattant ouvertement sous un autre drapeau que celui de la Constitution, mais contre tout candidat suspect de ne pas partager la *foi* politique du ministre, de refuser son assentiment à son *programme*, à ses *idées*? Cette prétention ministérielle est une infraction grave, systématique, persévérante au double principe de tout système électoral digne de ce nom, c'est-à-dire au droit du représenté de choisir librement un représentant qui soit sa fidèle image.

Le système des candidatures officielles, combiné avec le traitement des députés qui a remplacé l'ancienne gratuité du mandat législatif, et l'indemnité médiocre allouée par la Constitution de 1848, tend à favoriser l'industrialisme politique. On se fait de la députation une carrière lucrative qui dispense le gouvernement, naturellement avide de vote favorables à sa politique, de peupler la chambre de fonctionnaires publics ainsi que cela se pratiquait malheureusement sous le régime parlementaire. De là la multiplication de ces caméléons politiques qui, après avoir servi du fond de leur cœur la légitimité, l'orléanisme et la république, exploitent aujourd'hui, dans l'intérêt de l'ordre et du principe d'autorité, les largesses du budget, les primes des emprunts nationaux et les actions des riches compagnies constituées dans les conditions dont a retenti plus d'une fois la tribune du Corps législatif. A côté de ces girouettes de la politique industrielle, on voit des puritains, moins agiles dans leurs évolutions, moins prompts à tourner la voile au vent, rester fidèles toute leur vie à leur drapeau politique, mais accepter, solliciter même les faveurs d'un pouvoir qu'ils détestent, et cumuler la popularité, comme membres inflexibles de l'opposition avec les émargements du budget, en passant tour à tour des bancs de la chambre aux fonctions publiques, et réciproquement. Ni les uns ni les autres ne peuvent être de bons ménagers des deniers publics. Ces hommes sont rares, nous dira-t-on. Heureusement, car s'ils se multipliaient, les millions et les milliards ne suffiraient plus à leurs exigences.

V. — Qu'est-ce qu'un candidat officiel? c'est un élu du peuple désigné par M. le préfet, soutenu par M. le maire, dont M. le garde champêtre remet le nom imprimé sur un bulletin à chaque électeur, pour qu'il puisse le déposer dans l'urne électorale, sans avoir même besoin de le lire, et dont une cohorte de fonctionnaires soutient, à grand renfort d'exhortations toutes-puissantes, le choix que sont censés en faire les électeurs. C'est un contrôleur que le contrôlé se donne à lui-même.

On a fait une peinture vraie et saisissante (1) du député officiel, obéissant, comme à une consigne, aux inspirations mobiles d'une politique personnelle. L'électeur qui abdique son autonomie entre les mains du préfet et du maire, et qui prend aveuglément pour guide politique le bulletin officiel, est encore plus inconscient de ses votes que le député automate. D'ailleurs celui-ci peut s'éclairer dans les débats parlementaires, et corriger en partie, vers la fin de la session, les votes enthousiastes que la reconnaissance ou la sympathie lui avait inspirés, à son début. Celui-là trouve dans l'immutabilité de son vote, une fois acquis au candidat officiel, un obstacle invincible à la réparation du mal qu'a pu faire son bulletin.

VI. — Ce que, depuis l'avénement du système des candidatures officielles, la complaisance aveugle des électeurs et des députés a coûté à la France, on peut l'apprécier par les chiffres suivants.

M. le marquis de Talhouet, député de la majorité, a porté dans la session de 1868 à la tribune du Corps législatif, des évaluations qui n'ont pas été contestées :

Dépenses de la guerre en année moyenne :

Sous la Restauration : 299,582,492 fr.
De 1831 à 1851 : 422,616,178 fr.
De 1852 à 1868 : 701,229,851 fr.

Dépenses de la marine en année moyenne :

Sous la Restauration : 60,851,430 fr.
De 1831 à 1851 : 99,486,764 fr.
De 1852 à 1868 : 104,380,935 fr.

(1) Le *Correspondant*, juin 1868.

Et ces énormes dépenses, à quoi ont-elles servi ? Le Mexique, l'unité allemande et l'unité italienne, voilà, avec Nice et la Savoie, l'actif de notre bilan militaire.

En 18 ans, le chiffre du budget s'est élevé de 1150 millions à 2 milliards 300 millions ; celui de la dette flottante de 230 millions à 900 millions. En quinze ans, les impôts levés sur la France se sont élevés à 28 milliards, et les emprunts à 5,049,745,379 fr.

La discussion du budget de 1869 a mis en outre en évidence un fait véritablement effrayant que confirmera sans doute celle du budget de 1870 ; c'est qu'un budget de dépenses de 2 milliards 300 millions, quoiqu'aidé par des emprunts qui se sont élevés en 18 ans à un chiffre presqu'égal à celui qu'ils avaient atteint en plusieurs siècles, se solde par un déficit annuel de 300 millions.

La transformation de Paris, a coûté à elle seule près de 2 milliards.

Le budget annuel de cette capitale est de 250 millions, chiffre que n'atteignent pas les budgets de plusieurs états. Ce budget, alimenté en grande partie par les taxes sur les denrées de première nécessité, s'élève d'année en année, et pèse à la fois sur les consommateurs de Paris et sur les producteurs des provinces d'un poids qui devient intolérable.

Encouragées par le pernicieux exemple de la capitale, les grandes villes s'épuisent par des centimes additionnels, par des octrois immodérés, par des emprunts que facilitent les lois et les décrets de fausse décentralisation en dépenses improductives. On démolit, on reconstruit, on ouvre des rues impériales, des rues centrales, on multiplie les squares, on dépense des millions à bâtir des hôtels de préfecture ; et c'est ainsi que le passif des départements s'est élevé, à l'instar de celui de l'état à un chiffre qu'un orateur a dans la discussion récente du budget de Paris, évalué à deux milliards.

Où s'arrêtera dans cette voie ruineuse la docilité des candidats officiels ?

Nos campagnes dépeuplées d'un côté par la loi militaire qui tend, comme sous le premier empire, à transformer la France en un camp, de l'autre par les travaux publics exagérés qui font affluer à Paris et dans quelques autres grandes villes, les ouvriers nécessaires aux travaux de l'agriculture, doivent comprendre enfin qu'il est temps de remonter à la source des dilapidations financières et des aventures militaires sans but et sans résultat.

VII. — Ce qu'il faut d'abord interroger, c'est la loi qui a posé le principe du suffrage universel, mais qui ne l'a pas organisé. Ce principe est non-seulement indiscutable, mais juste et salutaire, puisque son objet est de mettre obstacle à ce que les intérêts particuliers d'une ou plusieurs classes de la nation ne prédominent sur les droits de la nation tout entière. Reste à trouver dans les lois organiques du suffrage universel le moyen le plus propre à protéger la représentation de l'universalité des intérêts sociaux.

Ce moyen ne peut-être qu'un système de groupes, de libres associations manifestant, dans des conditions de liberté et de force, les aspirations nationales.

C'est le système que défendit avec éloquence, mais sans succès, un homme d'Etat éminent de la Restauration, M. de Serres. L'élection purement individuelle fut considérée comme étant mieux en harmonie avec l'état de la société moderne. L'un des plus illustres auteurs de la loi de 1817, Royer-Collard, disait dans la discussion de cette loi : « les conditions qui produisent la capacité politique sont prises sans doute dans l'intérêt de la société tout entière; elles expriment cet intérêt, et on pourrait dire qu'elles le représentent; mais c'est tout ce qu'il y a de représsntatif dans l'électeur; quand il est en action, il ne représente que lui-même. »

L'individualisme à la base et la centralisation au sommet, tel a été le dernier terme de la législation électorale, dont le but avait été de concentrer dans les classes moyennes toute l'influence politique à l'aide des votes individuels de deux à trois cents mille censitaires.

Vainement essayerait-on aujourd'hui de rétrograder vers le système qui, dans la pensée d'un ministre éminent de Louis-Philippe, avait pour objet de concilier une grande organisation administrative, générale, régulière, hiérarchique, centralisée avec un régime de liberté politique fondé sur la capacité présumée des électeurs privilégiés : le fleuve démocratique ne remontera pas vers sa source, et le seul moyen de prévenir ses ravages c'est de lui creuser un large lit, en maintenant le principe du suffrage universel et en lui donnant pour base l'universalité des intéréts sociaux.

L'électorat n'est point une fonction politique, c'est un droit social. Tous doivent donc concourir au vote de l'impôt et à la confection des lois générales; s'il en était autrement, il n'y aurait pas de droit national, ce qui impliquerait la légitimité du despotisme. Ne déplacez pas les populations, vous donneriez trop d'avantage aux brouillons et aux intrigants ; mais demandez-leur dans leurs communes respectives de vous désigner le plus digne; elles s'y tromperont rarement. « Le peuple, dit Montesquieu, est admirable pour choisir ceux à qui il doit confier quelque partie de son autorité, il n'a à se déterminer que par des choses qu'il ne peut ignorer et des faits qui tombent sous ses sens. Le peuple sait très-bien qu'un homme a été souvent à la guerre, qu'il y a eu tels ou tels succès : il est donc très-capable d'élire un général; il sait qu'un juge est assidu, que beaucoup de gens se retirent de son tribunal contents de lui, qu'on ne l'a pas convaincu de corruption : en voilà assez pour qu'il élise un préteur. Il a été frappé de la magnificence ou des richesses d'un citoyen ; cela suffit pour qu'il puisse choisir un édile. Toutes ces choses sont des faits dont il s'instruit mieux sur la place publique qu'un monarque dans son palais. »

VIII. — Pour que les populations votent en connaissance de cause, il faut qu'elles votent dans leurs communes. Les décrets de 1848 qui substituèrent le suffrage universel au système électoral restreint à un certain nombre de censitaires faussèrent le principe en transportant l'élection au chef-lieu du canton et en créant le scrutin de liste.

Ce qui rallia à la loi du 31 mai 1850, élaborée sous l'empire de préoccupations si diverses, la majorité des représentants, ce fut d'une part le rétablissement du siége de l'élection dans chaque commune, et d'autre part le principe de la subordination du droit électoral au droit de cité.

L'esprit d'association d'où découle le droit de cité, après avoir été longtemps dédaigné par ceux qui s'obstinent à ne reconnaître que deux forces sociales, l'*individu* et l'*Etat*, a repris faveur depuis qu'on a vu les multitudes renverser par des rafales subites et presque périodiques les gouvernements les mieux établis. Dans un livre récent, plein de recherches savantes et d'idées ingénieuses, mais dont l'auteur a eu le tort de chercher dans le pouvoir plutôt que dans la liberté le principe de la coordination des associations locales, on remarque avec raison que le rapide essor et l'incessante activité de l'esprit d'association, dans la seconde moitié de ce siècle, transforme à vue d'œil nos conditions économiques, modifie complétement l'administration de chaque Etat à force de perfectionner viabilité, télégraphes, stratégie, navigation, circulation financière, et commence à influencer aussi les institutions politiques. L'auteur part de là pour proposer l'abrogation du principe qui ne base l'élection que sur la population, et un système électoral par catégories de professions formées d'après une . le division en associations économiques, intellectuelles et morales. Substituons à l'arbitraire de ces classifications faites par la main du pouvoir la manifestation spontanée dans les assemblées locales et nationales des intérêts divers développés par les progrès de la civilisation, et nous serons près d'atteindre le but.

Ce qui importe, quelque soit le mode d'exercice du suffrage universel, c'est de prémunir l'autonomie électorale contre tout ce qui peut porter atteinte à la liberté et à la sincérité des votes, et faire tourner au profit d'intérêts particuliers ce qui doit être l'expression de l'intérêt général.

IX. — A défaut d'associations organisées régulièrement et d'une manière permanente au sein des multitudes individualisées, des associations accidentelles se forment à la veille des élections pour faire prévaloir certaines idées collectives. Ainsi l'union libérale formée en vue de défendre la liberté politique contre les impiétements du gouvernement personnel; ainsi l'union démocratique opposant un digue populaire à l'invasion des priviléges d'une fausse aristocratie; ainsi l'union dynastique protégeant l'ordre établi contre une nouvelle révolution. Toutes ces formules d'association sont incomplètes sans doute; la meilleure serait celle de l'union nationale par la décentralisation. Mais toutes néanmoins doivent être réputées légitimes tant qu'elles restent fidèles à leur programme. Sont-elles légales? C'est plus douteux si elles se composent de plus de vingt personnes et même de moins, témoin l'arrêt rendu dans le célèbre procès des Treize. Mais ici c'est la loi qui a tort, et ce tort serait aggravé par celui du gouvernement si, violant le principe de l'égalité devant la loi, il tolérait et favorisait certaines de ces associations illégales, tandis qu'il proscrirait les autres.

Les unions électorales, légitimes de leur nature, puisqu'elles ont pour objet de défendre ouvertement un principe ou un intérêt public contre les attaques auxquelles ils sont en butte, ces unions cessent d'être estimables quand elles dégénèrent en coalitions abritant les sourdes intrigues d'intérêts particuliers. L'union dynastique, par exemple, aurait-elle pour objet de faire prévaloir, comme l'a remarqué le *Times* dans ses réflexions sur le dernier discours de l'Empereur, l'intérêt héréditaire d'une famille sur la souveraineté nationale, sur les droits naturels des citoyens, sur les intérêts généraux et permanents du pays? L'union dynastique serait coupable. L'union libérale, préoccupée des intérêts d'une autre famille, aurait-elle pour objet, non de ressusciter les libertés de la tribune et de la presse, mais de créer un despotisme parlementaire appuyé sur la centralisation? l'union libérale serait coupable. L'union démocratique tendrait-elle à faire prévaloir, non le principe juste et salutaire de la participation de tous à la gestion de la chose publique, mais le despotisme intolérant et le socialisme fiscal de la classe la plus nombreuse, mais non la plus éclairée? L'union démocratique serait coupable. Les intérêts religieux eux-mêmes, malgré leur supériorité relative sur tous les intérêts terrestres, n'autoriseraient pas des citoyens français à oublier ce qu'ils doivent, comme patriotes, non-seulement à la liberté politique qui est l'instrument de toutes les autres, mais aux libertés civiles et municipales qu'ils 'ont tant d'intérêt à défendre, même comme chrétiens, contre un pouvoir omnipotent, malgré sa responsabilité apparente.

Un candidat parfait serait celui qui, prenant dans chaque parti la fraction de vérité politique dont il est le dépositaire, répudierait en même temps ses passions mauvaises, et mériterait le titre de : *libéral conservateur*. Celui-là, loin de refuser de tendre la main à un homme honnête, désintéressé, dévoué à la chose publique, par cela seul qu'il ne penserait pas comme lui sur toutes les questions à l'ordre du jour, chercherait avec empressement les moyens de s'éclairer dans chacun des groupes d'opinions et d'intérêts différents dont l'ensemble, si les lois ne s'opposaient pas à leur union, constituerait, mieux que la maxime despotique : *divide ut imperes*, l'unité nationale appuyée sur toutes les libertés. Nous ne verrons la fin de nos dissensions intestines que lorsque ce magnifique idéal sera réalisé dans les limites du possible que comportent les infirmités inhérentes à la nature humaine.

X. — Mais autre chose est le principe des associations libres entre des hommes qui veulent, quoique par des moyens différents, atteindre un but déterminé, honnête et utile; autre chose est le principe des coalitions dont l'objet est ou indéterminé ou subversif, et qui imposées le plus souvent par des volontés étrangères, procèdent par des moyens presque toujours occultes, quelquefois frauduleux ou violents.

Tandis que l'association tend à unir dans les principes qui leur sont communs des esprits divisés sur d'autres points, la coalition s'établit entre des principes contradictoires, ne recule, pour détruire l'ennemi à vaincre ni devant les illégalités, ni devant les immoralités, s'enveloppe du mystère et a recours aux menées secrètes, aux conspirations et aux complots.

Des électeurs, sincèrement unis dans la pensée de faire prévaloir un principe qui leur est commun, conservent néanmoins intacts leurs principes particuliers, et le droit de les manifester librement. Dans les coalitions, au contraire, chaque parti prend des déguisements et use de réticences afin de se rendre plus acceptable.

En entrant dans une coalition on n'est pas pour cela un apostat. On garde *in petto* ses principes, on les manifeste au besoin, mais on se sépare avec affectation de ces esprits absolus qui ne savent rien relâcher de leur rigorisme, et qui rendent impossible toute entente avec les autres partis, on évite d'ailleurs de parler de ce qui divise, et l'on saisit toutes les occasions pour se faire des auxiliaires sans s'enquérir de leurs antécédents et de leur moralité qu'on n'entend pas garantir. On dédaigne ses amis politiques pour se jeter dans les bras des adversaires qu'on veut conquérir. On s'expose ainsi, dans une sorte de promiscuité politique, à de honteuses méprises dont on rougit mais trop tard. On a d'ailleurs trop de solidité, de fixité dans ses convictions pour se laisser entraîner soi-même à des concessions exagérées. Mais en se montrant bon prince pour maintenir sa popularité, on propage parmi les imitateurs de cette politique complaisante, une indifférence plus ou moins accentuée selon le caractère des gens, et on arrive dans un temps donné à l'oblitération des principes dont l'ensemble constitue le parti auquel on s'est attaché par la communauté d'idées.

« Eh! quoi, s'écrie-t-on, les partis resteront-ils toujours emprisonnés dans le cercle étroit de leur évangile politique? Ne se feront-ils jamais des concessions réciproques? »

A Dieu ne plaise que les amis de l'autonomie électorale l'entendent ainsi! Pour eux la liberté n'est pas un but, c'est un moyen de ramener la paix et l'union entre les partis qui se déchirent depuis près de quatre-vingts ans. Mais comment désarmer, pacifier, unir les partis? est-ce par le système des coalitions? est-ce par celui de l'union dans les principes?

Il y a dans chaque parti deux éléments distincts : des principes souvent incomplets, mais respectables parce qu'ils sont une fraction de la vérité politique, et des passions souvent aveugles dont il faut se défier. Céder à ses propres passions politiques jusqu'au point d'épouser, dans un but de coalition, les passions d'un parti dont on repousse les convictions, c'est marcher aux abîmes. On ne va jamais aussi loin, disait Cromwel, que lorsqu'on ne sait pas où on va. Le pire des fanatismes, c'est ce fanatisme sceptique de l'esprit de parti qui, pour détruire l'ennemi, prend à l'aveugle toutes les armes, revêt toutes les formes, souffle le froid et chaud, loue et blâme à la fois des principes contradictoires, et fait tourner à la ruine du parti même qu'il prétend servir son ardeur exagérée et ses manœuvres inconscientes en quelque sorte d'elles-mêmes. Appeler à se confondre, dans une appellation uniforme mais vague et équivoque, des partis politiques profondément divisés sur des questions capitales, c'est vouloir faire du corps électoral une nouvelle tour de Babel.

XI. — « Ainsi, nous dit-on, il vaut mieux soutenir un mauvais système de gouvernement que de le combattre! Renversons d'abord, nous verrons ensuite. Vous refusez, c'est une défaillance. »

L'injustice parvenue à ce degré d'irritation est difficile à convaincre ; ce n'est plus la raison qui parle, c'est la passion.

Non, il ne faut pas s'abstenir de combattre un mauvais gouvernement; mais il faut savoir distinguer avec les publicistes de tous les pays et de tous les temps, entre les situations diverses.

On peut, on doit non renverser par l'émeute, mais déposer régulièrement un despote dont la tyrannie tourne à la ruine de la communauté; mais on ne le peut qu'à la dernière extrémité, de peur d'avoir, si l'on réussit, un gouvernement pire que celui qu'on a renversé, et de consolider, si l'on échoue, la tyrannie qu'on voulait détruire. A l'égard d'un gouvernement tolérable, quoique vicieux, une opposition pessimiste et subversive serait sans excuse, et ne pourrait s'expliquer que par l'ardeur des convoitises et l'aveuglement des passions. Tout ce que peut faire un électeur consciencieux en présence d'un de ces gouvernements de fait qu'un tour de roue de la fortune à élevé au pouvoir suprême, c'est d'opposer à une politique nécessairement portée à devenir personnelle afin de protéger un pouvoir inquiet de sa propre conservation, l'inflexibilité des principes de l'ordre social et des intérêts généraux et permanents du pays. Un candidat indépendant, libéral et conservateur doit, dans ces graves circonstances, être préféré à un candidat qui a enchaîné sa liberté, alors même qu'il ne réfléchirait pas toutes les convictions dont on est soi-même animé, si d'ailleurs l'honorabilité éprouvée de son caractère témoigne de son désintéressement personnel, et d'un dévouement sincère aux intérêts de la société. Quel homme de sens pourrait songer à renverser un gouvernement sans savoir ce qui peut le remplacer ? Qui pourrait s'exposer, en entrant dans une coalition indéterminée dans son objet et dans ses moyens d'exécution, à l'alternative d'un cataclysme, ou de l'aggravation du mal qu'il voudrait détruire?

XII. — On le reconnaît si bien qu'au lieu d'avouer un but pessimiste on ne fait entendre que des paroles d'union, de fraternité et de paix. Ces formules sont-elles sincères, si chacun des partis coalisés dit tout bas : *J'embrasse mon rival, mais c'est pour l'étouffer?* N'en finira-t-on jamais avec les mystifications renouvelées du baiser Lamourette ?

L'union dans les principes identiques ou analogues, c'est la paix; la coalition des principes contradictoires momentanément rapprochés par l'égoïsme, c'est la guerre. L'union avoue franchement son but, arbore publiquement son drapeau, et formule son symbole en termes explicites. La coalition déguise sa véritable pensée et médite, en se servant de formules équivoques, des moyens de succès qui peuvent dégénérer tantôt en fraudes, tantôt en violences. En empruntant le secours d'un adversaire politique, on tend vers un but opposé à celui qu'il se propose lui-même et l'on ne marche quelque temps sous le même drapeau que pour se diviser ensuite, et se faire un guerre acharnée. Étrange système de fraternité et de conciliation !

XIII. — Au fur et à mesure que l'esprit de coalition fait des progrès dans les mœurs publiques, on sent, surtout sous l'empire du suffrage universel, le culte des principes perdre peu à peu de son prestige. Les convictions s'affaiblissent, et soit conformité d'esprit ou de caractère, soit désir de popularité, soit espérance de tirer soi-même quelque profit de ses concessions, on devient de moins en moins rebelle à ce qu'on avait d'abord repoussé et on finit par céder au torrent. C'est ainsi que l'opinion publique se dégrade peu à peu et se prostitue au culte du Dieu-Succès.

Sous aucun prétexte, sous aucun voile, l'intérêt particulier, même le plus respectable, ne peut devenir l'âme d'une association électorale. Ne nous le dissimulons pas cependant, l'égoïsme a souvent plus de part que l'intérêt public à la formation des coalitions, et dans la polémique dont retentissent les journaux, les prétentions personnelles des candidats à la députation se mêlent assez tristement aux grands débats politiques. Ainsi s'explique ce fait signalé dans un discours que M. Thiers, ministre de Louis-Philippe prononça à la Chambre des députés contre les coalitions, à savoir que les partisans de ce genre d'élection sont surtout des jeunes gens trop impatients d'atteindre le but, et des vieillards qui n'ont plus le temps d'attendre. Les principes seuls sont patients parce qu'ils sont éternels. Leur action, quoique plus lente, est d'ailleurs plus sûre et plus saine que celle d'une politique d'intrigue ou d'une coalition d'émeutiers. Adoptés et propagés par les esprits éclairés, les principes sociaux descendent peu à peu dans les masses ; et c'est ainsi qu'au lieu de ces raffales populaires qui détruisent sans réédifier, on aboutit graduellement à des réformes salutaires d'où naît un véritable progrès. D'ailleurs le succès n'est pas tout. En restant fidèle à ses principes, on peut, il est vrai, malgré le proverbe : *tout vient à point à qui sait attendre*, traverser cette courte vie sans avoir vu la terre promise, mais on peut du moins se rendre le témoignage d'une fidélité courageuse et réserver à ses enfants le bénéfice de la part qu'on a prise à la propagation et au triomphe de ce qu'on a cru être la vérité et la justice.

XIV. — Chaque parti doit non-seulement tenir à conserver intacts les principes qui, dans sa conviction, font son honneur et sa force, mais il doit encore se réserver toujours la liberté de les manisfester. L'union dans les principes laisse cette liberté entière à l'électeur. Libre de tout engagement antérieur, il vote pour le candidat qu'en son âme et conscience il croit le meilleur, et si après une ou plusieurs épreuves, il reconnaît que ce candidat à peu ou point de chance de succès, il trouve dans les manifestations publiques de ses concurrents des moyens de s'éclairer sur le choix qu'il est convenable de substituer à celui qu'il avait fait d'abord. Dans ce cas il doit écarter le candidat imposé, soit par le pouvoir, soit par les comités dictatoriaux, et chercher parmi les candidats indépendants celui qui lui paraît offrir le plus de garanties de son imperturbable fidélité à l'ordre et aux libertés publiques, et être le plus sympathique à la population qu'il aspire à représenter. Quel sera ce candidat? On ne peut le plus souvent le prévoir, et prendre par conséquent à l'aveugle des engagements anticipés. On ne le peut pas pour soi, on le peut bien moins encore pour autrui.

Le propre des coalitions, c'est la subordination absolue du vote de l'électeur aux ordres d'un comité directeur, qui, après s'être nommé lui-même, s'impose tyranniquement. « Vous resterez libres, messieurs les électeurs, disait naguère un apôtre de la doctrine coalitionniste, tous les jours excepté un, celui du vote : ce jour-là vous nous obéirez, car un parti ne peut exister sans discipline. »

Nous obéirons, mais à qui? *A l'opposition*, répond-t-on.

Les coalitionnistes croyent avoir tout dit en inscrivant sur leur drapeau le mot élastique : *opposition ;* mais on peut faire de l'opposition à des points de vue divers et même diamétralement opposés. Le candidat qui refuse de s'expliquer sur la manière dont il comprend l'opposition de peur de se priver d'auxiliaires utiles, fait-il une chose consciencieuse, honnête, morale? Est-ce ainsi qu'un parti, quel qu'il soit, peut conserver intactes la pureté et l'énergie de ses convictions, et rallier à lui, au moment du péril, les opinions de ceux qui, amoureux avant tout du repos, cherchent le succès sans doute, mais ne repoussent pas ce qu'ils croient être le vrai et le bien? Non, il n'est pas possible d'accepter aveuglément la dictature de comités dont on ne connaît le plus souvent ni la composition, ni les tendances politiques et sociales, et dont les éléments sont tellement hétérogènes qu'il peut en sortir, à l'insu même de ceux de leurs membres en qui l'on aurait confiance, des solutions compromettantes pour le parti qu'on prétend servir, et pour les principes absolus, immuables, non susceptibles de transactions et de compromis qui sont le fond commun de tous les partis politiques.

XV. — La stratégie parlementaire, sous l'empire du suffrage restreint, se servait avec habileté mais sans beaucoup de succès de cette vague terminologie : *ministère, opposition, centre droit, centre gauche, tiers parti, opposition dynastique, extrême gauche, extrême droite.* Chaque chef de coterie enrôlait ses électeurs, et se faisait des députés qu'il avait pu recruter des pions avec les quels il jouait en quelque sorte aux échecs contre ceux qu'il avait souvent aidés lui-même à faire nommer. Quiconque a vu fonctionner le système des comités directeurs n'aura pas de peine à reconnaître qu'il a été l'un des graves inconvénients du régime parlementaire. Les comités directeurs s'épuisaient en vains efforts pour amalgamer, par une sorte de chimie politique, des éléments incompatibles, et les coalitions à peine formées se dissolvaient. C'était d'un côté le rocher de Sisyphe, la roue d'Ixion, le tonneau des Danaïdes, de l'autre la toile de Pénélope. Le suffrage universel centuplerait les abus.

Heureusement le bon sens du peuple ne se prête pas à ces ingénieuses combinaisons dont le résultat le plus net est l'obcurcissement des principes, la confusion des langues, l'instabilité des gouvernements ; il prend au sérieux son droit de suffrage et refuse de le livrer aux chances des intrigues aventureuses. Vous n'obtiendrez des masses populaires ni au premier ni au second tour de scrutin rien autre chose que l'expression franche et sincère de leurs sentiments et de leurs principes par l'élection du député qui leur est à tort ou à raison le plus sympathique. Le peuple laissera faire ceux qui s'intitulent ses chefs, et si leurs résolutions lui déplaisent, il ne se fera pas le moindre scrupule de les désavouer et d'user pleinement jusqu'au bout de son autonomie électorale.

Pourquoi agirait-il autrement? est-ce que des comités parisiens qui se nomment eux-mêmes et qui s'adjoignent en province des comités de leurs choix ; est-ce que des journaux qui prétendent diriger l'opinion publique au lieu de la réfléter, peuvent imposer à des électeurs dont ils ne connaissent ni les principes ni les intérêts, ce qu'ils appellent leur *ligne politique*, et leur dicter, sous peine d'apostasie ou de défaillance, des choix qui leur répugnent ou des noms inconnus d'eux?

La tyrannie des comités directeurs est intolérable, dans le camp du gouvernement comme dans celui de l'opposition. Il ne suffit pas, quelque dévoué qu'on soit au gouvernment, d'être un député qui ne lui soit pas hostile, il faut, entre plusieurs candidats de la même couleur politique, choisir nécessairement l'ami *de la première catégorie*, le candidat officiel ; il ne suffit pas, si l'on vote avec l'opposition, de porter son suffrage sur un nom indépendant et honorable, il faut accepter de deux ou trois dictateurs le mot d'ordre et le mot de passe qu'ils font circuler dans l'intérêt, disent-ils, de la discipline supérieure, selon eux, au respect de la liberté des votes.

XVI. — Ces marchés à livrer de votes qui ne sont pas dans les mains des meneurs des coalitions, offrent d'ailleurs, surtout sous l'empire du suffrage universel, de graves et redoutables difficultés d'exécution, même quand la bonne foi y préside; à plus forte raison s'il y a dessein de tromper soit d'un côté, soit des deux côtés à la fois, ce qui n'est pas sans exemple. Dans les élections restreintes on opérait sur un petit nombre de voix dont le déplacement faisait pencher la balance; on les connaissait d'avance et on les comptait. Dans le suffrage universel on opère sur des milliers de voix; Qui peut les connaître, et les garantir ?

Ces dangers s'aggravent au lieu de diminuer si, comme quelque-uns le demandent, on ajourne au second tour de scrutin les échanges réciproques de voix concertés d'avance. Les circonscriptions électorales embrassent généralement, surtout depuis le dépècement arbitraire des grandes villes, cent communes environ dans lesquelles les voix se seront très-inégalement réparties entre les deux candidats de la coalition. Lequel devra céder à l'autre? Faudra-t-il, si la coalition s'est formée, ainsi que cela se pratique communément au chef-lieu, opérer, pour l'échange, sur les voix du chef-lieu seulement ou sur celles de l'ensemble des communes? Assurément tous ces détails n'auront pas été prévus dans un marché fait à la hâte, sous le manteau de la cheminée, par des mandataires sans mandat, qui, pour échapper à toute responsabilité morale, auront presque toujours gardé l'anonyme. Faudra-t-il pour juger les difficultés qui surgiront à l'improviste recourir à l'arbitrage d'un amphictyonat électoral? Les coalisés de la veille, devenus ennemis le lendemain ne chercheront-ils pas dans un recours à la force des moyens plus expéditifs de se donner raison? Des accusations réciproques de félonie éclateront souvent le lendemain de l'élection, et les divisions, les haines, les luttes à main armée succéderont aux témoignages de confiance illimitée que s'étaient donnés de prétendus chefs de partis, désavoués le plus souvent par les masses populaires au nom desquelles ils avaient imprudemment stipulé.

Le peuple accepte les formules simples et claires ; et quand il les a acceptées, il y tient ; mais au fur et à mesure que le principe coalitionniste produit des conséquences inaperçues jusqu'alors, on s'effraye, on recule, on voudrait ramener avec soi ceux qu'on a volontairement ou involontairement trompés, il n'est plus temps. La peur qu'inspire le parti dont on se sépare après avoir pactisé avec lui, se trouve avoir gagné les hommes ignorants et crédules, qu'on a associés à ce pacte, et qui refusent de rompre des liens qu'ils considèrent comme une égide. D'autres n'ont pas peur, mais trouvent tout simple d'accommoder, sous la responsabilité des chefs qui les ont enrôlés, les principes qui les contiennent et les passions qui les poussent. D'autres plus audacieux et plus francs passent le Rubicon et vont droit au représentant du parti ennemi sans prendre le chemin de traverse. Le résultat le plus net de toutes ces manœuvres, c'est la dissolution du parti dans l'intérêt duquel on s'y est livré.

Ce résultat se reproduirait inévitablement alors même que chefs et soldats de tous les partis coalisés procéderaient avec bonne foi ; que sera-ce si, dans leurs rangs, se glissent des ambitieux qui, tout en affectant un esprit de parti puritain, retournent à chaque instant leur cocarde afin de se concilier, grâce à leur malléabilité politique, tous les partis, rouges, blancs ou bleus ? que sera-ce si cette ambition descendue dans les bas-fonds donne à ces caméléons politiques des séïdes toujours prêts à mettre au service de leurs métamorphoses leur audace et leurs bras nus ?

XVII. — « Notre programme politique n'a, nous dit-on, rien d'occulte, rien qui ne soit avouable, digne d'éloges ; nous voulons la paix et la liberté. »

La paix et la liberté! mais tous les partis aspirent à ces deux bienfaits; tous demandent la paix dans la dignité nationale, la liberté dans l'ordre public.

La paix! jamais ce bien précieux n'a été plus nécessaire à une nation qu'il ne l'est aujourd'hui à la France. A qui et pourquoi ferait-on la guerre? Voudrait-on reprendre l'œuvre *fatale* prédite par Napoléon Ier, des grandes agglomérations, ou bien au contraire prendre sa revanche de la bataille de Sadowa et s'ériger en défenseur des petits États qu'on a laissés ou absorber ou affaiblir? Songerait-on à incorporer à la France les populations allemandes dont on a, par une politique imprudente, transformé la bienveillante affection en hostilité? Voudrait-on sacrifier au rêve de la limite du Rhin l'or et le sang de la France déjà trop prodigués dans des aventures militaires, non sans gloire, mais sans utilité?

Personne en France ne veut la guerre sinon ce congrès de Genève qui, malgré son titre pacifique, a manifesté avec tant de violence l'espoir de voir se rallumer sur les côtes d'Italie le feu qui peut, d'un instant à l'autre, embraser les Etats pontificaux. Mais il ne suffit pas d'inscrire sur son drapeau et de faire retentir dans ses harangues le mot de paix, il faut catégoriquement s'expliquer sur une question capitale, celle des grandes agglomérations opérées *per fas* et *nefas*, ou celle du respect dû à l'autonomie de ce qui reste encore des petits États tels que ceux de l'Allemagne du sud, de la Suisse, de la Belgique, de la Hollande, et même, soit dit sans offenser les unitaristes de l'Italie, des Etats pontificaux.

XVIII. — Le drapeau de la liberté n'est pas moins digne de sympathie que l'olivier de la paix, mais le mot « liberté » est encore plus élastique. « Les uns, dit Montesquieu, l'ont pris pour la facilité d'élire celui à qui ils devaient obéir ; d'autres pour le droit d'être armés, et de pouvoir exercer la violence ; ceux-ci pour le privilége de n'être gouvernés que par un homme de leur nation, ou par leurs propres lois. Certain peuple a longtemps pris la liberté pour l'usage de porter une longue barbe. Ceux-ci ont attaché ce nom à une forme de gouvernement, et en ont exclu les autres, enfin chacun a appelé liberté le gouvernement qui était conforme à ses coutumes et à ses inclinations. »

Le mot : *liberté politique* a-t-il une signification plus précise? « Cette liberté dans un citoyen, dit le même publiciste, est cette tranquillité d'esprit qui provient de l'opinion que chacun a de sa sûreté, et, pour qu'on ait cette liberté, il faut que le gouvernement soit tel qu'aucun citoyen ne puisse craindre un autre citoyen. »

Quiconque veut sincèrement la liberté ne doit pas se payer d'un vain mot, il doit demander les garanties réelles dont la liberté de la presse, la liberté de la tribune, l'indépendance des votes législatifs ont été dépouillées par le régime qui a survécu à la dictature du coup d'Etat; il doit s'attacher surtout à faire revivre le principe de la responsabilité non-seulement des ministres, mais de tous les agents du pouvoir par la suppression de l'article 75 de la constitution de l'an VIII qui subordonne le droit à l'omnipotence administrative.

XIX. — La liberté politique n'est pas d'ailleurs le but unique que doive se proposer un député désintéressé et animé d'un véritable patriotisme. On a beau nous dire qu'en Angleterre on ne s'occupe jamais que d'une seule question, l'analogie n'est pas exacte. Dans un pays où le pouvoir suprême est incontesté, et n'a pas toujours à penser à sa propre conservation, une seule question domine presque toujours dans les élections. En France, le problème à résoudre est au contraire très-complexe et ne peut pas être scindé.

« La conquête des libertés parlementaires est, nous dit-on, sinon le seul, du moins le principal objet que doivent se proposer les électeurs, les autres questions sont secondaires, il ne faut pas s'en préoccuper. »

Mais peut-on limiter aux libertés parlementaires les libertés nécessaires dont l'ensemble compose l'autonomie nationale, et chercher par un concours imprudent à accroître le nombre d'adversaires déclarés des grands principes sociaux ?

« Il faut négliger, ajoute-t-on, les questions *secondaires*, et s'abstenir d'interroger sur les questions sociales ceux qui promettent leur coopération active pour la conquête de la liberté politique. »

Quoi ! c'est une question secondaire que le conflit entre l'unité italienne et l'autonomie des Etats pontificaux !

Quoi ! c'est une question secondaire que celle de savoir s'il faut séparer l'Eglise de l'Etat, décapiter Rome de son chef temporel et les Etats catholiques, notamment la France, de leur chef spirituel, ou s'il faut seulement rétablir entre la puissance temporelle et l'autorité spirituelle les bornes posées par la tradition et méconnues par les articles organiques tant du culte catholique que des cultes protestants !

Quoi ! c'est une question secondaire que celle de savoir si les enfants appartiennent à l'Etat ou à leurs familles, et si celles-ci sont libres de les élever comme elles l'entendent, à tous les degrés de l'enseignement depuis l'école primaire jusqu'aux facultés supérieures, ou si elles sont tenues de subir de la part des professeurs de l'Etat un enseignement attentatoire à la religion et à la morale et qui leur est cependant nécessaire pour obtenir les grades imposés en France, dans un intérêt social, à l'exercice de toutes les professions libérales !

Quoi! c'est une question secondaire que celle de savoir si, par des mesures administratives, il est permis de supprimer la liberté de la charité, et d'empêcher des associations de pure bienfaisance d'ouvrir des asiles aux infirmes, de pénétrer dans les réduits des pauvres, et de donner aux malades les secours de la science et les consolations de la foi !

Quoi! c'est une question secondaire que cette question de la décentralisation administrative qui touche à la fois à l'autonomie des associations industrielles, religieuses, enseignantes, charitables, au libre organisme des corps municipaux et provinciaux, dont les questions qui s'agitent autour de Paris et de Lyon démontrent l'importance politique !

Quoi! c'est une question secondaire que celle de savoir laquelle est la plus favorable aux intérêts des masses populaires de la protection du travail national ou de la doctrine du libre échange !

Toutes ces questions administratives et économiques qu'on veut rejeter sur l'arrière-plan sont des questions actuelles, urgentes, brûlantes, ce sont celles qui non-seulement intéressent, mais passionnent les masses, qui retentissent dans les journaux. A d'autres époques ce qui agitait l'opinion publique c'était la question ministérielle, la question dynastique, la question de la forme à donner au gouvernement. Sans être indifférente au choix des hommes qui la gouvernent, la nation ne porte plus aujourd'hui aux questions personnelles l'intérêt d'urgence qu'elle y portait autrefois; ce qui la préoccupe surtout au plus haut degré, c'est la crainte d'un cataclysme, qui menace son existence; la France est très-inquiète de son avenir, de son salut, et jamais le terrible *to be or not to be* n'a retenti, dans les consciences, d'une manière plus énergique.

L'électeur ne doit donc pas concentrer son attention sur une question unique, celle des libertés parlementaires, il doit envisager l'ensemble de la situation politique, et sans descendre dans les détails abandonnés à l'appréciation éclairée et consciencieuse de son mandataire, il doit l'interroger sur les points culminants du grand et difficile problème que la crise électorale prochaine est appelée à résoudre.

XX. — Est-ce à dire qu'il ne doit élire que le candidat qu'il trouvera d'accord avec lui sur tous les points de son programme ? Ce serait absurde ; où trouver un candidat qui puisse répondre en conscience *amen* à toutes les questions que lui posera l'électeur ? est-ce qu'il y a deux natures à la fois libres et identiques ? Celui-là seul qui abdique complétement son autonomie entre les mains d'un préfet ou d'un comité dictatorial peut se flatter de se trouver toujours d'accord dans ses votes soit avec le pouvoir, soit avec le parti d'opposition qui l'aura désigné. Que si l'électeur et le candidat veulent conserver, tout en cherchant à s'entendre, la liberté sans laquelle ils ne seraient plus que les instruments d'ambitions particulières, leur premier devoir est de renoncer à un exclusivisme absolu. C'est une idée fausse et contradictoire que celle de la fusion des partis ; les partis ne se confondent pas, ils se coalisent, sauf à se faire ensuite la guerre. L'union dans les principes peut seule offrir à des hommes d'accord sur certains points, divisés sur certains autres, un terrain commun sur lequel ils se rapprochent, et finissent, à force de concessions réciproques, par s'unir et se confondre. Il y a, comme Montesquieu le remarque, deux sortes de principes : les principes absolus, immuables sur lesquels on ne peut pas transiger, et les principes contingents qui sont mobiles et variables ; c'est sur ces derniers seuls que la conciliation est possible ; mais comme en politique, science éminemment complexe, les faits jouent un très-grand rôle, il est plus facile qu'on ne le suppose de concilier des opinions consciencieuses et désintéressées. Ce qui met obstacle aux rapprochements, c'est l'égoïsme des partis, des coteries, des individus, qui est le principal élément des coalitions. Étudiez la polémique dont retentissent les journaux, vous y verrez avec douleur plus d'égoïsme que de dévouement. On veut arriver à tout prix et on se fait la courte échelle, sauf à la rejeter du pied sur ceux-là mêmes qui vous l'ont tenue.

XXI. — Ce triste spectacle éloigne de l'urne électorale un grand nombre d'hommes sincèrement dévoués au bien public, mais découragés par tant de mécomptes et de déceptions.

On a tort de croire que le système des coalitions électorales tend plus efficacement que celui de l'union dans les principes à faire affluer les électeurs dans les assemblées, et à conjurer le danger de l'absentéisme non moins redoutable en politique qu'en économie sociale.

Ce qui pousse vers l'abstention tant de citoyens honnêtes et paisibles, c'est surtout la crainte de servir de marche-pied aux ambitieux que favorisent les intrigues ; c'est le désarroi où sont jetées les intelligences par la confusion des principes qui naît de la coalition des partis.

L'abstention systématique a fait son temps parce qu'elle n'a plus ni raison ni prétexte d'être. On pouvait la concevoir sous le régime dictatorial qui succéda au coup d'E at, et même sous l'empire des lois qui interprétaient la constitution dans un sens quasi-despotique. On était alors trop avide d'ordre matériel pour ne pas craindre d'effaroucher par une opposition intempestive les terreurs habilement exploitées du spectre rouge, et pour oser jeter au milieu des intérêts satisfaits des questions de principes. Comment discuter d'ailleurs avec un bâillon dans la bouche? Les lois qui ont quoiqu'incomplétement allégé le joug ne permettent plus de s'abstenir d'une lutte dont l'issue peut-être désastreuse pour le pays si les hommes de foi et de liberté refusent d'y prendre part. On peut abdiquer un droit, on ne peut pas abdiquer un devoir. En est-il un de plus sacré pour un citoyen français que celui de travailler à garantir son pays contre une alternative imminente de deux excès également redoutables, et d'y raviver le culte des principes et des traditions en dehors desquels toute évolution politique, loin d'aider au progrès social, peut devenir un instrument de démoralisation, de spoliation et de servitude?

On paraît comprendre enfin que le gouvernement par les mœurs, la paix et la liberté n'est pas impossible à une nation qui, malgré les points noirs qui obscurcissent son horizon, recèle dans son sein tant de forces sociales latentes. On comprend que la lutte est toujours une force, que les efforts des gens de bien, dussent-ils rester impuissants, leur devoir serait de persévérer, et que les scrupules politiques qu'inspire à certaines consciences un serment qui n'a rien de féodal doivent s'évanouir devant l'idée du salut social.

On est près de reconnaître enfin qu'il ne suffit pas pour remplir ses devoirs de chrétien, de citoyen et de père de famille d'accomplir ses devoirs religieux, de faire paisiblement ses affaires, de payer ses contributions et puis de s'endormir sur son oreiller, sans songer que le lendemain peut-être on sera réveillé en sursaut par quelque nouveau coup de tonnerre tel que ceux qui, en vingt-et-un ans, ont fait trois fois trembler le sol.

Mais ceux qui, par système, par égoïsme ou par apathie s'étaient abstenus de voter jusqu'à ce jour et qui sont maintenant résolus à descendre dans l'arène pour venir au secours de la société en péril, hésitent sur le parti à prendre en présence des ravages qu'à faits dans les intelligences la maxime *diviser pour régner* mise tour à tour au service du pouvoir et des partis. Où donc est le vrai ? Où donc est le bien ? se demandent une foule de gens honnêtes et simples à la vue de ce pêle-mêle d'opinions jadis et aujourd'hui encore ennemies, quoique coalisées contre un adversaire commun. Tiraillées dans tous les sens, et ne comprenant même plus la langue des polyglottes politiques qui cherchent à leur persuader qu'ils ne sont aujourd'hui révolutionnaires par ordre que pour redevenir demain hommes de foi et de liberté, ils se retirent de la lice et laissent le champ libre au désordre. Reprochez-le leur, ils vous répondront qu'ils auraient voté pour un candidat dont ils auraient compris le programme, nettement formulé et dégagé de toute alliance, mais qu'en présence d'une coalition formé d'éléments hétérogènes et recélant peut-être un formidable inconnu, ils ont considéré l'abstention comme un devoir.

XXII. — Quels sont les moyens les plus propres à opérer entre les partis des rapprochements qui ne dégénèrent pas en coalitions ? Ce sont les réunions privées et publiques d'électeurs abandonnées à leur libre arbitre.

En haine des anciens corps professionnels ou religieux, les assemblées législatives de la Révolution avaient mis obstacle non-seulement aux associations, mais aux réunions de personnes liées par les mêmes intérêts ; mais ces lois de circonstance sont tombées en désuétude ;

elles ne proscrivaient pas d'ailleurs d'une manière générale les réunions privées ; les lois pénales du premier empire, la loi de 1834, celle de 1835 n'atteignent que les associations ou les réunions *publiques* non autorisées. L'inviolabilité du domicile est un dogme politique incontesté en principe, quoique souvent méconnu dans la pratique. Un texte de loi regrettable y avait seul porté atteinte ; il a été abrogé, et tout le monde reconnaît aujourd'hui que la liberté des réunions privées, même de celles dont l'objet est politique, est incontestable.

Telles sont cependant les habitudes d'isolement contractées en France par la désaccoutumance de la vie locale, qu'il n'y a pas de droit plus négligé dans la pratique que la liberté des réunions politiques privées ; chacun vit chez soi, s'occupe de ses affaires ou de ses plaisirs, et s'en remet à son préfet, s'il est du parti du gouvernement, et à son comité directeur, s'il est du parti de l'opposition, du vote qu'il aura à émettre. Tout à coup, le jour de l'élection, soigneusement tenu caché jusque-là par le ministre, est annoncé par un décret. On se rencontre dans les rues, et on se dit tout ahuri : Eh bien ! qu'allons-nous faire?... Quelques jours se passent avant qu'on n'ait secoué la léthargie.

Puis, tout à coup la fièvre électorale se déclare. On va, on vient sans savoir où. On fait circuler des noms souvent inconnus jusqu'alors. Qui donc est ce candidat? D'où vient-il ? Quels sont ses titres? Je ne sais pas. Les journaux embouchent la trompette, les tréteaux se dressent. Chaque candidat se qualifie, qui candidat du gouvernement, qui candidat de l'opposition démocratique ou libérale, qui candidat indépendant. Les affiches blanches, vertes ou bleues couvrent les murs, les porteurs de bulletins font entendre leurs voix de canards, et l'électeur, assiégé par eux, et les mains garnies d'imprimés que souvent il ne sait pas lire, vote quelquefois pour son parti, quelquefois au hasard, rarement selon les inspirations de sa conscience.

Ce suffrage universel, irréfléchi, fiévreux, aveugle, exposé à la fois aux surprises des charlatans, aux manœuvres des corrupteurs, aux fraudes et aux violences, est-il préférable à celui qui s'opèrerait à l'aide de réunions préparatoires, tenues quand et comment l'entendraient les électeurs, et dans lesquelles seraient nommés des délégués qui prépareraient dans un comité non permanent les résolutions de l'assemblée, sans rien lui imposer cependant, ni quant au choix des députés, ni quant à leur mandat législatif? Cette question vaut la peine d'être examinée au double point de vue des lois actuelles et des réformes dont elles sont susceptibles.

Considéré sous le rapport de l'autonomie, le suffrage universel préparé est évidemment préférable au suffrage universel impromptu. Celui-ci n'est pas l'œuvre spontanée de l'électeur, c'est l'œuvre d'un tiers qu'il accepte, comme s'il était incapable d'agir et de penser par lui-même. Un article de journal, la circulaire d'un préfet ou d'un comité directeur est la source où il va puiser les conditions dans lesquelles il doit être représenté. Il s'exproprie du plus précieux de ses droits, du droit de disposer de lui-même et de régler le plan de conduite que doit suivre son représentant. N'est-il pas plus sage que les électeurs cherchent à l'avance dans des réunions de famille les moyens de s'éclairer, et qu'ils n'enchaînent leurs votes qu'après avoir interrogé dans ces réunions préparatoires ceux auxquels ils voudront donner et qui accepteront leurs suffrages?

Electeurs, l'initiative des choix doit émaner de vous seuls; vous devez formuler vous-mêmes le mandat de vos représentants, et s'il est vrai que ce mandat ne puisse pas être impératif sur des questions de détail laissées à leur libre arbitre, vous devez les interroger sur leurs tendances générales, et élire ceux qui, par leur caractère éprouvé, vous donneront le plus de garanties de faire triompher vos principes, et de défendre vos intérêts dans les limites du possible. Vous n'avez pas besoin pour cela d'une direction supérieure. Le *sens commun* suffit pour faire apprécier par des populations intelligentes les sommités des questions qui naissent de la situation politique.

Ces questions sont, il est vrai, très complexes. Il ne s'agit plus des querelles de portefeuilles qui absorbaient l'attention publique sous la monarchie parlementaire; il ne s'agit plus même des conflits entre les formes de gouvernements qui ont éclaté sous la République. Les questions administratives, économiques, politiques, sociales, religieuses, que la prochaine législature aura à examiner, tiennent aux fondements mêmes de l'ordre social.

Plus ces complications exigent de la part des députés de lumières, de zèle et de talent, plus elles exigent de la part des électeurs d'indépendance consciencieuse.

Le suffrage universel ne peut échapper au double péril dont le menacent les comités dictatoriaux, qu'en prenant pleine possession de lui-même et en rendant, sans autre inspiration que celle de la conscience des électeurs éclairés par les conseils qu'ils auront librement choisis, un verdict populaire dont le caractère essentiel doit être d'empêcher à la fois la prédominance du droit de la force et des théories anti-chrétiennes sur les aspirations patriotiques et religieuses des populations.

Eh! quoi, nous dit-on, vous voulez affranchir le suffrage universel de toute influence dirigeante! Vous voulez donc briser les liens salutaires du patronage? Vous voulez donc exposer le peuple aux surprises, à la corruption, à la fraude, à la violence? — Non, mais à mon sens, les meilleurs intermédiaires que puisse choisir le suffrage universel, ce ne sont ni les préfets, ni les comités directeurs recevant leur impulsion de Paris; c'est dans le sein des populations que se trouvent leurs guides naturels : elles sauront les y trouver elles-mêmes sans avoir besoin de recourir à des lumières étrangères, et des choix sortis des entrailles mêmes du corps social seront mille fois préférables à ceux qui, n'importe la couleur, leur seront imposés du dehors.

Voyez ce qui se passe. La veille de l'élection, tout est tranquille, tout est inerte. Tout à coup un charlatan politique, acclamé par quelques mercenaires porteurs de ses bulletins électoraux, rassemble la foule, lui promet monts et merveilles et l'attache à son char triomphant. Ce genre de propagande est regrettable de quelque côté qu'il procède. Les *hustings*, quelque habitude qu'en aient contractée nos voisins d'Outre Manche, rencontreront toujours en France un double obstacle dans la délicatesse des mœurs et dans l'inflammabilité des passions. Il est pénible de voir un candidat monter sur les tréteaux et tenir aux électeurs un langage qui, pour être plus populaire, s'anime souvent outre mesure ; il est pénible surtout de voir des fonctionnaires administratifs, des maires, des sous-préfets, descendus avec leurs insignes dans l'arène électorale, opposer aux déclamations des orateurs en plein vent leurs harangues officielles, et rabaisser ainsi le gouvernement aux proportions d'un parti. Les représentations théâtrales de la politique entraînent trop souvent les multitudes surprises à des choix dont elles ne tardent pas à se repentir.

On a prétendu obvier à ces raffales populaires par l'article qui interdit les réunions préparatoires pendant les cinq jours qui précèdent l'élection. Mais cet obstacle à l'exercice d'un droit légal, imaginé dans l'intérêt du pouvoir plus que dans celui de la liberté, irrite les passions politiques et provoque les égarements populaires qu'on a en vue d'éviter.

La *plutocratie* est, pour le suffrage universel, un écueil non moins dangereux. On a beau nous répéter cette orgueilleuse métaphore : *On peut empoisonner un cours d'eau, on n'empoisonne pas l'Océan ;* l'objection serait fondée dans une certaine mesure si le suffrage universel était organisé de manière à être en pleine possession de lui-même, et procédait toujours avec calme et réflexion. Le peuple susceptible d'être corrompu, ce n'est pas ce peuple dont l'orateur romain disait avec beaucoup de raison : « Le peuple n'est pas cette populace que Clodius ameute et paye ; c'est le peuple des municipes. » Celui-ci est à l'abri des surprises et de la corruption, parce qu'au milieu de ses proches, de ses voisins, de ses patrons naturels, l'homme peut s'éclairer et rougirait de se déshonorer. Mais une multitude égrenée est comme un sable mouvant qu'un vent orageux ou malsain peut incessamment pousser aux abîmes.

Les entraînements périlleux auxquels nous avons dû tant d'abus de pouvoir, tant de réactions violentes, et qui nous ont donné trois révolutions en vingt et un ans, peuvent être, même sous l'empire des lois actuelles, conjurés jusqu'à un certain point à l'aide de réunions privées, fréquentes, paisibles et peu nombreuses, où s'élaboreront les travaux préparatoires de l'élection. On en a perdu l'habitude, même dans nos pays d'États où la vie municipale était si active. Mais ce que les lois ont détruit, les mœurs peuvent le refaire. Les libertés locales tiennent au cœur des populations, qui elles seront toujours disposées à les donner pour auxiliaires aux libertés politiques.

Les populations ne sont pas moins attachées à ce principe du *patronage* qui, selon la juste remarque de M. Leplay dans son livre sur la réforme sociale, peut seul garantir la France de nouveaux bouleversements. Mais ce n'est ni dans les bureaux des mairies et des préfectures où elles rencontrent plus d'étrangers que de concitoyens, ni dans les comités parisiens, dont elles ne connaissent pas même les membres de nom, qu'elles cherchent leurs guides politiques ; c'est parmi les compatriotes que leur position sociale, leurs lumières, leur fortune, la considération qui les entoure à juste titre, l'identité de leurs intérêts avec ceux des masses populaires placent naturellement à la tête de celles-ci. Momentanément privées dans les élections politiques de ces précieux auxiliaires, dont les uns se sont éloignés de l'arène par excès de fidélité à leur vieux drapeau, dont les autres ont trop oublié que la lutte même désespérée pour les grands principes de l'ordre est non-seulement un devoir, mais une force qui se retrouve à un temps donné, ces populations ont cherché, dans l'esprit de foi et de liberté dont elles sont animées, le moyen de discerner seules la vraie route du devoir, et suspendant avec prudence, dans l'intérêt de l'ordre matériel auquel elles n'ont cessé d'être fermement attachées, la revendication de leurs droits, elles n'ont pas failli un seul jour dans l'accomplissement de leurs obligations de bons citoyens. On les a vues soumises au pouvoir, mais gardant leur foi politique et religieuse au fond de leurs cœurs, traverser sans en être éblouies, les années de prospérité, et sans en être abattues, les années d'épreuves et de souffrances. Leurs principes sociaux et leur patriotisme ne se sont pas démentis un seul instant. Hier, elles envoyaient leurs fils au secours du souverain pontife et de son royaume envahi par le cosmopolitisme révolutionnaire ; demain elles voleraient en masse à la défense de nos frontières menacées par l'étranger.

Que doit-on faire pour venir en aide à ces généreuses aspirations et pour empêcher l'esprit de désordre, venu du dehors, de souffler sur les populations chrétiennes et patriotes ?

Voulez-vous sincèrement prémunir contre les embûches auxquelles sont exposés, dans l'exercice redoutable du suffrage universel, ces ouvriers, ces paysans qui ne sont ni des révolutionnaires ni des hommes corrompus, mais qui peuvent, faute de lumières, se laisser tromper ou intimider ; détendez les ressorts de cette centralisation formidable que vous mettez au service de vos préfets, et qui courrait le risque de provoquer par ses excès une réaction désastreuse.

C'est le conseil que donnait, il y a un demi-siècle, dans la discussion de la loi sur la septennalité, Royer-Collard à un gouvernement dont il n'était pas l'ennemi.

« Pour que le gouvernement représentatif existe, disait l'illustre publiciste, il ne suffit pas de la présence d'une Chambre, ni de la solennité de ses débats et de la régularité de ses délibérations, ni de la loyauté, des lumières, du patriotisme des hommes qui la composent ; et la véritable élite de la France, discernée par un choix surnaturel et rassemblée dans cette enceinte, ne réaliserait pas encore le gouvernement représentatif, si elle n'était pas envoyée *par la nation.*

« Or, malgré la volonté déclarée de la Charte, nous avons vu d'année en année, d'épreuve en épreuve, l'élection de la Chambre passer légalement, en quelque sorte, *de la nation au pouvoir.* C'est ici surtout que j'accuse les choses plus que les hommes. Un si étonnant résultat est au-dessus de toute perversité comme de toute habileté. Il a sa raison dans la société telle que la Révolution l'a aite, dans le pouvoir tel que l'Empire héritier de la Révolution l'a constitué. »

« Le ministère, disait-il ailleurs, vote par l'universalité des emplois et des salaires que le gouvernement distribue, et qui tous ou presque tous, directement ou indirectement, sont le prix de la docilité prouvée ; il vote par l'universalité des affaires et des intérêts que la centralité lui soumet ; il vote par tous les établissements religieux, militaires, scientifiques que les localités ont à perdre où qu'elles sollicitent ; il vote par les ponts, les routes, les canaux, les hôtels de-ville, etc. ; car les besoins publics satisfaits sont les bienfaits de l'administration, et pour les obtenir les peuples courtisans doivent plaire. En un mot le ministre vote de tout le poids du gouvernement qu'il fait peser en entier sur chaque département, chaque commune, chaque profession, chaque particulier.

« Le mal est grave, messieurs, il est si grand que notre raison bornée peut à peine le comprendre, et qu'elle est hors d'état d'en apercevoir toutes les conséquences, qui cependant, par la force invincible des choses, se font jour, s'amassent et déjà nous accablent. Le gouvernement n'a pas été seulement subverti par le gouvernement impérial ; il a été perverti, il a agi contre sa nature. Au lieu de nous élever, il nous abaisse ; au lieu d'exciter l'énergie commune, il relègue tristement chacun au fond de sa faiblesse individuelle ; au lieu de nourrir le sentiment de l'honneur qui est notre esprit public et la dignité de notre nation, il l'étouffe, il le proscrit ; il nous punit de ne savoir pas renoncer à notre estime et à celle des autres. Vos pères, messieurs, n'ont pas connu cette profonde humiliation ; ils n'ont pas vu la corruption placée dans le droit public et donnée en spectacle à la jeunesse étonnée, comme la leçon de l'âge mur. »

Ainsi parlait Royer-Collard sous un gouvernement qui n'était pas l'empire lui-même, mais l'imitateur imprudent du régime impérial. Que dirait-il s'il voyait non plus seulement l'abus des influences occultes, mais l'éloge patent de candidatures officielles soutenues par des préfets que de prétendus décrets de décentralisation ont armés d'un pouvoir décuple de celui qu'exerçaient leurs prédécesseurs sous les deux monarchies antérieures?

Nous voyons s'accomplir aujourd'hui la sinistre prophétie de l'illustre élu des sept colléges : Ce mal *que nos pères n'avaient pas connu*, et que nous n'avions qu'entrevu nous-mêmes, nous pouvons le mesurer maintenant dans toute son étendue, et juger quelles en seront les conséquences pour nos enfants.

On ne procède plus aujourd'hui par des influences *occultes*, on marche à visage découvert. Chaque préfet obtient de l'avancement selon le plus ou moins de dextérité qu'il montre dans les élections. Chaque maire est maintenu ou brisé selon le secours qu'il prête à l'action préfectorale. Les faits de fraude et de violence se multiplient dans les élections et restent souvent impunis. Ce système d'antagonisme entre le parti du gouvernement et celui de l'opposition obtient encore quelques succès dans les campagnes, où l'espérance d'un tableau d'église, d'une halle, d'une gare de chemin de fer prévaut quelquefois sur les plus grands intérêts politiques dans des esprits honnêtes, mais dont l'horizon ne s'étend guère au delà de leurs clochers.

Dans les villes, il a perdu tout prestige; les élections partielles le démontrent tous les jours, sans que ces avertissements réitérés éclairent les hommes qui nous gouvernent sur la nécessité d'une réforme administrative qui permette à la société, affranchie du joug préfectoral, de se préserver elle-même des graves périls qui la menacent !

Les amis les plus dévoués du gouvernement de Louis-Philippe lui donnaient un autre conseil que ses ministres dédaignèrent, et qui ne serait sans doute pas mieux écouté aujourd'hui, c'était de reprendre, dans l'intérêt de la liberté et sous une forme nouvelle, ce système d'élections graduées conçu par Siéyès à l'appui de son célèbre axiome : *la confiance doit venir d'en bas et le pouvoir doit venir d'en haut.* C'était de faire du suffrage universel à deux degrés non un instrument de despotisme, comme le voulaient quelques amis du premier empire, mais un principe de liberté, comme le demandaient, sous le règne de Louis-Philippe, des publicistes animés du désir de dégager le vote électoral de la pression permanente, soit du pouvoir, soit des oppositions coalisées ou non coalisées, et d'éviter ainsi, selon les expressions de l'un d'eux, *que le gouvernement représentatif ne s'éteignît en France dans l'avilissement et la honte.*

Ces paroles sévères, mais justes, sous l'empire d'une législation qui concentrait dans les classes moyennes l'exercice du droit électoral, on aurait quelque droit de les prononcer encore aujourd'hui où, grâce au défaut d'organisation du suffrage universel et aux influences étrangères qui l'assiégent et le paralysent, l'électeur n'a même plus la conscience de l'œuvre politique dont il est l'arbitre souverain. Mais la Constitution, quoique perfectible, est un cercle de Popilius. Celui-là seul peut la réformer, qui l'a donnée à la France. Osera-t-on du moins lui rappeler le mot de Napoléon Ier à des conseillers qui lui reprochaient d'avoir adopté un système électoral trop favorable à ses adversaires politiques : « Que craignez-vous ? Ces hommes ne veulent pas que le sol tremble, c'est leur intérêt et le mien. »

En attendant des réformes plus ou moins prochaines mais nécessaires, demandons au bon sens des populations elles-mêmes cet esprit de concorde, de paix et de liberté qui cherche dans la pratique sincère des associations et des réunions é'ectorales le moyen de rapprocher les partis non par les passions, mais par les principes, et de donner une base solide à l'ordre et à la liberté, mais ne cessons d'avoir les yeux fixés sur le but suprême, c'est-à-dire sur l'organisation du suffrage universel par le principe de la décentralisation des communes.

XXIII. — Le mécanisme de Sieyès ne fut qu'un instrument de règne, et la discipline électorale dont il arma l'empereur ne put, malgré ses bienfaits éphémères, créer qu'un ordre apparent. « Il n'appartient pas à un chef d'État, dit M. de Humboldt, de discipliner l'esprit public par l'éducation, la presse ou la religion. » Il lui appartient bien moins encore de le discipliner par l'élection, qui est la plus essentiellement libre des manifestations nationales. C'est donc une grave imprudence que ce système des candidatures officielles substitué, comme correctif du suffrage universel, au système des élections graduées qui mettait sous le premier empire, par des combinaisons cauteleuses, les aspirations nationales dans les mains du grand électeur. L'hypocrisie du despotisme était un hommage rendu à la liberté. La prétention affichée aujourd'hui par le gouvernement de diriger, d'éclairer, si l'on veut, les votes des électeurs ne saurait avoir un succès durable, fût-elle soutenue, comme elle l'était en l'an X, par le prestige de la gloire et par la toute-puissance d'une administration centralisée dans les mains d'un homme de génie.

Mais le contre-mécanisme des coalitions électorales dirigées par des comités actifs, d'où émane l'initiative des choix imposés aux électeurs, et qui, servis par de nombreux et intrépides agents exercent sur toutes les opérations une vaste surveillance, toute cette organisation ne peut être qu'une *organisation de circonstance*, ainsi qu'on la qualifie dans un écrit remarquable adopté comme un manifeste par une partie de la presse (1) ; ajoutons que cette organisation, même transitoire, offre dans la pratique les plus graves inconvénients.

Reportez-vous à un demi-siècle en arrière. Supposez Royer-Collard assistant aux séances du Corps législatif du 31 mars 1869 et des jours suivants et écoutant tour à tour le député officiel dans ses interpellations sur la corruption électorale, les ministres dans les explications qui l'ont rassuré et désintéressé, les orateurs de l'opposition dans les récriminations qui l'ont transformé d'accusateur en accusé. Pour qui croit-on que l'austère organe des doctrinaires eût opiné ? Il aurait conclu, comme l'un des orateurs de l'opposition, que la pratique des candidatures officielles déconsidérait le Corps législatif par le vice de son origine, corrompait l'administration en la transformant en instrument de parti, et ajoutait au gouvernement personnel une force aussi dangereuse pour lui que pour le pays. Mais il aurait conclu aussi, comme les orateurs ministériels, que les candidats officiels des comités d'opposition n'avaient pas, plus que les candidats du gouvernement, le droit de légitimer les moyens à l'aide du but.

L'organisation *définitive* du suffrage universel c'est, comme le démontra avec une austère éloquence un homme d'État éminent de la Restauration (2), la combinaison du principe d'association avec le principe de la population et du territoire.

(1) Voyez la série des articles publiés dans le *Correspondant* par M. de Falloux et répétés par plusieurs journaux. — (2) Discours de M. de Serres dans la discussion de la loi électorale de 1847, *Moniteur de 1816*, p. 1453.

Dans ce discours mémorable et presque prophétique, M. de Serres interrogea en 1817 l'histoire et la philosophie politique, éclaira l'avenir par le passé, et prédit aux Français que, s'ils ne remédiaient pas, dans leur système électoral, aux abus de l'individualisme incessamment aggravés par les progrès de la démocratie, ils rouleraient de révolution en révolution jusqu'au fond de l'abîme.

« Dans l'antiquité, disait-il (1), les citoyens n'étaient pas isolés, ils étaient classés, liés par des associations et des intérêts communs; l'esprit de corps des classes était la force de la cité.

« Nos ancêtres, à peine sortis des forêts de la Germanie, procédèrent par deux principes : celui des associations et celui de l'intervention de la nation dans les grandes affaires publiques; et c'est ainsi qu'après avoir arraché l'Europe à la servitude de Rome, ils posèrent les fondements de libres et puissantes monarchies. Rien n'était isolé; des intérêts communs s'unissaient, s'opposaient l'un à l'autre, se formaient un mutuel appui, une garantie réciproque. Partout où ces principes furent adoptés, il y eut liberté, prospérité, puissance; partout où ils ne le furent pas, il y eut des résultats contraires.

« Plus tard les grands se séparèrent des monarques, mais les deux États subsistèrent, et l'on vit les États des provinces se former.

« Une seconde révolution fit pencher les monarques vers un pouvoir absolu, et quand les associations cessèrent de députer directement au trône, elles perdirent et leur force et leur but. On les divisa, on les affaiblit, on les anéantit les unes par les autres.

« Tel était l'état des choses en 1789.

(1) Toutes ces paroles ne sont pas textuelles, mais leur sens est rigoureusement exact.

« La révolution brisa le pouvoir absolu des rois, elle reconnut le principe légitime de l'intervention de la nation dans les affaires publiques ; mais elle y joignit celui de l'indépendance personnelle, de l'isolement des individus que je n'hésite pas à appeler, d'après sa nature, un principe de dissolution. Par lui furent brisés tous les liens qui attachaient les Français aux Français. Après avoir réduit en poudre l'ordre social, on attaqua la famille ; cette marche était conséquente.

« L'organisation de la société est encore la même. Tous les systèmes électoraux se sont succédés sans la changer. L'isolement naturel des individus, leur défaut de lien et d'association est tel qu'il n'y a plus de différence entre un Belge, un Hollandais, un Toscan, un Romain ou un Français : il n'y a plus de caractère national.

« Dans cet état d'isolement, on ne pense qu'à soi, on ne calcule que pour son existence ; et c'est alors qu'on ébranle facilement les peuples, qu'on excite facilement des séditions, des révolutions qui ne trouvent pas de résistance, *qu'on élève des tyrannies qui n'éprouvent point d'opposition.*

« Au sein de cette société en poussière, le chef d'une armée devenue la dominatrice de la nation, aurait pu rétablir un ordre réel ; il n'employa qu'un moyen, la force. De nombreuses administrations, une police, une contre-police, des tribunaux extraordinaires, des commissions, des gendarmes, tel fut son système de gouvernement : mécanisme admirable, si l'on bannissait du sein d'un peuple le raisonnement, le sentiment et la pensée.

« Cependant le mouvement imprimé à la nation ne s'arrêta pas ; il n'était que comprimé, une inquiétude fébrile agitait tous les esprits ; le chef de l'État crut la calmer par la conquête du monde; ses conquêtes éphémères aboutirent à Waterloo.

Le gouvernement libre que nous possédons aujourd'hui, ajoutait M. de Serres, veut des ressorts de liberté. Osera-t-on les laisser jouer dans une société individualisée? Osera-t-on déchaîner, comme des vents irrités sur une multitude orageuse, la liberté illimitée de la presse et de la tribune?

« L'individualisme en matière électorale réduit l'élection à un simple calcul, à une simple formule arithmétique. Que devient, dans un tel système, la confiance des électeurs en leurs députés? Que devient la responsabilité morale des députés envers leurs électeurs?

« Quand tous les cinq ans les électeurs se réunissent pour nommer des députés, auxquels, à certaines et honorables exceptions près, ils sont et demeureront étrangers, quels motifs d'intérêt, de confiance et de responsabilité peuvent-ils exciter? Ils sont si faibles qu'on a craint avec raison que la matière électorale ne manquât, et que des milliers de châtiments ne fussent nécessaires pour des milliers de désertions.

« La responsabilité des députés n'est pas moins faible : point de lien de correspondance, point de ces racines qui s'enfoncent dans la nature des choses. Vous augmentez, vous diminuez le nombre des députés de tel ou tel département, il ne s'élève pas de réclamation. Tels sont les résultats de l'état d'isolement et du défaut d'association dans lequel nous sommes.

« Il faut abandonner le système dissolvant de l'isolement des individus, revenir au principe de vie de tout gouvernement durable et libre, à l'association des intérêts distincts. »

Descendant de ces théories dans les applications pratiques, M. de Serres proposait une représentation distincte de la propriété dans les campagnes, et de l'industrie dans les villes. C'était une formule encore vague et indécise de la représentation des intérêts sociaux broyés par la révolution et l'empire, et qu'une épreuve de deux ans du gouvernement représentatif n'avait pas encore pu mettre en évidence et coordonner.

« On me parle, ajouta-t-il, d'unité dans le système électoral. Cesons d'être esclaves d'un mot. L'unité n'est pas en tout une règle absolue. Cette règle n'est pas celle du Créateur lui-même. Autrement, il faudrait restituer les éléments au chaos.

« On craint entre les associations librement rétablies des luttes, des oppositions d'intérêts ! Plût à Dieu qu'elles pussent s'engager ! Ce ne serait pas des éléments de discorde, mais des preuves d'esprit public.

« On craint que les associations n'aboutissent à la république fédérative ! Dans combien de monarchies en Europe n'ont-elles pas été respectées et consolidées par le temps ?

Les pensées de M. Serres subsistent après plus d'un demi-siècle, aussi justes en théorie qu'applicables en pratique. « La mise en œuvre du principe électif, dit après lui M. de Falloux, devrait être le jeu permanent et régulier des influences naturelles d'un bout à l'autre du pays, les régions industrielles obéissant au mouvement de l'industrie, les régions agricoles faisant prévaloir les vœux et les besoins de l'agriculture, les villes représentant le mouvement des idées au sein des classes lettrées et studieuses, ouvrières et commerçantes. »

Ainsi M. de Falloux reconnaît l'excellence du principe d'association, et avoue que son application a été longtemps bienfaisante. Mais ne confond-il pas à tort les *associations*, les *classes*, les *partis* quand il ajoute : « Le principe d'autrefois était qu'aucune classe (on devrait dire aujourd'hui aucun parti) ne pourrait être exclue de la représentation nationale, parce que les classes alors (comme aujourd'hui les partis) représentaient chacune, dans sa raison d'être, un grand intérêt social?.... La division des classes a fait son temps ; les catégories sociales ont disparu sous le niveau d'une éducation publique et générale. »

Ah ! sans doute la distinction des *classes* ou plutôt des *castes*, le régime des corporations fermées, des priviléges, des monopoles, tout cela a fait son temps ; les distinctions honorifiques dépourvues de signification politique ne sont elles-mêmes trop souvent que des souvenirs souvent honorables, qui dégénèrent malheureusement en jouets de la vanité, en motifs ou prétextes d'envie, d'irritation et de désordre. Mais le principe de l'égalité, si justement cher aux générations contemporaines, implique-t-il la négation d'un système d'associations organisées en vue d'assurer au peuple la rémunération équitable des travaux utiles et honnêtes, le libre exercice du culte, les bienfaits d'une instruction libre pour tous, gratuite pour les pauvres, le développement des institutions d'assistance et de prévoyance? Le principe d'égalité ne permet-il pas, ne commande-t-il pas même que ces intérêts sociaux soient distinctement représentés dans l'assemblée nationale? en un mot le principe d'égalité est-il incompatible avec le principe d'association dans l'organisation du suffrage universel?

Le principe d'association est l'éternelle loi du monde moral et politique comme l'attraction est la loi du monde matériel. Sans lui le problème des classes ouvrières restera perpétuellement insoluble. Sans lui la liberté des cultes et le libre exercice dans chacun d'eux des devoirs religieux ne seront jamais qu'une lettre morte. Sans lui les familles subiront toujours le monopole plus ou moins étendu des écoles officielles, et les dangers plus ou moins graves d'un enseignement peut-être matérialiste et athée. Sans lui la liberté de la charité, cette providence des pauvres, sera incessamment exposée à des mesures administratives telles que celle de la suppression de la société de Saint-Vincent de Paul.

Sans lui la liberté politique ne sera jamais qu'une fiction ; et dût le Corps législatif émaner librement du vote spontané des électeurs, posséder toutes les attributions nécessaires pour pouvoir parler et voter en pleine liberté, et trouver, dans une pre... affranchie d'entraves et dans une magistrature indépendante, des appuis sans lesquels la liberté de la tribune est elle-même illusoire parce qu'elle n'est plus le miroir de l'opinion publique, ce Corps législatif ne représentant que des individus « n'aura de racine, selon les expressions de M. de Falloux, ni dans le sol, ni dans les intérêts sociaux, ni dans les relations journalières, et ne sera plus qu'un grain de poussière luttant contre la bise, un grain de sable en révolte contre un marteau géant. »

Voulez-vous sérieusement fonder la liberté politique et mettre à l'abri des volontés arbitraires du gouvernement la souveraineté nationale dans la personne de ses mandataires ? Ne vous préoccupez pas d'une manière exclusive du couronnement de l'édifice ; songez aussi à ses fondements. Associez, associez ceux que, dans l'intérêt d'un pouvoir inquiet de sa propre conservation, vous vous efforcez de diviser.

Pourquoi ces spéculations imprudentes sur l'antagonisme présumé des villes et des campagnes ? Pourquoi cette exploitation d'un côté de l'esprit d'ordre quelquefois peu éclairé des paysans, de l'autre de l'esprit de liberté des ouvriers des villes quelquefois poussé jusqu'à la turbulence? Est-ce que les travailleurs des champs comme ceux de l'industrie n'ont pas les mêmes devoirs, les mêmes droits, les mêmes intérêts? Est-ce que tous ne doivent pas avoir place au soleil de la liberté? Est-ce qu'une société régulière pourrait vivre longtemps au milieu des périls d'une guerre sociale sans prétexte, sans but avouable, toujours au moment de descendre du parlement dans la rue, et qui ne saurait tourner qu'au profit des ambitieux qui excitent dans leur intérêt propre les passions des multitudes?

Sous l'empire d'une législation qui, par le privilége du cens, tenait les classes populaires sous le joug des classes supérieures, on avait compris, sans oser lui donner satisfaction, la nécessité de donner une double base à la représentation nationale en attribuant aux campagnes un vote distinct de celui des populations urbaines. Pourquoi, après un demi-siècle de paix générale et de développement d'un esprit social, trop longtemps étouffé par les cris de guerre de la révolution et du premier empire, pourquoi ne pas reprendre une idée juste, nécessaire et facile à réaliser en France, comme elle l'a été en Angleterre où les bourgs et les comtés ont leur représentation distincte de celle des villes.

Les débats orageux de la tribune et de la presse ne révèlent que trop l'obstacle qui s'oppose à l'établissement d'un système électoral équitable; ce ne sont pas des intérêts sociaux qui sont en présence, ce sont des intérêts de personnes qui se disputent le pouvoir. Des deux côtés on sent s'exhaler l'odeur de la poudre, et l'euphémisme de ce qu'on appelle les *candidatures officielles* et les *comités de l'opposition* déguise à peine les luttes sanglantes dont on est incessamment menacé.

Par quel étrange aveuglement les conservateurs, au lieu de chercher dans la force morale des principes, les conditions de leur salut, abdiquent-ils en quelque sorte le droit de veiller à leurs destinées, soit en se confondant, soit en se coalisant avec des partis dont ils répudient les maximes politiques?

Veulent-ils qu'une nation de trente-huit millions d'hommes reste perpétuellement à l'état de multitude inorganique, livrée à tous les vents de doctrine, à toutes les vicissitudes du despotisme et de l'anarchie? Assurément non. Il n'est donc ni de leur devoir ni de leur intérêt de s'aventurer dans des coalitions électorales, au risque de faire sortir de l'urne le nom d'un partisan du despotisme démocratique plutôt que celui d'un ami des libertés nécessaires et du suffrage universel librement organisé.

Les obstacles à opposer aux coups de main dont nous menace de nouveau la révolution, ce ne sont d'ailleurs ni les coups d'État, ni les plébiscites qui les confirment. Ce n'est pas l'appel au droit de la force, c'est l'appel à l'esprit de famille, de corps, de cité, de patrie, de religion, à l'esprit public enfin, âme de la société, principe de sa vie, de sa force et de son progrès. C'est en un mot l'organisation du suffrage universel par sa combinaison avec le principe d'association. Les populations de la France sont, en immense majorité, préservées par leur foi religieuse contre les fausses doctrines, par leurs mœurs traditionnelles contre la corruption, par leur esprit d'ordre contre les tentations de l'émeute. Qu'on respecte leur foi qui leur est plus chère que la vie, et la puissance temporelle qui garantit l'indépendance de leur chef spirituel; qu'on leur rende la libre élection des maires de leurs communes, la libre administration de leurs intérêts locaux sous la surveillance du gouvernement et du Corps législatif pour tout ce qui touche aux intérêts généraux. Qu'on les affranchisse des liens de cette centralisation préfectorale plus oppressive et plus dangereuse pour leurs intérêts financiers que la centralisation ministérielle. Qu'on donne pour base à la liberté politique, sans laquelle la sécurité des citoyens n'existe pas, les libertés fondamentales de l'ordre social. Par cette expérience, si on ose la tenter, on jugera de la puissance *conservatrice* et *libérale* des forces sociales qu'on s'obstine à concentrer dans les mains d'un pouvoir unique, condamné, dans l'intérêt de sa propre conservation, à régner non par la justice, mais par l'abus de la force.

PARIS. — E. DE SOYE, IMPRIMEUR, PLACE DU PANTHÉON, 2.

OUVRAGES DU MÊME AUTEUR

DROIT MUNICIPAL dans l'Antiquité et au Moyen-Age, 3 volumes in-8. (Prix Bordin de l'Académie française).   25 »

DROIT MUNICIPAL dans les temps modernes (XVIe et XVIIe siècles).   8 »

DE L'ÉTAT du paupérisme en France et des moyens d'y remédier. — (Prix Monthyon de l'Académie française).

PARIS. — E. DE SOYE, IMPRIMEUR, PLACE DU PANTHÉON, 2.